清华金融法律评论

TSINGHUA FIANCIAL LAW REVIEW

2018
第2卷第2辑

总第3辑

法律出版社
LAW PRESS·CHINA

序　一

为什么我的眼里常含泪水？因为我对这土地爱得深沉。

——艾青《我爱这土地》

清华大学商法研究中心（以下简称清华商法中心）和商法学科在《商事法论集》（以下简称《论集》）的基础上，推出一本新的学术性文集《清华金融法律评论》（以下简称《评论》）。商事法和金融法是清华商法中心与商法学科的两个明确的研究重点。这既是清华商法中心的传统研究优势的自然延续与水到渠成之事，也是清华商法中心上下一心、迎接新时代新金融挑战的努力结果。一方面，清华商法中心和商法学科具有研究金融问题的"基因"和研究基础；另一方面，2007 年金融危机之后，"金融科技""普惠金融"等金融前沿问题涌现，对金融法问题的研究需要愈加迫切，特别是 2017 年第五次全国金融工作会议的召开标志着中国的金融体制改革进入一个"深水区"。法学界尤其是商法学者被推到时代的风口浪尖。种种因素的叠加，使金融法成为清华商法中心和商法学科一个呼之欲出、亟待明确的研究方向。

一

清华商法中心和商法学科为什么要组织编写该《评论》？商法和金融法是什么关系？许多非法律界人士可能对这些问题感到困惑。商法是法学之学科范畴的概念。法学是古老的学问，在世界上最古老的大学中，曾只有法学和神学两个专业。经过上千年的历史，法学大致分为宪法、行政法、民法、商法、经济法、国际法等若干子学科，不包含金融法。金融法或房地产法等是根据研究对象、研究兴趣或研究专题这个标准而提出的概念。研究金融法律问题可以是法学中的任何一个子学科，民商法学科或者经济法学科的老师都可能关注金融问题。这就是为什么在有的学校研究金融法的力量集中在经济法学科，而有的学校集中在商法或者民商法学科，还有一些学校同时分布在民商法学科和经济法学科。金融法研究与师资力量的学科分布差异是由每个学校法学院的历史、学科格局、学科发展路径不同所造成的。清华大学法学院研究金融法律问题的学者主要在商法学科。

无论是作为学科范畴的商法，还是以研究对象来划分的金融法，二者的研究领域是高度重叠的。例如，当我们将商事活动与经济金融现象的法律研究分为三大块，即商事组织法、商事交易法和监管法时，在概念上，商法是调整平等商事主体相互关系的法律规范的总称，侧重于前二者；金融法则是研究金融领域的法律问题，侧重于后二者，尤其是监管法。实践中，商法的外延在不断扩大。在统编的商法教科书中，商法的外延包括公司法、证券法、保险法、票据法、海商法、信托法、银行法、破产法等。所以，有人说学科范畴中的商法概念是个"大商法"的概念，已经从商事组织法、商事交易法延伸至监管法。而监管法是金融法的主要考量点。金融法囊括了关于资金融通的所有法律规范，侧重于研究商业中的资金融通问题，更侧重于从监管的角度进行研究。商法和金融法是重合的。而且，商法和金融法的"标签"丝毫不能把学者局限在某一个领域或者某一个侧重点。例如，商法学者中有很多是侧重于研究金融领域的法律问题，还提出了"金融商法"等概念，而金融法学者在研究监管法时往往必须把相关的商事交易结构厘清，监管的方向才能明确。

商法和金融法交融在一起的更深层次的原因是商事组织法、商事交易法和监管法这三者在理解和解决一个具体问题时是交融在一起、相互影响的。只有同时贯通这三个方面，才能真正解决问题和解释现象。第一，监管对商事交易的影响越来越大。当代国家不再是小国寡民时代中的守夜人角色，而是形成规制国家的模式，政府对商事交易干预的权力较大。深入研究商事交易会发现监管法对商事交易有着至关重要的影响。比如，银行法或者证券法中的监管规则，经常被区分为法效力性规定和管理性规定，前者将直接影响到银行业或证券业的商事交易活动之效力。第二，监管法发挥作用的前提是有稳固的商事交易的民商法基础，这样才不会导致商事交易的重大法律风险。例如，研究表明，商事交易中一些规则过于宽松是造成2008年美国金融危机的原因之一。例如,破产法所规定的金融机构破产时金融衍生品交易自动净额结算规则,被认为是美国金融机构(如雷曼兄弟)风险与激励不匹配的商事交易法根源。为了在监管上防范金融风险,必须在商事交易中完善相关的商事规则,以便使金融交易的民商法能够发挥对金融商事交易正向利益激励和反向风险防范的作用。第三,商事组织法尤其是良好的公司治理机制是企业融资的前提。

商法学者和金融法学者是相向而行的。金融法学者在研究监管法时常常会进一步研究金融交易的商事结构和商事法律关系,而商法学者在继续维持商法学界在商事组织法和商事交易法的传统优势和研究兴趣之外,还常常跨越进入金融领域研究交易问题和监管问题。商法是一个动态的、富有生命力的学科。

二

中国商法学科的开拓者和主要奠基人是已故的王保树教授(1941~2015年)。王保树教授是中国商法学研究会的创始会长(去世之前也一直担任商法学会的会长),是我国著名的法学家、杰出法学教育家。王保树教授是清华大学法学院复建后的首任院长,在清华建立了商法学科和商法中心,聚集和培养了一大批商法、经济法的人才,从而使清华商法中心和商法学科成为全国商法学研究的重镇。王保树教授的贡献也涉及经济法。

自王保树教授创立清华商法中心与建立商法学科以来,清华商法中心已经走过了大约二十年的历史。清华商法中心主办《论集》、"二十一世纪商法国际论坛""商事法专题研究文库""王保树商法学优秀博士论文奖""青衿商法论坛"等出版物和定期活动。2017年清华商法中心再次策划《评论》,明确将金融法确立为商法中心的重点研究领域。

第一,清华商法中心与商法学科的传统中具有研究金融法律问题的基因与理论基础。的确,清华商法中心与商法学科的传统优势是金融领域之外的商事组织法和商事交易法。但是,商法中心从未画地为牢,把自己排除在金融之外。在发展过程中,商法中心不断地以商事交易和商事主体为核心,向外拓展研究领域,解决经济和金融发展的前沿和疑难问题。突出表现在人才培育方面,清华商法中心历年博士论文题目中相当多的选题聚焦于金融领域的法律问题。理论基础研究越强，对新金融之前沿问题的挖掘能力也会越强。清华商法中心和商法学科在商法方面的深厚研究，为捕捉和研究金融前沿问题奠定了很好的基础。

第二，在科研成果方面，清华商法中心在金融法的研究方面已有一定规模。商法中心主编的“商事法专题研究文库”已推出近四十本商法方面的专著，其中不乏对金融领域法律问题如关于金融商品交易反欺诈制度、保险代位、可保利益、金融信托中的受托人义务等的研究专著；公司收购和公司治理领域的专著更是“商事法专题研究文库”的重点领域。连续性的学术出版物《论集》每一期中相当多的论文都是研究金融法问题的。特别是从2001年启动的一年一度的盛会“21世纪商法论坛国际研讨会”，至今已坚持18届，殊为不易。“21世纪商法论坛国际研讨会”历届的主题分别为“投资者利益保护”“全球竞争体制下的公司法改革”“公司收购：法律与实践”“转型中的公司法的现代化”“中美商法新发展”“实践中的公司法”“非公司企业法制的当代发展”“公司重组：理论与实践”“应对金融危机的金融法机制：机遇与挑战”“公司法制结构性改革的前景”“经济全球化中的公司治理与公司法一体化走向”“资本市场的创新发展与公司制度的深化改革”“公司自治与政府管制”“公司资本制度的再审视”“资本市场法制的现代化”“公司再造：法制与实践”“融资创新与监管”“后危机十年公司治理：回顾展望”。可以发现，相当数量的研讨主题都是融资和金融领域的法律问题，并不局限于传统的商法领域。

第三，商法学科合理的人才梯队为清华大学商法研究中心与商法学科研究金融法提供了充分的人力保障。目前商法研究中心的师资梯队和知识结构已涵盖金融法领域的绝大多数方面。银行法、证券法、信托法、破产法、公司治理、保险法、并购重组等涉及金融的法律均配备有“术业有专攻”的师资力量。每学年这些老师都会开设金融法方面的课程。所欠缺的就是将金融法研究作为一面旗帜和研究方向鲜明地提出来。《评论》的出版将彰显清华商法中心对金融法律问题的研究实力，这是其对于商法中心的第一个意义。

三

2016年以来，针对金融领域的新问题，清华商法中心及时举办论坛，倡导研究议程，进行金融法前沿问题的研讨。首辑《评论》收录了“青衿商法论坛”第一期“金融控股公司”、第二期“资管计划”、第三期“金融科技”、第四期“资产证券化”和第七届海峡两岸商法论坛“操纵金融市场”的优秀论文。这些论坛大多是清华商法中心策划和组织的。在策划“青衿商法论坛”的主题时,我们所构想的是历届的主题要具有连续性,因此设计了“金融混业经营”与“影子银行”的大主题,下面再细分局部的议题。回想起来,第一期“青衿商法论坛”于2016年8月召开,主题是金融控股公司,这也是“青衿商法论坛”的开坛仪式。8月底的北京秋高气爽,十分舒适。来参会的大都是各大院校法学院的青年学者。会议结束的当天傍晚,与会同人将下届“青衿商法论坛”的主题定为“资管计划:天使还是魔鬼”,并商定12月再聚北京。当时“资管计划:天使还是魔鬼”的热度尚未显现。但由于2016年8月底到12月,“宝万之争”以及其他上市公司敌意收购的案例所造成的社会影响,“资管计划:天使还是魔鬼”的论坛选题到12月时得到了热烈的反响,论坛也空前的成功,因为“机会只偏爱有准备的人”。2017年4月第三期“青衿商法论坛”的选题是“金融科技与监管前沿问题”。这届论坛是清华商法中心与清华五道口金融学院联合举办,也非常成功。“青衿商法论坛”由此形成了“监管界—实务界—学界”三者对话的研讨模式。2017年7月第四期“青衿商法论坛”的选题是“资产证券化”。这本是一个老题目,但是在PPP等政府融资新方式和收益权资产证券化大行其道的新背景下去探讨一个老问题,也颇具有新的启示和意涵。这些论坛虽然沿袭清华大学商法研究中心的传统,均冠名以“商法论坛”,但商法的意涵和外延发生了变化,从商事主体法、商事交易法扩展到了监管法。这是清华商法中心在有意识地利用自身在基础理论方面的研究优势去迎接新金融的挑战。

四

《评论》的征稿范围是金融领域的法律研究成果,或者对法律规范富有启示作用的一些金融实证研究。如前所述,金融法可以从商事组织法、交易法和监管法等多方面进行研究。首辑《评论》收录的金融法论文在这三个方面都有所涉及。“金融控股公司”专题是与金融相关的商事组织法,“资管计划”专题同时有商事交易法和监管法,其余的三个专题也是如此。当然,我更希望今后每一辑《评论》的主题更加集中。如果每一辑的《评论》都有一个专题研讨和重大问题的科研攻关,那就更好了。这需要我们更好地策划,提前科研、写稿和组稿。

《评论》成为清华商法中心和商法学科在金融法律问题研究方面的阵地和窗口。这有两个方面的含义:第一,《评论》是由清华商法中心和商法学科主办和主编,反映清华商法中心和商法学科对金融法前沿问题的把握。第二,更重要的是,《评论》的作者群有很大一部分是清华大学商法研究中心和商法学科的老师和学生们。首辑《评论》中大约1/3的作者是清华商法中心的师生。

我们提出《评论》的三个宗旨:

1. 中国经验。只有在中国土壤中生发出来的问题,我们才有真切的感受。《评论》生长在中国的土壤中,服务于中国问题的解决,其立足点和观察点是金融领域的中国现象和问题。分析、解释和解决中国问题是学术的生命力之一。《评论》坚持这一点。民国时期的学术之所以了不起,一个很大的原因是当时的中国学者对中国社会、经济、习惯法做了大量的调查,将中国经验记录和传承,扎根于中国经验之上。

2. 世界学术。始于中国问题和中国经验,不意味着在视野上坐井观天。国际学术界是一个大的学术共同体,共同为人类的知识累积、学术增长、真理明晰贡献各自的力量。中国学者不应只满足于"美国理论、中国经验/数据"的简单组装,而是应该从中国的问题和经验中,在共通的科学方法论的指导下,抽象地思考一些普遍性的问题和真理,追求世界性的学术,为国际学术共同体的建设贡献自己的力量。

3. 专业对话。专业对话指的是专业之间、学科之间的对话。美国大法官霍姆斯曾经说过,法律的生命不是逻辑而是经验。在我国这样一个同时受大陆法系和英美法系双重影响的法律体制下,中国的法律研究是体系逻辑和实证经验二者并重。金融法的研究一方面是规范层面的法律逻辑、体系和适用等方面的研究,另一方面则要注重法律和金融之间的互生共生关系的研究,这就要求法学和金融学、经济学的研究成果相互借鉴。金融法律的研究,归根结底是对人的行为的研究,需要考虑金融法律对人的行为的引导,以及对经济、社会可能产生或已经产生的效果。对人的行为的研究方面,金融学、经济学已经有丰富的成果,法学可以借鉴之。这不仅仅是"经济学诊断、法学开药方"的法律工具主义,而且是在专业之间对话基础上寻求对问题的全方位解决,更加注重发挥法律对人的行为的作用。法学家在重大公共政策议题(包括金融政策议题)上将有更加切合实际、令人信服的声音。

"中国经验、世界学术、专业对话"当然不是中国学人的唯一范式,毕竟学术道路是多元的、百花齐放的,但它是我们组织编写《评论》的一个理想。

经过努力,首辑《评论》终于面世了。无论遇到多大的困难,希望《评论》能够坚持办下去,坚持就会形成学术品牌。非常高兴有机会与读者分享自己的这些感想,也作为对《评论》的寄语。

朱慈蕴
清华大学法学院教授、博士生导师
清华大学商法研究中心主任

序　二

首先祝贺《清华金融法律评论》问世！《清华金融法律评论》着眼于与金融发展有关的法律的观察、评述和研究，是清华大学学科交叉的重要进展和成果，同时也一定会推动清华大学金融学科的研究和法学学科的研究，我们对此充满了期待。

人类社会金融体系的发展，其实也伴随着金融法律的发展，两者息息相关。

由于金融活动纷繁复杂，创新频繁，往往会将其服务对象特别是金融消费者置于信息不对称的地位，并暴露于各种风险之中。这些风险如果管理不当，不但会损害消费者利益，风险的积累更会造成大规模的金融和经济危机。历史上多次发生的金融危机都充分说明了这一点。

鉴于此，世界各国都非常重视金融法律体系的建设，希望既能保护创新，又能有效防范风险。近年来，随着移动互联网的普及、计算机技术的发展、大数据与人工智能等技术的突破，“金融科技”已成为全球普遍关注的行业，也成为金融创新的重要源泉。伴随着金融与技术的深度融合，以 P2P 网络借贷等为代表的全新金融业务模式得以发展，以供应链金融、消费金融等为代表的传统金融业务模式也出现了变革，技术被源源不断地导入金融业，极大提高了服务效率，同时技术的应用使传统金融风险的传播速度加快和传播范围加大，不可避免地加剧了已有监管体制和创新模式的冲突。如何构建一个能对金融创新反应敏捷的监管系统，已经成为全球金融监管机构面临的普遍难题。

历史经验表明，金融体系就是在创新和监管的互动中发展起来的，这其中需要监管体系对于创新实践的持续跟踪，建立与业界的充分沟通机制并及时回应。

以美国对 P2P 网络借贷和股权众筹的监管为例。P2P 网络借贷和股权众筹虽然提供金融产品，但是业务模式实现了去中心化，因此业务主体已经不再被原有监管体系所覆盖，给传统监管带来了挑战。对于P2P网络借贷，美国证监会(the U.S. Securities and Exchange Commission，SEC)早在2008年就将其判定为证券发行，强调平台的信息披露义务，为行业建立了严格的监管框架。随后，美国网络借贷行业仍迅速发展，具体体现在以下方面：行业规模不断增长、参与主体不断丰富、商业模式不断创新、与传统借贷模式的差异不断凸显。面对这一情况，美国监管机构对行业发展保持了持续关注，探讨监管框架如何灵活应对网络借贷行业的迅速发展。2015年7月，美国财政部发布了"网络借贷市场意见征求"，探讨该行业的最新变化以及金融监管应该如何调整来保证这一新兴行业的健康发展。2016年5月，根据意见征求结果，美国财政部发布了白皮书《网络借贷市场的机遇与挑战》，结合美国网络借贷行业的发展和市场环境，进一步对监管措施提出了建议。监管机构正是通过对创新型商业模式的高度关注和持续跟踪，才能保证创新和风险之间的有效平衡。

对于股权众筹，SEC通过颁布《JOBS法案》松绑原有法律监管体系，为创业企业融资提供了充分机会。而在《JOBS法案》正式生效之前，美国最具代表性的股权众筹平台之一Angellist也主动与SEC进行了沟通。Angellist成立于2010年，通过Angellist平台初创公司可以面向合格投资人募集天使资金。2013年3月26日，Angellist向SEC发出了"寻求确认书"，详细描述了自身的商业模式，请求SEC明确表示：在Angellist没有注册为"经纪人—交易商"的情况下，SEC不会对Angellist的业务采取强制措施。两天后，SEC对Angellist进行了回复。回复邮件根据Angellist对其商业模式的描述总结了若干条关键因素，并明确表示：在Angellist的商业模式与其所述的以上关键因素完全相符的情况下，SEC不会对其业务采取强制措施。SEC的及时回复在一定程度上降低了Angellist及其同类型平台的政策风险，在新法案实施生效之前为行业自律提供了参考。在监管政策生效之前，对业界的担忧进行及时回复既将风险置于可控范围之内，也保证了创新实践得以持续。

我们必须看到，中国的金融发展有其独有的特点，但是这并不妨碍我们借鉴其他国家的金融立法和治理经验。目前，我国已经成为全球金融科技发展最快的国家，其发展路程对我国的金融创新和金融监管既有经验，亦有教训。始于2016年的"互联网金融专项整治"仍在持续。应当看到，加强金融监管和推动金融创新是相互促进、并行不悖的。金融监管本质上并不是抑制金融创新，而是规范其服务于实体经济的本源，促进金融行业的持续进步。在金融发展的新时期，有必要保持对金融创新的密切关注、对金融风险的有效防范、对金融监管体系适应的持续探讨，才能确保金融行业的长治久安。从这个角度来说，《清华金融法律评论》任重道远！

再次祝贺《清华金融法律评论》诞生，并祝它越来越好！

廖 理
清华大学五道口金融学院教授、博士生导师
清华大学金融科技研究院院长，互联网金融实验室主任

目 录

Contents

专题　迎面“灰犀牛”：地方政府性债务风险

《清华金融法律评论》
第2卷第2辑
第3~17页

地方债务置换的法律分析:缘由、本质与风险规制*

黄 辉 李安安**

目 次

摘 要:地方债务置换是财政部在甄别存量地方政府性债务的基础上,把银行存款、城投债、信托融资等地方政府原有的短期和高成本债务置换成中长期、低成本的地方政府债券的活动,旨在通过成本转换、期限转换和债务形式转换化解财政风险,其制度本质是财政与金融之间的风险再分配。当前,地方债务置换的制度重心应当从风险分配转向风险规制,防止财政风险与金融风险交织传染所引发的系统性风险,推进财政金融法制的协同性变革。

关键词:地方债务置换;财政风险金融化;风险分配;风险规制

---

* 本文系教育部人文社会科学研究青年基金项目“地方财政风险金融化的法律控制”(16YJC820014)的阶段性研究成果。

** 黄辉,香港中文大学法律学院教授,博士生导师;李安安,武汉大学法学院副教授,法学博士。

一、地方债务置换的缘起及其法律争议

众所周知，税收与举债是政府为其开支筹措资金的两种主要手段。现代国家源起于现代意义的税收，税所具有的公共对价性和非营利性等特征与国家对民主法治性目标的追求结合而形成了“税收国家”。[1] 自1918年熊彼特《税收国家的危机》这篇经典文献问世以来，“税收国家”的理念深入人心，税收在政府财政收入比重中占据的绝对主导地位难以撼动。但由于财政支出的不断膨胀，而税收又存在严格的法律约束，举债的重要性便日益彰显出来。事实上，许多国家的财政对举债的依赖性与日俱增，不少发达国家的公共债务规模占GDP的比重高达90%，即便是在发展中国家，公共债务规模占GDP的比重也占到了30%左右。[2] 在某种程度上，可以将这些高度依赖举债的国家称为“债务国家”。由此，现代国家的“形象”在经历了从“税收国家”到“预算国家”的嬗变之后，又开始朝着“债务国家”的方向迈进。不同于税收的无偿性特性，债务必须按期偿还，否则就会影响政府信誉。当政府欠缺偿还能力且无法通过其他途径化解债务时，债务风险甚至债务危机的发生就难以避免。美国的次贷危机、欧洲的主权债务危机以及中国的地方债务危机即为其例。特别是在欧洲，债务危机的根源均在于政府债务的失控。诚如有学者所指出的，“欧元区边缘国家主权债务危机发生的一个直接导因是2008～2009年美国金融危机时，财政赤字和政府债务已居欧元区前列的国家不顾本国的实际情况，实行扩张性政策，财政状态进一步恶化”。[3] 还有学者一针见血地指出：“在这次危机之前，是一次史无前例的负债热潮。20世纪80年代以来，政府、家庭与企业的债务成倍增加。而今，站在这种借贷度日的后果面前，我们必须明白，过去的那一套已经不灵了。当负债的潜力与热情不再时，再多的债务与再廉价的资金，也就都不会再起作用。”[4] 因此，如何通过有效的法律机制约束政府债务，已经成为相当棘手的现实难题。

---

〔1〕 参见丛中笑：《税收国家及其法治构造》，载《法学家》2009年第5期，第90页。

〔2〕 参见［法］托马斯·皮凯蒂：《21世纪资本论》，巴曙松等译，中信出版社2014年版，第557页。

〔3〕 王建业：《债务、货币与改革》，中国金融出版社2012年版，第137～138页。

〔4〕 ［德］丹尼尔·施特尔特：《21世纪债务论》，胡琨译，北京时代华文书局2015年版，前言第1～2页。

与欧洲相关国家相比,中国地方政府负债的严峻程度同样惊人。2011 年 3 月至 5 月,国家审计署首次全面摸底地方债务,总额超过 10 万亿元的地方债务开始浮出水面。最新的数据显示,截至 2015 年年末,我国地方政府债务总额达 16 万亿元,地方政府债务率为 89.2%。[5] 如此庞大的债务规模,足以引爆一场系统性的金融危机。地方债务治理由此成为供给侧结构性改革的核心性议题之一。探究地方政府债务滋生的源头,绕不开 1994 年的分税制改革。作为改革开放以来最重要的一次财政体制改革,分税制对中央与地方关系、区域间关系以及政府和企业之间的关系均产生了重大而深远的影响。[6] 在此之前,地方政府受益于分权让利的财政政策,不存在太大的财政压力。但在此之后,地方政府的财政收入急剧下降,不得不借助土地开发与城市扩张来推动地方经济增长,地方政府的行为模式开始发生根本改变。[7] 可以说,分税制改革在提升国家能力的同时,也造成了地方政府财政资金短缺的困境,导致"土地财政"泛滥成灾,为巨额地方债务的潜滋暗长埋下了伏笔。在 2008 年全球金融危机期间,中国政府为刺激经济增长而推出的"四万亿投资计划"诱发新一轮投资热潮,大量地方政府融资平台应运而生,直接导致地方债务飙升。这是因为融资平台负债基本可纳入地方政府负债总额,再加上地方政府的预算软约束,地方政府融资平台逐渐蜕变为过度投融资的代名词,其背负的巨额债务不仅透支了地方政府财力,还酝酿着系统性风险。面对不断积聚的地方债务风险,国家从 2010 年开始了专项治理,具体措施包括对融资平台公司进行类型化处置,强化对地方政府的责任约束,但效果不彰。随着 2014 年《预算法》的修订,地方债务进入了法律治理阶段,一系列规范性文件密集出台,多元并举的地方债务治理举措付诸实施,地方债务置换在此背景下开始登上历史舞台。

所谓地方债务置换,是指财政部在甄别存量地方政府性债务的基础上,把银行存款、城投债、信托融资等地方政府原有的短期和高成本债务置换成中长期、

---

〔5〕 参见王婷婷:《财政责任视野下的地方政府债务治理研究》,中国法制出版社 2017 年版,第 1 ~ 2 页。

〔6〕 参见周飞舟:《分税制十年:制度及其影响》,载《中国社会科学》2006 年第 6 期,第 114 页。

〔7〕 参见孙秀林、周飞舟:《土地财政与分税制:一个实证解释》,载《中国社会科学》2013 年第 4 期,第 48 ~ 49 页。

低成本的地方政府债券的活动。地方债务置换的特点主要表现为三个方面:一是债务形式转换,以地方政府债券替换地方政府融资平台贷款,提高债务流动性,未来具有转让或债券抵押的可能性;二是成本转换,将高成本融资平台转化为较低利率债券,降低利息成本,减轻地方政府债务负担;三是期限转换,债务置换后地方债务期限延长,使地方政府有了较长期限的稳定资金来源。[8] 2015 年 3 月,财政部首次推出地方债务置换,额度为 1 万亿元。为推进地方债务置换的顺利进行,财政部、人民银行和银监会于 2015 年 5 月联合印发《关于 2015 年采用定向承销方式发行地方政府债券有关事宜的通知》(以下简称 102 号文),对债务置换的对象、方式、价格等作了规定,基本上奠定了地方债务置换的制度框架。同年 6 月和 8 月,财政部又分别下发 1 万亿元和 1.2 万亿元的地方债务置换额度,并在 102 号文的指引下得以顺利完成。这些置换额度是在各省级地方政府之间进行分配,地方政府则需按照财政部下达的置换额度全额发行债券。与 2015 年相比,2016 年的债务置换规模进一步扩大。据统计,在 2016 年总量超 6 万亿元规模的地方债务中,新增债券 1.17 万亿元,置换债 4.87 万亿元,与 2015 年结构类似,置换债占比都在八成左右。与此同时,《关于对地方政府债务实行限额管理的实施意见》《地方政府性债务风险应急处置预案》《地方政府性债务风险分类处置指南》等政策文件陆续出台,对地方政府债务限额进行了明确规定,也对我国地方政府性债务风险应急机制作出了系统性安排,标志着地方政府债务风险预警及应急处置机制正式确立,地方债务置换的规范约束明显强化。2017 年的地方债务置换额度仅略超过 3 万亿元,相较 2016 年的近 5 万亿元的置换额度明显降低。这反映出地方债务置换的博弈难度开始加大,地方债的发行成本亦明显上升。截至 2017 年年底,全国地方政府已累计发行置换债券 10.9 万亿元,目前尚未置换的存量政府债务还有 1.73 万亿元,预计 2018 年 8 月底前能够全面完成置换工作。这标志着自 2015 年启动以来的地方债务置换工作正在进入收官阶段。那么,这是否意味着地方政府债务置换即将功成身退,以“昙花一现”的方式走向终结?答案是否定的,一方面是因为存量债务属于动态概

〔8〕　参见丘永萍:《地方债务置换:银行业务重构契机》,载《中国城乡金融报》2015 年 6 月 18 日,A03 版。

念,增量债务会随着时间推移转化为存量债务,债务置换的制度需求仍然存在;另一方面是因为目前被划定的存量地方政府性债务没有涵盖通过PPP、政府购买服务、专项建设基金等渠道形成的隐性债务,而这些隐性债务将来也有可能被纳入债务置换的范围。更根本的理由在于,地方债务置换是一个涵盖从发行环节到流通环节的制度链条,置换债券流通过程中的信息披露、信用评级、违约处置、偿还机制等问题刚刚浮出水面,亟待回应性研究。事实上,自从地方债务置换推出以来,法律争议就没有中断过,特别是以下几个问题经常引起诘问:地方债务置换的法律依据与正当性基础何在?地方债务置换是否属于中国版的"量化宽松"政策或债务"旋转门计划"?是否会造成公债货币化的效果?是否意味着地方政府债务的实质违约?是否会引起财政风险与金融风险的传导?在地方债务置换走过关键性的历史节点以及"防风险"成为主流社会话语的当下,我们有必要重新审视其制度本质及风险规制的基本策略,进而为地方债务的良法善治奠定一个重要的观念与制度基础。

二、地方债务置换本质:财政与金融之间的风险再分配

防范化解地方债务风险既然是推出地方债务置换的缘由,对地方债务风险本身特性的分析无疑是揭示地方债务置换制度本质的逻辑起点。首先,地方债务风险首先是一种财政风险,其源于地方政府收入与支出的不匹配,或者说肇因于地方财权与事权的结构性失衡。从地方债务风险的表现看,无论是债务违约风险和期限错配带来的流动性风险,还是地方政府偿债能力弱化与信用降低产生的风险,都会导致地方财政陷入困境。其次,由于地方债务主要是通过融资平台向商业银行借贷而形成,地方债务风险自然会沿着"融资平台—金融机构—金融系统"这一路径不断转换为金融风险。与财政风险相比,金融风险具有更强的传染性与破坏性,而很多金融风险的背后都是财政问题,地方政府融资平台则是将财政风险和金融风险交织在一起的关键性角色。再者,地方债务风险还是一种典型的系统性金融风险。"系统性金融风险是指金融体系由于遭受了普遍的大规模冲击而无法持续有效运转的可能性,这种冲击常常表现为相当数量金融机构的倒闭和支付困难、金融市场的崩溃和价格信号的失灵,以及货币的贬值和

资本的外逃等。"[9] 目前的地方债务规模远远超出了地方政府的偿还能力,如果失去控制后果的严重性可想而知。对此,有学者认识到,由于系统性金融风险同时存在于宏观层面和微观层面的财政金融风险中,财政风险和金融风险具有导因和危害上的相互转化性,且金融或财政单一角度防范系统性金融风险具有局限性和失效性,因此必然从金融与财政联动共生的角度防范系统性金融风险。[10] 事实上,中央对地方债务风险的治理正是基于这种联动防范策略而展开的:对存量地方债务进行置换,降低债务利息负担,延长债务偿还期限,借助金融市场转移地方债务风险;对增量地方债务强化预算硬约束,启动终身问责制,提升举债行为合法性与透明度,通过严肃财政纪律进行地方债务风险的内部控制。过去三年多的制度实践表明,这种联动防范策略是富有成效的。其中,地方债务置换累计为地方政府节约利息支出约1.2万亿元,缓解了存量债务集中到期偿还风险,避免了地方政府资金链断裂所引发的灾难性后果。某种意义上可以说,地方债务置换是一种颇具"化腐朽为神奇"功能的制度创新。

需要说明的是,地方债务置换并非中国独创。在美国、印度、巴西、墨西哥以及欧洲多国,地方债务置换是一种常见的现象,其方式包括用低息贷款或债券置换政府债务、以基金为担保实现政府债务再融资、对参与地方债务融资的银行进行改革、央行将地方政府债纳入合格抵押品范畴等。[11] 与这些国家做法不同的是,我国的地方债务置换具有鲜明的行政化色彩,即由财政部主导推动,主要以"定向承销"这种带有中国特色的半强制性手段要求以商业银行为代表的债权人接受置换方案。在此过程中,商业银行基本上没有讨价还价的能力,而且需要分担改革的相应成本。例如,前文提及的地方政府少支出的1.2万亿元债务利息很大程度上是商业银行的利息损失。这种看似不可思议的现象,其实在转型时期的中国并不难理解,一是基于金融有助于缓解政府债务风险的理论依据,二是鉴于实践中金融分担财政改革成本有效性的经验法则。关于金融与财政的关

[9] 马勇:《系统性金融风险:一个经典注释》,载《金融评论》2011年第4期,第1页。

[10] 张泉泉:《系统性金融风险的诱因和防范:金融与财政联动视角》,载《改革》2014年第10期,第81页。

[11] 参见洪昊:《地方政府债务置换的国际经验、方案述评和推进建议》,载《浙江金融》2016年第4期,第33~34页。

系，理论上虽然存在是“夫妻关系”还是“兄弟关系”的争论以及“连体婴儿”的说法，但都承认二者之间的紧密关联，都认识到系统性风险的防范需要金融与财政的联动。最新的理论研究表明，金融市场发展与政府债务风险之间存在关联渠道，金融市场流动性可通过稳定金融资产价格、降低中央政府融资成本以及化解地方债到期偿付问题缓解政府债务风险。[12] 在我国改革开放以来的制度实践中，每一轮重大财政风险防范化解的背后都有金融力量的引入，从国有企业改革到地方债务治理莫不如此，甚至可以说以金融手段来化解财政风险具有不言自明的正当性。正是在上述理论依据和制度实践经验的驱动下，中央才大规模地进行了地方债务置换，并且高效率完成了看似艰巨无比的任务。

综合上述分析，我们可以将地方债务置换的制度本质归纳为行政权力主导下财政与金融之间重新分配地方债务风险的一种政策工具。这一本质可以从三个方面进行理解：首先，地方债务置换是一种法律缺位下逆市场化的政策调控手段。党的十八届三中、四中全会分别作出了关于全面深化改革和全面依法治国的重大决定，分别确立了“让市场在资源配置中发挥决定性作用”和“重大改革于法有据”基本政策导向。如果以这两种政策基调作为检视标准，明显可以发现地方债务置换的问题所在：一是法律依据不足，置换对象的选择、置换价格的确定、置换程序的设置等均缺乏严格的法律约束；二是背离市场化的改革方向，以准行政性手段要求债权人分担地方债务成本，导致金融市场内在结构扭曲。其次，地方债务置换是一种混淆财政与金融法律边界的应急式改革举措。财政与金融是两种性质迥然有别的资金配置方式，财政在本质上是政府的经济行为，以公平为价值导向，金融则是市场化的资金融通活动，以效率为价值导向。地方债务置换隐含的一个重要逻辑是，财政与金融之间在功能上具有相互替代性，提供铸币收入、平衡预算赤字和地区差距、替代财政投资和财政补贴等本属于财政的职能可以由金融来行使。由此导致的结果是财政与金融之间法律边界的模糊化，财政风险与金融风险交汇杂糅在一起。最后，地方债务置换是一种重新配置财政风险与金融风险的试错机制。在 2015 年之前，地方债务置换对于中国而言

---

〔12〕 参见庞晓波、李丹：《中国金融市场发展与政府债务风险——兼论财政政策联动性》，载《财经研究》2017 年第 3 期，第 67 页。

是一个全新的事物,没有现成的经验可循,能否通过成本转换、期限转化以及债务形式转换的方式实现地方债务风险的“乾坤大挪移”并不确定,只能“摸着石头过河”。我们注意到,地方债务置换是先由财政部甄别存量债务,然后根据地方政府的财政偿还能力下放置换额度,分成若干批次进行的,这种带有鲜明“试错”特点的制度变迁模式符合我国渐进性改革的一贯做法,值得肯定。[13] 当然,地方债务置换短期内的成功是否意味着地方债务问题的终局解决?财政风险转换为金融风险会产生哪些影响?地方债务置换留下了哪些后遗症?这些问题都有待进一步分析。

三、从风险分配到风险规制:地方债务置换的法律诉求

财政与金融之间风险再分配这一制度本质的揭示,意味着地方债务置换并没有消除地方债务本身的风险,只是改变了风险存在形式和风险承压主体。由于地方债务置换的推出具有应急性,缺乏充分的学理论证和精心的配套制度安排,因而不可避免地遗留下了诸多问题,特别是以下几点需要引起重视。其一,地方政府的信用、责任与债务风险的不匹配问题。地方债务置换虽然不是严格意义上的违约,但面临着一个很棘手的现实问题,即置换债券到期后能否及时偿付?如果届时地方政府仍然欠缺偿还能力,是否会采取“借新债偿旧债”的方式使债务风险治乱循环的游戏规则延续下去。这并非笔者杞人忧天,而是考虑到地方债务置换并没有提高地方政府的债务治理能力以及债务偿还能力,反而加大了地方政府的道德风险,再加上地方政府脆弱的信用状况(从近年来多次发生的地方政府撤回“承诺函”事件可见一斑)和模糊的责任边界,我们完全有理由担心地方政府的信用风险问题。其二,地方债务置换逆市场化操纵引发的风险隐患问题。考虑到地方政府的偿债压力,置换债券的发行以定向承销为主,未引入市场化的风险定价机制,这似乎与利率市场化改革的基本方向背道而驰。商业银行作为最主要的承压主体,一方面承受着收益损失的代价和流动性风险提

---

[13] 中国的法律改革模式呈现鲜明的实验主义色彩,表现为在政治稳定性的前提下的边际调整和“边立边破”的变法模式以及双轨制法律运行模式,并且伴随着改革与转型过程中国家治理的合法性建设。参见张建伟:《法律、经济学与国家治理——法律经济学的治理范式与新经济法理学的崛起》,法律出版社2008年版,第168页。

高的压力,另一方面面临资产负债错配的风险,因而缺乏足够的动力参与地方债务置换。为破解该难题,央行已经于 2015 年将地方政府债券纳入常备借贷便利(SLF)、中期借贷便利(MLF)、抵押补充贷款(PSL)以及商业银行质押贷款的抵押品或质押品范围,意味着商业银行可将地方政府债券进行抵押或质押,从央行获得再贷款。但问题随之而来,央行的这种做法是否将导致基础货币投放过多进而引发通货膨胀,甚或以货币化的方式兜底地方政府的财政赤字风险?从近年来我国货币超发的常态化现象看,这种可能性并不能排除。其三,地方债务置换不可避免地会带来地方债务的实质性增发,进而酝酿出新的系统性风险。"防风险"与"保增长"是地方政府面临的双重任务,地方债务置换在试图化解地方财政风险的同时也承担着一个隐性的政策使命,即想方设法地保障地方经济的可持续性增长。地方经济增长的关键在于融资,通过发行地方政府债券的阳光化融资以及通过 PPP、政府购买服务、政府引导基金等方式的隐性负债行为只会越发强化而难以式微。因此,很多置换资金将会转化成为地方政府又一轮盲目扩大投资规模的资本,形成新的地方债务膨胀和危机,从而增加地方债务的系统性风险。[14] 地方债务置换的初衷在于防范地方债务演化为系统性风险,但制度运作过程中却可能放大系统性风险,这无疑是一个悖论。

上述诸多问题反映出地方债务置换的风险分配逻辑需要重新检讨,也揭示出地方债务治理的复杂性以及推进财政金融协同性改革的必要性。地方债务置换的风险分配逻辑可以概括为"以金融手段化解财政风险"或曰"财政风险金融化",该逻辑事实上隐含着一个假定,即财政与金融之间具有可替代性,金融可以行使财政职能。在这种根深蒂固的逻辑假定指引下,某些本属于财政的职能确实被金融替代了,包括提供铸币收入、平衡预算赤字和地区差距、替代财政投资和财政补贴等,金融也由此沦为了"第二财政"。财政与金融的不分家导致金融体制扭曲、金融角色异化、金融市场失序等一系列问题的出现,也是造成地方债务治理困境的体制性源头。诚如有学者所言,地方政府债务问题的化解是中国经济"去杠杆"的关键所在,"去杠杆"的困难在于财政和金融的不分家,从而导

---

〔14〕 参见宋琳:《财政风险金融化视阈下的地方债置换法律规制问题研究》,载《西南大学学报》(社会科学版)2018 年第 1 期,第 64 页。

致财政投资项目的低收益、地方政府融资的高成本和金融产品的"刚性兑付"三个现象同时出现,构成了一个"最坏的组合",也带来了影子银行高速发展、民营企业融资困难和地方融资平台债务归属不确定等一系列问题。[15] 仅就风险本身而言,财政风险金融化在缓释财政风险的同时也加剧了金融风险,这种顾头而不顾尾或顾尾而难顾头的问题处置方法所衍生的一个必然结果就是暂时被"休眠"的问题在不久的将来"苏醒"后会以更猛烈的方式迸发出来。[16] 随着金融市场化改革不断走向深入,实现金融与财政的法律界分、有效隔离金融风险与财政风险的制度需求越发强烈,客观上要求地方债务置换的制度逻辑不能陷入"有组织地不负责任"式的误区,即以逃避风险的姿态将自身本应承担的风险转嫁给其他主体,而应从被动的风险分配走向积极的风险规制,通过财政与金融之间的联动机制共同防范地方债务风险。之所以强调财政与金融联动防范地方债务风险的重要性,是因为地方债务是横亘在财政与金融之间的复合型命题,依靠财政或金融的单一手段无法有效规制地方债务风险,"头痛医头,脚痛医脚"的传统风险治理思路难以适应全面深化改革背景下的法制需求。特别是在防范化解重大风险攻坚战的当下,地方债务置换风险规制问题的紧迫性进一步凸显出来。

随着"风险社会"的来临,如何规制风险成为法律变革的重要任务,风险规制则成为法学研究的核心概念范畴。一般意义上,风险规制是指通过设立专业的行政机构,对可能造成公共危害的风险进行评估和监测,并通过制定规则、监督执行等法律手段来消除或者减轻风险。[17] 对于地方债务置换而言,当前风险规制的核心任务是防止财政风险与金融风险交织传染引发系统性风险,建立起有效的风险隔离机制,并通过财政金融的系统性改革消除风险隐患。鉴于地方债务置换的制度本质是财政与金融之间的风险再分配,其风险规制涉及政策调整与法律变革的双重问题,其中的法律变革又横跨财政法与金融法,因而需要通盘考虑风险规制的方向与节奏,注重规制主体的协调性、规制对象的精确性和规

[15] 参见钟辉勇、陆铭:《财政与金融分家:中国经济"去杠杆"的关键》,载《探索与争鸣》2017年第9期,第117页。

[16] 参见黎四奇:《后危机时代问题金融机构处置法律制度完善研究》,世界图书出版广东有限公司2014年版,第248页。

[17] 参见赵鹏:《风险社会的自由与安全——风险规制的兴起及其对传统行政法原理的挑战》,载《交大法学》2011年第1期,第52页。

制工具的有效性。正如有学者所指出的,“风险规制过程中需要决定的、最重大的问题,并不是单凭科学理性就可解决的,因为这些问题总是涉及风险的再分配和应对风险的资源的再分配”。[18] 在风险规制主体方面,尽管各级政府及其财政部门、商业银行及其监管机构均负有职责范围内的风险规制责任,但财政部与央行无疑是最为重要的规制主体,二者在分别承担规制财政风险与金融风险任务的同时,更肩负着合作规制系统性金融风险的使命。考虑到地方债务置换的制度本质,当务之急是从法律层面清晰界定财政部与中国人民银行的职能,防止财政的变相透支,克服“财政赤字货币化”问题。在规制对象方面,应准确识别地方债务置换过程中的风险类型及性质,根据财政风险与金融风险的各自特质采取有针对性的规制策略,同时重点就地方债务风险放大过程中可能生成的系统性金融风险进行监测和评估。地方债务置换过程中系统性金融风险的生成尽管只是可能性事件,但不能不预防。近年来兴起的“风险的社会放大”理论为此提供了理论依据。[19] 该理论对于分析地方债务置换的风险规制问题颇有意义,启发我们要关注地方债务置换过程中的风险防范问题,特别是要强化防微杜渐的意识,防止看似轻微、孤立的风险事件演化为整体的、系统性的风险。至于地方债务置换的风险规制工具,命令、强制等传统意义上的规制手段固然必不可少,但随着软法和公共治理的兴起,以信息工具为代表的新兴规制手段越发显示出重要性。例如,通过实施财政透明度建设工程,由权威机构编制地方政府资产负债表并向社会公开,引入标准化的会计和审计工具来评估地方政府的举债能力和财政可持续性,是刺破地方债务置换信息“暗箱”的关键举措,可以倒逼地方政府提高自身的社会公信力和债务治理能力。

四、地方债务置换风险规制的法律回应

习近平总书记多次强调,凡属重大改革都要于法有据。这是改革进入深水

[18] 金自宁:《风险规制与行政法治》,载《法制与社会发展》2012 年第 4 期,第 68 页。

[19] “风险的社会放大”理论由克拉克大学决策研究院的学者提出,用来分析风险问题,致力于回答风险分析中一个极其复杂的问题:“为什么有些相对较小的风险或风险事件,正如技术专家所鉴定的,通常引起公众广泛的关注,并对社会和经济产生重大影响?”参见卜玉梅:《风险的社会放大:框架与经验研究及启示》,载《学习与实践》2009 年第 2 期,第 120 ~ 121 页。

期后,强调运用法治思维与法治方式推进改革的顶层理念指引,是改革法治化的重要标志,与早期改革的法律框架模式截然不同。[20] 然而,由于地方债务置换是制度试错的产物,时至今日依然处于法律调整的真空地带,不能不说是改革法治化的一大缺憾。"亡羊补牢,犹未为晚",在地方债务置换迎来关键性的历史节点之时,对其风险规制问题做出及时的法律回应实属必要。

(一)政府与市场关系的进一步变革

地方债务置换制度变迁的背后,始终绕不开政府与市场关系的交织缠绕。地方性的公共产品无法由市场来提供,而政府在提供公共产品时又面临财政收入不足的窘境,不得不通过举债的方式应对难关。由于预算法的刚性不足,追逐政绩的功利考量、官员任期制诱发的道德风险与短期行为,政府举债有恃无恐,最终因过多过滥而失去控制。地方债务置换尽管有"惩前毖后,治病救人"的意味,但更多地体现出"父爱主义"的一贯立场,将财政风险转嫁给金融市场,变相地由社会公众为地方政府不负责任的举债行为埋单。因此,地方债务问题是市场和政府"双重失灵"的产物,如果要确保地方债务置换不出现结构性重大问题,就必须在政府与市场关系上做出深刻调整。一方面,置换债券的发行应尊重金融机构的自主选择权,引入招投标、承销团承销等市场化的发行方式,减少或杜绝行政摊派。实践中置换债券发行所采取的定向承销的方式,具有准行政化或者半强制性的特点,尽管提高了发行效率,但扭曲了债权人与债务人之间的法律关系,破坏了债券市场的价格发行机制,也容易滋生地方政府的道德风险。按照市场化原则进行置换债券的发行,能够优化金融资源的配置,形成强有力的市场约束,倒逼地方政府改进债务治理,提高地方债务的透明度。正如有学者所言,让金融市场的无数投资者来扮演地方政府融资行为约束者的角色,充分发挥市场机制特有的透明和高效特征,用实时变化的金融产品价格信号来"发现"地方政府的信用状况,进而对地方政府的未来行为选择产生市场压力。[21] 为了激

---

〔20〕 中国早期改革的法律框架模式可以概括为:先有地方政府的基层探索与实践,推动各种创新,对不合理的法律和政策进行"良性"突破与变革,再有中央政府的认可,区域试点和政策试验得以实现,制度竞争和政策移植促使地方政府进一步提升"干中学"效率,最终促成中央政府在各种制度创新的基础上进行顶层设计,实现法律的制定或完善,使改革趋于常态并实现法制化运作。参见管斌:《金融法的风险逻辑》,法律出版社2015年版,第53页。

〔21〕 参见黄韬:《央地关系视角下我国地方债务的法治化变革》,载《法学》2015年第4期,第34页。

励金融机构参与认购地方政府债券,有必要通过税收优惠、信贷扶持、再融资支持等财税和金融工具进行诱导。另外,在置换债券发行过程中引入市场化的信用评级也是必不可少的配套制度安排。另一方面,置换债券的交易应允许实质违约的出现,打破"隐性担保"的魔咒,走出"刚性兑付"的误区,使政府与市场的关系回归理性。在一些成熟的市场经济国家,政府债券被称为"金边债券"或"银边债券",素以良好的信用著称。在我国,政府债券的发行一般是以政府信用作为隐性担保,基本上不存在违约问题。如果将这种"刚性兑付"的思维延伸至置换债券,无疑会降低配置资源的效率,增加金融市场风险,降低投资者的风险意识。我们建议,允许发生地方政府债券的违约事件,并赋予债权人通过司法渠道寻求救济的权利,如果地方政府败诉,则应承担相应的违约责任。作为重要的配套措施,国家应当加强对投资者的教育,强化债权人的信息披露义务,构建地方政府信用风险的分担缓释机制。

需要注意的是,上述两方面的法律回应并不意味着政府权力的全面退缩。由于我国的地方政府债券市场尚未建立起来,政府面临着培育市场以及将来监管市场的双重任务。因此,地方债务置换的法律调整不仅要发挥市场在资源配置中的决定性作用,还要更好地发挥政府作用。发挥政府作用的当务之急,是培育地方债券的交易市场,构建交易场所,制定交易规则,规范交易秩序。地方债券交易市场构建完成之后,政府还应扮演好监管者的角色,通过强有力的执法机制和投资者保护机制实现地方债券市场的健康发展。

(二)财政法制的变革:以财政责任为中心

在债务危机席卷全球的背景下,包括美国、日本、英国、爱尔兰、澳大利亚、新西兰、巴西、秘鲁等在内的许多国家近年来掀起了财政责任立法高潮,其主要目的在于通过有效的法律约束来规范政府财政行为,限制政府出现不可持续的财政赤字,引导政府对自己的财政行为负责,避免出现超额赤字和财政危机。[22]为防止地方债务置换沦为地方政府逃避债务责任的政策工具,以财政责任为中心的财政法律变革亟待付诸实施。一方面,需要厘清中央与地方之间的债务责

〔22〕 参见王婷婷:《财政责任视野下的地方政府债务治理研究》,中国法制出版社2017年版,第147~152页。

任边界。无论是2014年的《国务院关于加强地方政府性债务管理的意见》,还是2016年国务院办公厅发布的《地方政府性债务风险应急处置预案》,都明确了中央政府对地方债务的不救助原则。该原则看似划定了中央与地方之间的债务责任边界,但不具有严格意义上的法律效力,难以形成对地方政府持久和有力的制度约束,且对于中央政府应当履行的财政转移支付责任以及上级政府(不包括中央政府)的财政救助责任缺乏必要考量。“地方债务往往被视为由上级政府以及中央进行偿还,没有意识到地方法律地位的独立性,地方主体以及地方责任更无论及。”[23]为了从根本上打破这种心理惯性,本文建议将中央政府对地方债务的不救助原则法定化,建立地方政府外部融资的硬约束机制,同时明确中央政府财政转移支付等援助的标准和范围。长远看来,我国有必要引入财政重建和地方政府破产的制度安排,打破“上级政府一定会埋单”的惯性思维,分清债务归属,划清偿还责任。对地方债务将来出现的违约和清偿责任判定问题,有待于立法回应及司法跟进。另一方面,需要创新地方政府债务责任的追究形式。《预算法》第94条关于地方政府的债务责任追究形式包括责令改正、撤职、开除,套用的是传统行政责任形式,显然无法适应地方债务治理的制度诉求。值得注意的是,2017年7月召开的第五次全国金融工作会议明确提出:“各级地方党委和政府要树立正确政绩观,严控地方政府债务增量,终身问责,倒查责任。”这是财政领域首次引入终身问责制,也事实上宣告了终身问责制这种新型地方政府债务责任追究形式的产生。从法律性质看,地方债务治理视野下的终身问责制是一种以财政责任为内核的公共责任机制,主要适用于地方政府的增量债务。在我国目前的地方债务治理中适用终身问责制,面临着领导责任异化与集体行动困境、程序正义缺失与督促监管困境、立法回应不足与责任追究困境,需要在将来制定的“公共债务法”中对其适用范围、追责主体、追责对象、追责程序、责任形式、豁免事由等作出回应,同时辅之以官员考核评价机制的变革以及地方融资监管制度的构建。

(三)金融法制的变革:以央行独立性为核心

从形式上看,《预算法》与《中国人民银行法》将财政风险和金融风险进行了

---

〔23〕 冯乐坤:《地方所有财产的基本问题研究》,法律出版社2016年版,第117页。

隔离，但由于中国人民银行的独立性不强，存在财政赤字货币化的可能，即财政部直接向中国人民银行借款、透支或通过印刷钞票融资。为了防止中央银行通过增发货币的形式转移财政风险，建议在修改《中国人民银行法》时，将年度货币供应量、利率、汇率等重大事项的决定权完全下放给中国人民银行，由其独立进行货币政策操作。另外，考虑到实践中人民银行再贷款成为中央银行资金流失的主要渠道，是实质性通货膨胀的压力来源，本文建议取消财政性再贷款，防止出现"政府请客，银行埋单"的局面，根治银行对财政的暗补现象。鉴于将地方政府债券纳入金融机构抵押或质押业务范围可能对货币政策造成的冲击，有必要完善央行公开市场操作的业务规范，明确地方政府债券抵（质）押的条件与程序。上述改革无疑有助于提升央行的业务独立性和组织独立性，但尚未触及经济独立性和人事独立性。在推进央行独立性的渐进式改革过程中，应坚守底线思维，尊重财政与金融之间的法律边界，杜绝财政赤字货币化。立法机关则应适时赋予央行更多自由和权力，提升央行的政治地位，减少政府对央行的干预，不断强化央行独立判断、独立决策、独立执行、独立担责的能力。

五、结语

地方债务置换作为全面深化改革背景下的重大举措，影响甚巨，本应于法有据，但应急性的安排替代了理性选择，其风险放大效应预示着一个不确定的未来。随着地方政府存量债务在 2018 年的置换完毕，流通环节将超越发行环节成为地方债务置换的制度重心，风险规制的重要性凸显出来。我国应当未雨绸缪，对置换债券流通过程中可能出现的各种风险问题进行研判，完善地方债务置换的法律调整机制，协调推进财政法治与金融法治，防范化解财政金融风险，保障地方债务置换乃至地方债务全面治理的顺利进行，促进国民经济的持续健康发展。

（学术编辑：沈朝晖）

（技术编辑：党英伦）

《清华金融法律评论》
第2卷第2辑
第18～54页

中国地方政府债券融资的法律规制*

辛雨灵**

目　次

摘　要:地方政府债券在高速发展中为市场和政府埋下了种种风险隐患,但采取"宜疏不宜堵"的方式已是基本共识。作为必须要与国情结合的制度设计,对地方政府债券的理解不应盲目跟从源于美国的"市政债券"概念,两者从融资用途、发债主体、制度功能需求等角度均有不同。源自西方的财政分权和经济学理论虽然论证了地方政府举债的合理性,但往往包含了理想化的假设前提,即高度"地方自治"的政治基础和严格的风险控制体系,而我国单一制政体下的央地关系是这些理论及制度移植过程中不可忽视的重要因素。但是,域外地方政府

---

* 本文为国家社会科学基金青年项目"地方债务治理的商事司法审查路径研究"(编号:14CFX038;主持人:沈朝晖)的课题研究成果。

** 辛雨灵,华东政法大学经济法学院16级硕士研究生,研究方向:商法。

债券的制度经验并非毫无借鉴的价值，尤其是通过了解拥有全球最先进、最大债券市场的美国市政债券及其监管制度，能够对防范我国地方政府债券发展中的风险有极大的启示作用，而其他国家的制度经验也反映了全球的地方性政府债券在立足国情、完善法律体系、严格监管、配备中央统一监管方面有雷同的发展趋势。因此，在建立符合中国特色的地方政府债券制度体系的过程中，应反复强调正视和立足于我国单一制政体下央地关系、证券市场特征的国情，并充分利用中央权力集中的便利条件，严格问责制度和监管标准，全面掌控地方政府债券市场发展全局和个中风险，清理排除发展隐患。在此基础上，应着重加强建立科学的风险预警机制和信息披露制度，构建明晰、法治化的央地关系顶层设计，明确监管主体、中央和地方的权力与责任界限，逐步建立专门规制地方政府债券的科学、完善的制度体系。

关键词：地方政府债；地方政府债券；市政债券；央地关系

一、地方政府债券的问题困境

从2009年政策改革以来，地方融资、自主发债需求愈加强烈，地方政府债券迅猛发展。根据中国债券信息网的债券数据统计，至2018年9月，地方政府债券发行总量已达到37993.83亿元，同比增长7.58%，单月同比增长110.48%。[1] 截至2018年10月18日，上海证券交易所托管地方债券现货2817只，为所有债券现货中数量最多的类型。[2] 数据统计进一步证明了全国发行的地方政府债券数量和价值均呈持续上涨的态势。[3] 与此同时，用以规范、鼓励地方政府自主发债的政策性规范文件也在不断出台，2018年更为明显。截至2018年9月，财政部已出台四部规范性文件直接规范地方政府债券（详见下文第四部分），银保

〔1〕 资料来源：中国债券信息网：http://www.chinabond.com.cn/jsp/include/EJB/document.jsp?sId=0201&sBbly=201809&sMimeType=4，最后访问日期：2018年10月19日。

〔2〕 资料来源：上证债券信息网：http://bond.sse.com.cn/data/statistics/overview/bondow/，最后访问日期：2018年10月19日。

〔3〕 参见财政部预算司对地方政府债券发行和债务余额的数据统计。仅2018年以来，1～3月累计，全国发行地方政府债券共2195亿元，4月共有3018亿元，5月共有3553亿元，6月为5343亿元，7月为7570亿元。

监会也通过发文将商业银行地方债风险权重降至零,[4]以此给予政策配合。[5]

地方政府债务融资对于调节政府年度收入和资本性支出在时间上的缺口,弥补财政赤字和短期资金不足,尤其在全球经济形式并不稳定的大环境下,用以实施熨平经济周期性波动的积极财政政策,具有举足轻重的意义。[6] 其中地方政府债券作为一种显性、直接的债务融资,不仅可以完善政府融资结构,有效避免隐性债务发酵给国家财政金融带来风险,[7]还对城镇化的长期建设和发展起着至关重要的作用,良性的债券市场竞争还会带来优良政府。[8] 地方政府债券的发展趋势可谓难以逆转,是未来中国金融市场工具方面的最大创新之一。[9] 但与此同时,地方政府债券的现行发展中也隐藏着一系列的问题与挑战,以下例举亦难尽周延。

其一,我国地方政府有限、单一的融资渠道与庞大资金需求并存,并发系列冲突。

我国向来奉行金融集中模式,[10]在便利中央金融监管统一、把控金融业全局的同时,也不可避免因地方政府参与分权博弈带来的消极作用。2014 年《预算法》修改之前,地方政府严禁出现财政赤字,举债权受到法律严格禁止,只能依靠税收等非债务性财政收入供给各项支出。即便在《预算法》修改后,地方政府也只能通过债券方式举债,且必须在国务院确定的限额内、经全国人大或常委会批准,[11]从而使单一的融资渠道带来的隐性债务扩张难以根本消除。根据

---

〔4〕 参见《中国银保监会办公室关于商业银行承销地方政府债券有关事项的通知》(银保监办便函〔2018〕1234 号)。

〔5〕 参见孙海波、刘诚燃:《银保监会发文:承销地方政府债券参照国债,为地方政府基建开路》,微信公众号:金融监管研究院 2018 年 9 月 4 日文。

〔6〕 参见审计署审计科研所:《我国地方政府债务融资权问题研究》载《审计研究简报》2013 年第 16 期。

〔7〕 参见王立平:《我国地方政府债券融资机制研究》,陕西师范大学 2018 年博士学位论文,第 II 页。

〔8〕 参见熊伟:《地方债与国家治理:基于法治财政的分析径路》,载《法学评论》2014 年第 2 期,第 68 页。

〔9〕 参见向东:《我国政府债券法律制度研究》,中央民族大学 2007 年博士学位论文,第 103 页。

〔10〕 金融集中模式除了中央加强对金融业的集中监管之外,还表现为中央收回地方政府对当地国有银行的人事权,拒绝下发地方政府的发债权,以及通过《中国人民银行法》规定中央银行的独立性,使中央银行在各地的派出机构独立于地方政府。参见阳建勋:《论我国地方债务风险的金融法规制》,载《法学评论》2016 年第 6 期,第 35 页。

〔11〕 参见《预算法》第 35 条。

Wind 数据中对“城投债”的有息债务累加，到 2017 年年底合计债务为 32.3 万亿元，其中非经财政预算的隐性债务规模约为 30.6 万亿元。其他有关数据显示，自 2014 年以来，地方政府显性债务的年均增速仅为 2.4%，而隐性债务年均增速超过了 77%。[12] 从 20 世纪开始，各地方政府通过各种制度创新变相举债，如融资平台公司、信托、融资租赁、BT（建设—移交）、PPP 等方式自主融资，甚至出现变相高息摊牌、抬高地价还贷、违规集资等情形，不仅缺乏及时、有效的监管，盈利能力也依然不足，扰乱了正常的财政金融秩序，滋生潜在的债务危机。加之在地方财政收入过度依赖土地收入的前提下，近年来地方政府土地收入趋紧，新旧债务交替，风险预警、风险管理、地方政府破产清偿等配套制度匮乏，偿还风险随之增加，埋下了种种难以监控的风险隐患。例如，地方政府债务主要源于向银行借款，还贷来源以土地出让金收入为主，一旦土地财政落幕，地方政府资金链就会断裂，从而导致区域性甚至是系统性金融危机；因缺乏监管、债务资金使用效率低下、违规使用、贪污腐败，地方政府把债务资金用于缺乏可持续发展的 GDP 项目、形象工程、挥霍浪费等方面，成为经济学“公地悲剧”的典型代表。[13]

其二，现行地方政府债券市场发展不均。

就一级市场的发行现状而言，不仅发行速度慢，而且新增债券的发行数量远不如置换债券或再融资债券，专项债券远不如一般债券。据统计，从 2015 年开始，新增债券发行量逐年递增，发行增速却趋缓，2016 年发行量同比增速为 87.11%，2017 年为 34.3%，2018 年 1 ~ 7 月累计仅有 7942 亿元，即便央行 6 月以来货币相对较为宽松，银行间市场资金异常充裕，仍然有 1.35 万亿元的新增额已发行不到 2000 亿元，[14] 甚至在 2018 年 1 ~ 4 月的政府债券发行中没有新增债券。而与之形成鲜明对比的是置换债券和再融资债券，不仅占据了 1 ~ 4 月全部的地方政府债券发行类型，而且在之后的占比中居高不下，截至 2018 年 7 月，已发行 13,737 亿元。就一般债券与专项债券的对比而言，仅 2018 年 1 ~ 7 月累

---

〔12〕 参见姜超宏观债券研究：《地方政府隐性债务规模有多大》，载 https://baijiahao.baidu.com/s?id=1607464179841494108&wfr=spider&for=pc，最后访问日期：2018 年 10 月 24 日。

〔13〕 参见审计署审计科研所：《我国地方政府债务融资权问题研究》，载《审计研究简报》2013 年第 16 期（总第 271 期）。

〔14〕 参见孙海波、刘诚燃：《银保监会发文：承销地方政府债券参照国债，为地方政府基建开路》，微信公众号：金融监管研究院 2018 年 9 月 4 日文。

计,一般债券为16,047亿元,而专项债券仅有5632亿元。[15] 据数据总结,近几年我国地方政府债券发行以置换债券或再融资债券以及一般债券为主,占比分别约七成和六成。[16] 出于解决存量债务、累积的不规范债务的置换债券数量一直居高不下,如果成为常态化措施,将无形中诱发地方政府过度举债的机会主义行为,实际上形成地方政府债务规模风险隐患。[17]

再观二级交易市场。2018年的成交规模虽较2017年有所抬升,流动性有所改善,但2017年时曾大幅下降52.73%。因此,地方政府债券的二级市场总体上仍然存在交易不够活跃、流动性较差的问题,更不用说与国债相比。对此有专家从发行利率、质押式回购等多角度进行原因分析,但其中最明显的问题还是投资主体较为单一,商业银行占比约为77.68%,而其他机构和个人投资者占比极少,"一家独大"的局面对改善地方政府债券的流动性发展极为不利。[18]

其三,法律制度缺失或不足。

从制度上防范地方政府债券的风险是中央政府、地方政府和金融市场供给之间相互博弈的结果。[19] 过去,政府的融资行为缺乏必要的法律规范,始终游离于权力机关的监督之外,乱象丛生,债务资金的使用效率和社会效果都未尽完善,学理上一直存在是否有必要对地方政府债券单独制定法律的争论。[20] 随着近几年法律规范的不断出台,制度问题转化为文件效力层级过低、政策文件日新月异、对地方政府的主体地位的合法性论证、发行人义务、地方政府债券的发展

---

〔15〕 数据来源:财政部预算司对地方政府债券发行和债务余额的历月数据统计。

〔16〕 参见东吴宏观固收团队:《地方政府债券全解》,载微信公众号:"大金所",最后访问日期:2018年10月19日。

〔17〕 参见赵菁、朱世亮:《地方政府债券发行之法律分析及进路》,载黄红元、徐明主编:《证券法苑》(第17卷)法律出版社2016年版,第217页。

〔18〕 对于其中缘由,有专业媒体总结为,一方面是由于地方债在一级市场发行利率偏低,上市后其估值低于面值,导致从一级市场获得的地方政府债券进入二级市场会出现浮亏,持有机构为了避免亏损不得不选择将其持有至到期,配置盘较少,导致其交易活跃度不高。另一方面,从质押回购的角度来看,不少银行都不太接受地方债质押,即便接受,打折幅度也高于国债和政策性银行债,这使地方债的回购融资能力也低于国债和政策性银行债,导致其流动性不高。参见东吴宏观固收团队:《地方政府债券全解》,载微信公众号:"大金所",最后访问日期:2018年10月19日。

〔19〕 参见阳建勋:《论我国地方债务风险的金融法规制》,载《法学评论》2016年第6期,第34页。

〔20〕 反对地方政府发债的观点认为,(1)地方政府债务风险已经超过金融风险或为我国经济安全与社会稳定的头号威胁;(2)地方债务问题是制度变迁的敏感变量。参见向东:《我国政府债券法律制度研究》,中央民族大学2007年博士学位论文,第104页。

模式、地方政府债券的资金来源和用途如何规制、风险识别和防范的风险管理机制、政府责任范围、地方政府破产后清偿责任、债券评级体系和信息披露等方面的诸多问题仍然未尽人意,监管落实更显无力。更为根本的问题是中央与地方事权、财权的不匹配造成大规模地方债务,[21]央地监管分权博弈造成监管困境。缺乏对央地分权合理分配的顶层设计,以及法律层面的制度缺失都是未能彻底解决地方政府债系列问题中的缺憾,为地方政府债券的发展隐藏了种种制度风险。

以上种种问题困境,无一不引发了金融、财政、法律等多个领域的理论和实务的共同探讨,频频出台的各种部门规范性文件更是体现了我国金融监管部门和财政部门已经充分意识到了地方政府债务和债券运行中存在的种种风险和制度不足,并在该问题上不断求索。目前理论界的观点亦可谓日新月异,不同专业领域形成的研究互为补充,共同推动良好制度和市场环境的形成与发展。从法律角度,大部分的学者都提出引入域外已成熟的"市政债券"概念和制度,甚至已经将市政债券和地方政府债券的概念等同视之。

那么,我国地方债券的发展方向是否就是市政债券?两者是否有所区别,还是殊途同归?在我国地方政府债券的发展中,法律制度又该起到什么样的作用?各种规则制度的理论基础为何?本文欲结合我国目前地方政府债券的发展现状,从法律规制的视角,对个中关键问题和基础理论做一梳理和探讨,同时借鉴以求或为规范我国地方政府债券的未来发展做一思路探索。

二、地方政府债券概念之拨乱反正

(一)我国地方政府债券内涵之流变

在我国,目前"市政债券"的概念仅限于学理讨论,政策或法律上多围绕"地方政府债券"的界定展开。在财政部印发的《2009年地方政府债券预算管理办法》中,"地方政府债券,是指经国务院批准同意,以省、自治区、直辖市和计划单

---

〔21〕 即指1994年分税分级制改革后,出现了"财权逐渐上收",而"事权逐渐下放"的状况。根据目前财政改革思路(《中共中央关于全面深化改革若干重大问题的决定》),已经提出增加中央财政支出责任。这种改革思路对改善央地财政关系无疑会产生一定的积极效果。

列市政府为发行和偿还主体,由财政部代理发行并代办还本付息和支付发行费的债券”。在2011年和2013年《财政部、国家税务总局关于地方政府债券利息所得税问题的通知》中,“地方政府债券是指经国务院批准同意,以省、自治区、直辖市、计划单列市政府为发行和偿还主体的债券”。其后的定义也未能超脱从“发行主体”的角度来界定“地方政府债券”。

目前我国的地方政府债券按“偿债资金来源”和“资金用途”两项标准分类,可分为一般债券和专项债券,以及新增债券、置换债券和再融资债券。以“偿债资金来源”为标准,“一般债券”和“专项债券”已各有专门的财政部规范性文件为发行管理依据。一般债券以一般公共预算收入还本付息,融资资金用于没有收益的公益性项目。[22] 而专项债券以对应的政府基金或专项收入还本付息,融资资金用于有一定收益的公益性项目。[23] 2017年5月以来,财政部通过颁布财预〔2017〕62号、财预〔2017〕89号、财预〔2017〕97号等文又进一步划分出了项目收益专项债,通过与项目对应,实行分类管理。截至目前,市场上已发行的项目收益专项债品种有土地储备专项债、收费公路专项债、轨道交通专项债、棚改专项债等。[24] 以“资金用途”为标准,地方政府债券可以分为新增债券、置换债券和再融资债券。新增债券的资金用途主要是资本支出;置换债券用于置换新预算法实施之前地方政府通过银行贷款、融资平台等非债券方式举借的存量债务,是解决历史遗留问题的暂时性债券工具,只是债务形式的变化,不增加债务余额;[25] 再融资债券则是用于偿还部分到期地方政府债券本金、缓解地方政府偿债压力的债券。[26] 随着置换债券的历史任务逐渐完成,未来将以新增债券和再融资债券为地方政府债券的主要类型。[27] 除此之外,学术上对债券的种类划分更为详细,除了按照偿债资金来源不同划分为一般责任债券、收益债券和双重

---

〔22〕 财政部《关于印发〈地方政府一般债券发行管理暂行办法〉的通知》(财库〔2015〕64号)。

〔23〕 财政部《关于印发〈地方政府专项债券发行管理暂行办法〉的通知》(财库〔2015〕83号)。

〔24〕 参见东吴宏观固收团队:《地方政府债券全解》,载微信公众号:“大金所”,最后访问日期:2018年10月19日。

〔25〕 参见王旭坤:《我国地方政府债券立法的变迁轨迹及其价值分析》,载黄红元、徐明主编:《证券法苑》(第17卷),法律出版社2016年版,第205页。

〔26〕 参见财政部《关于做好2018年地方政府债券发行工作的意见》(财库〔2018〕61号)。

〔27〕 参见东吴宏观固收团队:《地方政府债券全解》,载微信公众号:“大金所”,最后访问日期:2018年10月19日。

覆盖债券外,还包括可变利率通知债券、税收和收入预期票据、发债预期票据、拨款预期票据等短期市政债券,以及再融资债券、工业发展债券等其他类型债券。[28]

此处值得一提的是"地方政府融资平台"的历史地位。由于在《预算法》原则上禁止地方政府发债的时候,政府的资金需求并没有随之减少,因此通过地方政府融资平台变相举债就成为缓解地方政府融资压力的重要工具,并形成了主要包括银行贷款、信托融资、企业债、非金融企业债务融资工具等的多融资渠道,而通过该种平台发行的就是所谓的"城投债",[29]也被称为"准市政债券"。2010年《财政部、国家发展和改革委员会、中国人民银行、中国银行业监督管理委员会关于贯彻国务院关于加强地方政府融资平台公司管理有关问题的通知相关事项的通知》(财预〔2010〕412号)明确了地方政府融资平台公司为"由地方政府及其部门和机构、所属事业单位等通过财政拨款或注入土地、股权等资产设立,具有政府公益性项目投融资功能,并拥有独立企业法人资格的经济实体,包括各类综合性投资公司,如建设投资公司、建设开发公司、投资开发公司、投资控股公司、投资发展公司、投资集团公司、国有资产运营公司、国有资本经营管理中心等,以及行业性投资公司,如交通投资公司等"。2015年《关于妥善解决地方政府融资平台公司在建项目后续融资问题的意见》(国办发〔2015〕40号)定义地方政府融资平台为"由地方政府及其部门和机构等通过财政拨款或注入土地、股权等资产设立,承担政府投资项目融资功能,并拥有独立法人资格的经济实体"。

"城投债"由于具有需要政府授权、发改委审批、资金投向大多为地方公益性项目或基础设施建设等特征,与市政债券或地方政府债券功能有所重叠,在拉动内需、提高城市建设水平、缓解地方政府资金压力等方面有一定的历史意义。域外经验中,会把是否有政府担保作为区分市政债券的标准。[30]我国各级地方

---

〔28〕 参见易宇:《中国市政债券运行的制度研究》,财政部财政科学研究所2015年博士学位论文,第40~42页。

〔29〕 2014年上交所明确了城投债交易型开放式指数证券投资基金(城投债ETF)的市场流动性。参见《上海证券交易所关于上证可质押城投债交易型开放式指数证券投资基金流动性服务商的公告》[上证公告(基金)〔2014〕043号]。

〔30〕 参见朱小川:《我国地方政府债券的制度选择》,载《证券市场导报》2014年第1期,第72页。

政府在举债禁令期也往往会对"城投债"予以政策优惠和发行计划倾斜。"城投债"在我国看似就是地方政府债券的前身和先行经验。然而,由于大量的"城投债"与地方政府关系模糊,不仅造成监管上的困难,而且容易导致极大的信用风险,[31]在实践经验中也出现了诸多问题,埋下种种市场风险隐患。例如,地方政府对融资平台该公司注资入股等资金操作不透明;主体资质下沉、信息披露不及时、信用评级虚高等现象;地方政府没有明确的担保义务,却难以避免承担隐性担保、代为清偿的责任,极大地透支了政府信用,道德风险随之增加;地方政府成立多个融资平台公司,多投举债,陷入信用危机;地方政府利用行政特权向金融机构施压,迫使金融机构向政府融资平台公司贷款,将政府风险向金融系统传导等种种问题。[32]

自2009年央行、银监会明确"支持有条件的地方政府组建投融资平台",[33]"城投债"开始迅猛发展,到2010年年底,"城投债"的债务额就已达到49,710.68亿元,在全国地方政府性债务举借主体中债务额占比最高,为46.38%。[34] 之后由于2011年云南省公路开发投资有限公司为代表的违约事件和由此引起的债券市场动荡,[35]"城投债"的信用风险已经引起了市场和监管者的高度重视。从2010年开始,相关部委开始逐步清理地方政府融资平台(公司)。[36] 但在信用风险较高的大环境下,"城投债"仍得到投资者的认可,2018年上半年,"城投债"的累计发行规模已达到10,979.55亿元,比2017年1~6月的发行规模上升54.24%。[37] 不过,随着地方政府置换债券发行的展开,"城投债"

---

〔31〕 参见易宇:《中国市政债券运行的制度研究》,财政部财政科学研究所2015年博士学位论文,第62页。

〔32〕 参见王立平:《我国地方政府债券融资机制研究》,陕西师范大学2018年博士学位论文,第35~36页;朱小川:《我国地方政府债券的制度选择》,载《证券市场导报》2014年第1期,第71~72页。

〔33〕 参见2009年3月18日,在央行、银监会《关于进一步加强信贷结构调整促进国民经济平稳较快发展的指导意见》。

〔34〕 参见全国地方政府性债务审计结果(2011年第35号)。

〔35〕 2011年9月的最后一周,是中国交易所债券市场行最惨烈的一周:除国债以外的绝大部分债券都经历了一轮断崖式杀跌,作为地方政府融资平台公司发行的城投债跌势尤为明显,终于酿成债券市场的"9·30"事件。

〔36〕 参见《国务院关于加强地方政府融资平台公司管理有关问题的通知》(国发〔2010〕19号)。

〔37〕 参见鹏元研究:《2018年上半年城投债发行统计分析报告》,载 https://baijiahao.baidu.com/s?id=1605159479023167733&wfr=spider&for=pc,最后访问日期:2018年10月24日。

的信用资质会出现分化,从而对“城投债”整体产生一定冲击和影响。逐步规范化的地方政府债券取代乱象丛生的“城投债”是大势所趋,将会提高整个政府发债行为和质量,市场风险更为可控。至此,本文认为“城投债”并非地方政府债券的制度范围,在明确地方政府债券的合法地位后,其历史任务基本完成,可以逐步清理退出市场。

(二)市政债券之源流:美国市政债券的概念与特征

市政债券(Municipal Bond)并非是我国的概念,而是来自美国。它起源于19世纪初期,到20世纪70年代后,开始在其他国家逐步兴起。甚至有言者,“没有市政债券,就没有美国的基础设施”。[38] 目前,虽然发行数量和本金较少,但美国的市政证券市场整体(主要为市政债券)正在有效率地发展。[39]

在美国,学者和市政证券专业人员使用的“Municipal Security”或“Municipal Bond”一词仅适用于其利息根据1954年《国内收入法》(Internal Revenue Code of 1954)第103条免除所有现行联邦所得税的证券。[40] 对市政债券的法律定义被包含在1975年修改后的《交易法》(Exchange Act)对“市政证券”(Municipal Securities)的定义之中,系指“一国或其任何政治分支的直接义务或担保的本金或利息义务,或一个或多个国家的任何机构或工具,或一个或多个国家的任何市政公司工具,或作为免税私人活动债券的任何担保”。[41] 在《证券法》(Securities Act)中,“市政证券”的概念内涵隐藏在豁免证券的规则中,只是在措辞方面有所区别。[42] 虽然这种不对称导致了在《交易法》关于市政证券豁免范围认定上的一些技术上的问题,且学理上也存在一些细微的争议,但事实上,除非根据上下文语义和立法目的解释下有例外,在《证券法》豁免规则下的证券就是《交易

〔38〕 美国早已于1800年新奥尔良港的修筑中就利用了政府发债的方式融资,但直到当1812年纽约市政府在华尔街发行了以纽约市政府全部税费收入为担保的市政债券后,才正式产生了“市政债券”的概念。

〔39〕 Robert S. Amdursky, Clayton P. Gillette and Allen G. Bass, *Municipal Debt Finance Law: Theory and Practice*, Wolters Kluwer Law & Business, Second Edition, 2013, p. 541.

〔40〕 Thomas P. Peacock, “A Review of Municipal Securities and their Status Under the Federal Securities Laws as Amended by the Securities Acts Amendments of 1975”, 31 *Business Lawyer* 2037 (1976).

〔41〕 Exchange Act §3(a)(29), 15 U.S.C.A. §78c(a)(10).

〔42〕 Securities Act §3(a)(2), 15 U.S.C.A. §77c(a)(2).

法》中的"市政证券"。[43] 由此可见,在美国,由国家担保的证券就是政府证券,在制度上享有优惠的税收和豁免政策,而市政债券是市政证券中的一种类别,与其他一般债券相比而言具有更高的安全性,仅次于美国政府债券。

按照市政债券来源为标准,分为一般债务债券(General Obligation Bonds)和收入债券(Revenue Bonds)两类。一般债务证券是发行人完全信托和信贷担保的一般债务,以及有(通常)无限制的征税权力的债券,即以州政府税收为偿债来源的市政债券,通常被认为是各种市政证券中最安全、在各种债券评级机构的评级高于收入债券的市政债券;收入债券通常只能从特定收入来源的收入中支付本金和利息,根据投资行业不同分为不同的收入债券,如为创收项目(如收费公路)融资而发行的"用户收费债券",为建造学校宿舍(通常由国家机构发行并以租赁方式向用户提供担保)而发行的"租赁债券",为建造工厂等提供资金,出租给私营企业而发行的"工业租赁债券"、"发展债券"及"污染控制债券"以及"新住房管理局债券",甚至还有"道德义务债券"(Moral Obligation Bonds),[44] 几乎覆盖了政府需要提供公共服务的所有市政项目。

(三)中国特色市政债券之定位:地方政府债券的概念回归

通过以上概念梳理,可以发现,源自美国的市政债与本土自发形成的地方政府债券具有十分相似的特征。目前也有不少学者认可了"市政债券"与"地方政府债券"不过是从不同角度对同一事物的解读,[45] 将我国地方政府债券中的一般债券和专项债券简单类比为美国市政债券中的一般责任债券和收益债券,而"城投债"更类似于收益债券,[46] 现有的其他地方政府融资工具都完全可以为地方政府债券吸收,[47] 从而将我国的地方政府债券与美国的市政债券画等号。但

---

[43] Robert S. Amdursky, Clayton P. Gillette and Allen G. Bass, *Municipal Debt Finance Law: Theory and Practice*, Wolters Kluwer Law & Business, Second Edition, 2013, p. 496.

[44] Thomas P. Peacock, "A Review of Municipal Securities and their Status Under the Federal Securities Laws as Amended by the Securities Acts Amendments of 1975", 31 *Business Lawyer* 2037, 2038 – 2039 (1976).

[45] 即认为市政债券强调的是债券募集资金用途是应用于公益方面,而地方政府债券强调的是发行和偿债主体为地方政府。参见易宇:《中国市政债券运行的制度研究》,财政部财政科学研究所2015年博士学位论文,第52页。

[46] 参见易宇:《中国市政债券运行的制度研究》,财政部财政科学研究所2015年博士学位论文,第62页。

[47] 参见朱小川:《我国地方政府债券的制度选择》,载《证券市场导报》2014年第1期,第72页。

本文认为根据我国的实际国情,并不能就此将二者等同。

首先,从融资资金用途的角度。市政债券作为对市政项目融资渠道研究中的分支,是随着“平等进入”“选择性进入”这样的市场理念进入公共产品的消费领域产生和发展的,[48]但我国对“市政项目”的内涵未形成明确的定义。在我国法律法规中较早对市政工程业务加以明确的是一些具体部门规范性文件,其内容总体包括城市供水设施、城市排水及污水处理设施、城市煤气设施、城市集中供热设施、城市道路及桥梁设施、城市防洪设施、城市公共交通设施、城市环境卫生设施、城市园林绿化设施等,[49]2017《全国城市市政基础设施建设“十三五”规划》概括为“城市交通系统、城市地下管线系统、城市水系统、城市能源系统、城市环卫系统、城市绿地系统、智慧城市”七大方面,明确其重要意义“是新型城镇化的物质基础,是城市社会经济发展、人居环境改善、公共服务提升和城市安全运转的基本保障”。[50] 学理上,认为市政项目的内涵远非通常理解下的城市基础建设项目,而是“既包含有城镇基础设施投资建设,又包括能够提供城市基础服务、社会公益性质服务的项目投资建设”,分为“基础设施、公共事业和公共服务”三类,[51]兼具经济性与公益性的二元属性,[52]与纯粹的公益性项目并非完全等同。与此同时,学界对于作为公益性代表的政府是否以及如何开展经济性较强的市政项目一直处于探讨中,并无定论,实践中市政项目的融资方式也并非

---

〔48〕 Kenneth D. Goldin,“Equal Access vs. Selective Access: A Critique of Public Goods Theory”, 29 *Public Choice* 53(1977).

〔49〕 参见《财政部关于对城市市政建设若干项目免征建筑税的通知》(财税〔1986〕130号)、《市政工程设计资格分级标准》《房屋建筑和市政基础设施工程施工招标投标管理办法》(建设部令第89号)等。

〔50〕 参见《全国城市市政基础设施建设“十三五”规划》,第1页。

〔51〕 参见易宇:《中国市政债券运行的制度研究》,财政部财政科学研究所2015年博士学位论文,第21页。

〔52〕 “经济性”是指市政项目提供的产品或服务与其他一般商品类似,直接进入生产循环,如交通运输、通信网络、能源水电输送、污水处理等;“公益性”则指是指该项目所提供的产品或服务并不一定具有确切的表现形式或市场价值,但确实社会政策运转的必要基础,如教育、医疗、社区服务等。参见易宇:《中国市政债券运行的制度研究》,财政部财政科学研究所2015年博士学位论文,第11页。

仅有债券一种。[53] 部门规范性文件中仅仅明确了地方政府债券的发行是为了公益性项目,[54]没有明确已有规定的市政项目与地方政府债券的衔接。事实上,在对政府投融资平台的清理中,也肯定了借用"政府"角色的融资并非都用于公益性支出,还包含"非公益性项目"。[55] 隐蔽在融资平台背后的政府举债行为更是因无所规范而乱象丛生。与之对比,源于美国的"市政债券"明确和保证将融资资金用于公益性市政项目支出。因此,就我国的融资资金使用的实践情况而言,其初衷就未必都是为了缓解市政项目建设给政府带来的财政压力。中国地方政府债券亦很容易变通为变相解决政府财政短缺的工具,而美国的市政债券则更像是用途受到严格限制的地方政府债券。

其次,即使融资资金的用途可以通过后续的监管制度完善加以调整,但从发债主体角度来看两者依然存在差别。美国市政债券的发债主体并没有限定只能是政府,而是统一规定在证券法和交易法中,只在税收和豁免制度上与一般证券有所不同,因此其发债主体除了州级政府外,也可以是"政府授权建设运营某一市政项目的政府企业甚至是私人部门",[56]包括某些特别的行政当局如高等院校、水利当局、高速公路及国家所属机场等。[57] 有学者提出,我国的地方政府融资平台实际上与美国市政债券中的特殊授权机构有相似之处,因此如果将其归入地方政府债券的发债主体,那么"城投债"和地方政府债券都能纳入市政债券的研究范畴。[58] 然而,从我国法律文件对地方政府债券概念的界定、对融资平台清理的政策取向以及关于地方政府债券发行的最新管理办法中,不难发现目

---

〔53〕 市政项目融资方式多种多样,如中央政府预算拨款、政府企业融资、PPP为代表的公私合作、有限合伙、资产支持票据、BOT或BT项目、影子收费、被认为是"准市政债券"的城投债等。目前业已形成了地方政府直接发债融资和地方政府融资平台企业融资两大融资模式,除了发行债券外,还包括信托、银行贷款等方式,而银行借贷这种成本较低的融资方式,依旧在地方政府的融资偏好中排在首位。在特定的发展阶段或经济环境下,不同融资模式难谓优劣之分,而只有合适之分。

〔54〕 参见财库〔2015〕64号、财库〔2015〕83号第2条。

〔55〕 参见《国务院关于加强地方政府融资平台公司管理有关问题的通知》(国发〔2010〕19号)。

〔56〕 参见易宇:《中国市政债券运行的制度研究》,财政部财政科学研究所2015年博士学位论文,第43页。

〔57〕 参见叶青、宋燕:《市政债券的源流与恢复》,载王文素主编:《财政史研究》(第3辑),中国财政经济出版社2010年版,第154页。

〔58〕 参见易宇:《中国市政债券运行的制度研究》,财政部财政科学研究所2015年博士学位论文,第52~53页。

前政策对地方政府债券的发债主体倾向于限定为政府。即使这种制度幻想能够实现,在我国的国情背景下,必然与地方政府关系模糊,隐含着地方政府的隐性担保和实质的发债、偿债主体地位,根植于我国国情背景下的融资平台发展经验中的乱象和风险难以防治,难以实现美国其他融资机构完全独立的法律地位。因此,本文坚持认为虽然地方政府适当自主发债是必然的趋势,但地方政府融资平台不能也不可能一同纳入所谓"市政债券"项下规范从而趋近美国的市政债券。目前对融资平台的清理是正确的管理方向,现今所谓的"城投债"被政府发行的地方政府债券取代也是大势所趋。

最后,以上发行主体、资金流向等表征区别或许都可以通过引入美国市政债券的制度加以变革,但两者根本的区别在于市场化程度、特征、国情背景都不相同。正如上文所述,美国市政债券的监管框架并没有脱离证券业整体的监管特征,源自其本国的政治、经济发展背景决定了其市场性、自主性特征比较强。一开始,人们将市政证券排除在联邦证券监管范围之外的主要依据就是联邦制政体将联邦政府对州政府的管理权力排除,由此怀疑联邦政府是否有能力监管各州(财政和政治情况)。[59] 后来即便法院通过一系列的判决肯定了联邦法规在宪法上可以适用于各州,也依然要求联邦行使监管权力不能威胁州政府机构的独立地位,国会制定的关于州政府的法规或(监管)行为必须和联邦显而易见的利益无关。[60] 与之相对应的,根植于我国单一制政体、社会主义经济背景下的地方政府债券不可能实现完全的市场化,无论是中央和地方都深谙中央统一监控管理的习惯,赋予地方政府太多的自主性反而会带来诸多政治、道德风险,更勿论金融市场的稳定性。地方政府举债权的赋予是事权/财权分税分级的财政体制下的必然要求,但地方政府债券难以摆脱在发行前必须经由国务院批准,且发行后平台有地方政府隐性担保、地方政府必然有中央政府隐性担保,甚至即便经过清理和制度完善,也无法确保资金用途全部用于公益性项目支出。这些都

---

〔59〕 其理由包括联邦法规可能会增加发行这些政府活动所必需的联邦债券的成本、联邦政府不能干预以防止地方及其官员的欺诈行为、联邦政府的干预可能会破坏州政府政治财政行为的统一性等。See Robert S. Amdursky, Clayton P. Gillette and Allen G. Bass, *Municipal Debt Finance Law: Theory and Practice*, Wolters Kluwer Law & Business, Second Edition, 2013, p. 657.

〔60〕 Robert S. Amdursky, Clayton P. Gillette and Allen G. Bass, *Municipal Debt Finance Law: Theory and Practice*, Wolters Kluwer Law & Business, Second Edition, 2013, pp. 656 – 659.

是国情使然,没有必要因崇洋媚外而企图克服或否认国情,生搬硬套地将制度植入和改革只会引起本土化过程中的排斥和不适。

综上,市政债券与我国的地方政府债券虽然都是区别于中央政府国债而言的地方政府发债,但不可就此将两者画等号,地方政府债券与市政债券也无法互为子集,而完全是根植于不同国家背景下、地方政府用以缓解市政项目建设中资金压力的两种不同的地方政府性债务融资工具类型,因此对制度需求也不尽相同。如果非要用“市政债券”来取代我国“地方政府债券”的概念,源自美国的“市政债券”也必然在中国生出不同的内涵,可以定义为:经国务院批准同意,由省、自治区、直辖市、计划单列市政府发行的有价证券,以此筹措资金弥补地方财政不足,并以其税收或市政项目收入基金还本付息、偿还担保。当然,两者也并非截然不同,在具体监管制度方面我国也可借鉴经验较为成熟的域外市政债券制度,在探寻本国经验和理论基础的前提下,形成符合、具有中国特色的市政债券——地方政府债券。这也是本文研究的意义所在。

三、地方政府债券规制的理论前提

学界为论证地方政府举债、发行政府债券的合理性、必要性,以及制度规制提出了财政分权理论、委托代理理论、[61]公共池和预算软约束理论、隐性债务理论和财政机会主义等种种理论。[62] 有不少经济学、财政理论学的学者也从计量经济学的角度对市政债券做出实证性的科学研究,以求一个规范发展的经济模型,探索其中的规律性。本文认为,从法律制度的规范角度,应重点关注以下几个理论前提:

(一)政府举债的经济学理论基础

虽然地方政府发债已是全球金融市场趋同化行为,但在对地方政府融资方式的研究中,地方政府债券作为金融证券市场的融资工具,其对于经济增长的合理性论证首先在经济学上经受了多重考验,成为政府与市场关系这一命题下的

---

〔61〕 财政拨款的方式支持建设,中央政府相当于委托方、化方政府相当于代理方;由地方政府举债融资,投资者相当于委托方、地方政府相当于代理方。

〔62〕 参见王立平:《我国地方政府债券融资机制研究》,陕西师范大学2018年博士学位论文,第14~16页。

子命题。

曾占据西方经济学界统治地位的古典经济学理论认为,[63]资本主义经济只需借助市场的自主供求力量。由于财政与金融关系密切,以及政府角色的特殊性,政府举债不仅会产生对私人资本的挤出效应,且有通过通货膨胀削减债务负担的可能,[64]加之政府行为的道德风险等因素,会减慢经济增长,甚至导致金融风险,故反对政府举债行为的一般化,只有在特殊情况下,政府才可以举债。以凯恩斯主义为代表的政府干预理论,则认为政府举债不仅可以弥补财政赤字,还能直接影响人们的投资和消费倾向,增加投资、消费和就业,促进经济增长。[65]此观点后来遭受微观经济学和经济学实证研究的不断质疑。到当代经济学派时,更多学者在实证研究中认为政府举债对经济增长的影响是不确定的,是受政府支出资金的使用效率、举债规模的高低、国家发展水平、国家宏观经济政策等多种因素共同影响的结果。[66]

政府和市场的关系本身就是相互作用的。就经济学理论的流派发展而言,无论是否支持发行政府债券,都能找到相应的理论支撑。但总体上,经济学理论对政府与市场这一关系的研究方向已经从两种极端逐渐走向互相调和的中庸之道,并越来越承认无论是政府干预的影响,还是政府举债的结果和规模都会受到多重因素的影响,而不仅是政府举债行为本身带来特定的某种经济后果,更没有必要因此完全禁止政府举债行为,重要的是要运用科学的方法识别风险、通过制度防范和消解风险。

---

〔63〕 古典经济学派的代表人物亚当·斯密就曾提出政府举债的种种消极影响,参见[英]亚当·斯密:《国民财富的性质和原因的研究》,王亚南译,商务印书馆1972年版,第1150~1206页。

〔64〕 资本税、通货膨胀和财政紧缩是削减公共债务的三种常见方式,历史上最经常采用的办法是通货膨胀。参见[法]托马斯·皮凯蒂:《21世纪资本论》,巴曙松等译,中信出版社2014年版,第558~570页。由于货币发行权掌握在政府手中,地方政府债券的流通并不会增加货币的供应量,只是具有公债货币化的可能,从而使中央政府可能通过行使货币发行权来消解地方债务,如此一来,地方政府相当于间接分享了中央政府的货币发行权,并借此扩大了其征税权。参见阳建勋:《论我国地方债务风险的金融法规制》,载《法学评论》2016年第6期,第36~37页。

〔65〕 参见[英]约翰·梅纳德·凯恩斯:《就业利息和货币通论》,徐毓枬译,商务印书馆1983年版,出版说明第1~2页。

〔66〕 Stanley Fischer, "The Role of Macroeconomic Factors in Growth", 32 *Journal of Monetary Economics* 485, 487 (1993).

(二)央地关系的理论基础

央地关系是地方政府债券制度规制的困境中隐含的难题。在对我国地方政府举债的问题梳理中,不难发现诸多问题和乱象的根本原因并不在于政府举债权的合理性,而在于央地分权博弈所产生的"蝴蝶效应"。该理论的难度就在于没有统一的答案,在不同的国情背景下均有不同的解答,我国亦是如此。

首先,央地关系一直是宪法学中的重要课题,我国对央地分权的具体规则主要体现在《立法法》中。《立法法》第8条、第65条规定了专属中央立法的权力,第72条、第73条则列明了地方的立法权的赋予主要是为执行中央的法律、行政法规,从侧面一定程度上界定了中央和地方的权力范围。除此之外,难见其他法律清晰地界定了中央与地方的权力。然而,《立法法》的规定也并不清晰,中央权力范围中残留的大量的兜底条款为其自我拓展权力边界提供了法律支持,而这正是深受我国一贯以来上下位法、中央权力至上的思维习惯影响。虽然近年来我国不断下放权力,但始终不可能突破单一制的政体,中央权力必然高于地方权力,且真正的权力必须集中于中央。

其次,源于20世纪的西方联邦制国家的财政分权理论强调中央与地方应有一定的事权和财权分工,以此提高地方公共产品的供给和服务效率,促进社会福利的最大化。[67] 为了调动地方政府的积极性,中央政府需要扩大地方政府的财权。受其影响,提升我国央地分权、事权关系的法治化渐成一种政策共识,这也正是地方政府举债的理论基础。[68] 然而,未能妥善处理权力下放的央地分权却也带来了种种不适。例如,分税制改革后进一步形成了"财政分权与金融集中"的模式,[69]中央对关心甚切的财政收入事项的划分相对清晰,但在支出责任的划分中却始终比较模糊,地方政府迫于财政约束转而寻求金融资源,引起地方各种显性和隐性债务膨胀,而中央救助的政治保障进一步激励了地方政府的过度

---

〔67〕 Charles M. Tiebout, "A Pure Theory of Local Expenditures", 64 *Journal of Political Economy* 416 (1956).

〔68〕 当然,财政分权理论也经历了一个发展的过程,从事前假设仁慈型政府,主张地方政府和中央政府凭借自身不同的信息优势和执行力,划分事权;到近年提出的第二代财政联邦主义,提出政府的自利性,很多中国的学者也基于此假设重新构建了中央与地方的关系。

〔69〕 参见阳建勋:《论我国地方债务风险的金融法规制》,载《法学评论》2016年第6期,第35页。

举债,反而使举债权的下放成为债务膨胀恶性循环的“陷阱”;[70]在监管方面,“行政控制型”的中央监管思维导致难以控制地方政府债务风险或进行有效的债务管理,原先中央集权下能够防止地方政府过度举债的政治控制机制亦被削弱。[71]

其实财政分权理论并不适用于所有国家。大部分的欧洲大陆国家,比如法国、荷兰、瑞典等国都属于严重的财税集中的国家,由于人口、国土等因素,并不适合发行地方政府债券。地方政府为了解决当地的财税收支、公共基础建设等问题,往往通过市政基金、商业银行贷款等方式筹集资金,或由中央政府在年度财政资金中进行评估,予以资金支持,[72]更勿论中央会对地方予以救助。即使是实行财政分权、联邦制的美国,也无法达到地方政府责任完全独立、中央不救助。因此,中央政府隐性担保不是我国的独有之物,只是在地域人口较小较少的国家权力集中的问题更为明显,[73]在联邦制国家则以分权更为明显。我国的特殊之处恰在于地域辽阔、处于复杂的地方政府关系下,却秉持中央集权,且短时间内不可能突破单一制的政体,这就使央地关系在我国更显复杂,央地权力分配更显困难。因此,从央地关系的视角,重点已经不在于论证地方政府举债权的必要性和合理性,而是通过制度建立央地事权划分的法律制度,从顶层设计系统性地解决地方债务问题的制度缺失。

最后,基于央地关系、政府和市场关系的复杂性,有学者提出在寻求政治解决方案不能的时候,将金融市场作为突破口,企图将地方政府作为证券市场的平等参与主体,在法律关系认识上基于平等自愿原则设定债权债务关系,适用一般市场参与主体的权利义务责任内容,地方政府类似某个组织体,根据一般经济规律防控自身的债务规模和风险。[74] 然而,这种理想化的学说忽视了政治对金融领域的辐射作用。中央集权意味着无论是融资方还是投资方,都认为必然隐含

---

〔70〕 参见黄韬:《央地关系视角下我国地方债务的法治化变革》,载《法学》2015年第4期,第27页。

〔71〕 参见黄韬:《央地关系视角下我国地方债务的法治化变革》,载《法学》2015年第4期,第22页。

〔72〕 参见郭智:《国外发行市政债的经验及启示》,载《财政研究》2014年第5期,第64页。

〔73〕 如法国、荷兰、比利时、瑞典等国家和地区中,人口少、国土小,政府层级不多,债券发行的需求规模也不大,基本都属于严重的财税集权国家,地方政府发行债券反而成本很高。参见郭智:《国外发行市政债的经验及启示》,载《财政研究》2014年第5期,第64页。

〔74〕 参见阳建勋:《论我国地方债务风险的金融法规制》,载《法学评论》2016年第6期,第36页。

国家担保,不可能实现完全的地方政府信用,加之地方政府的道德风险更是其独有的特殊风险,[75]难以在我国将地方政府债券作为一般的证券统一规制、适用一般的金融法律关系。即使是在高度市场化的美国,立法参与者也不得不承认对市政债券的特殊豁免等问题是由于明显的政治原因,[76]更勿论政治因素高度影响金融市场的我国。国家金融体系与地方债务、金融与政治之间存在高度的互动,借鉴金融视角固然更有利于问题发现和制度构建的全面性,但任何视角都不是完全独立或可相互替代的。

事实上,地方政府债券进一步揭示了经济与政治体制并不可截然区分。源自西方的财政分权和经济学理论往往包含了理想化的假设前提——高度"地方自治"的政治基础和严格的风险控制体系。而由于我国是典型的单一制国家,中央集权的思维早已根深蒂固,所谓政治集权而经济分权的组合、通过公开金融市场绕道解决政治困境都只是表征,[77]完全借鉴西方的财政分权理论、迷信地方政府信用是不切实际的。集权的模式也使中央能够掌控全国性的金融风险,具有便于中央政府统筹安排、监控财政风险、稳定经济大局的积极作用。在我国一贯的政策、监管者、投资者思维中,中央政府独享权力新设的权力,也必然会为地方政府债务提供信用担保。"地方政府债务融资属于风险交易活动,中央政府是其债务的最终担保人,地方政府债务融资应在中央政府的管控下进行",[78]即便将监管权力适当下放,赋予地方政府债务融资权,也必须要配套向中央政府报告等制度。因此,寻找理论前提的重点并不是一味否认我国单一制、中央集权的事实,而是发现并承认我国的特殊国情,继而通过宪法、财政制度、证券制度的共同作用,甚至是单独的制度设计,防范地方政府过度举债、不规范举债等行为带来

---

〔75〕 道德风险包括中央政府隐性担保下地方政府的道德风险,"前任借债,后任还债"这样的地方政府官员个体的道德风险,难以把地方政府或其融资平台作为其他平等市场主体产生的债权人的道德风险,如我国金融机构一度热衷的"银政合作""开发性金融"等。参见黄韬:《央地关系视角下我国地方债务的法治化变革》,载《法学》2015年第4期,第30~31页。

〔76〕 Thomas P. Peacock, "A Review of Municipal Securities and their Status Under the Federal Securities Laws as Amended by the Securities Acts Amendments of 1975", 31 *Business Lawyer* 2037, 2044 (1976).

〔77〕 例如中央政府依旧可以通过对地方官员的人事任命来控制地方官员的投资行为,从而实现对经济的宏观调控。

〔78〕 参见审计署审计科研所:《我国地方政府债务融资权问题研究》,载《审计研究简报》2013年第16期。

的风险。

四、地方政府债券规制的域内外制度经验与启示

历史经验告诉我们,解决地方政府融资困境的关键不在“堵”而在“疏”,只有从制度角度才能将不同专业领域的理论成果集大成地加以落实,通过制定、严格执行法律,真正打造一个规范有序的地方政府债券市场。各个发达国家市政债券或地方政府债券监管体制、成熟市场的形成无不是结合本国国情制度变迁的结果。为此,从自身的制度历程出发寻找不足、立足国情借鉴域外成熟的经验加以本土化是两条必经之路。

(一)我国地方政府债券制度回顾

我国地方政府债券的实践随着政策、制度的更迭历经波折。目前中国债券市场基本形成的自上而下由法律、行政法规、部门规章、业务规则、业务协议构成的法律框架已是多方努力的结果,绝非一日可就。

在新中国成立初期,我国曾允许地方政府发行政府债券,但随着政府逐渐认识到在彼时经济发展形势下发行地方政府债券并不适宜,到 20 世纪 80 年代我国便开始收紧地方政府发债,逐步增强中央在经济中的主导地位。[79] 1995 年《预算法》实施后,政府融资权正式从地方转向中央,地方政府的发债行为暂告一段落。但这种制度束缚没有也不可能真正减少地方政府对资金的需要,地方政府为解决融资难题,一般通过地方政府融资平台发行的“城投债”等“准市政债券”的方式变相发债,或通过中央政府发行国债再转贷的方式获得资金。这种现象不仅没实现《预算法》的立法目标,而且严重损害了财政法制的权威性,形成制度性悖论。[80]

明确的法律禁令一直持续到 2009 年。在 2008 年的全球金融危机风波后,中央开始逐步放开地方政府债券发行,在 4 万亿元的救市计划中,安排了 2000

---

〔79〕 参见《国务院办公厅关于暂不发行地方政府债券的通知》(1985 年 9 月 9 日国办发〔1985〕63 号)。

〔80〕 参见王旭坤:《我国地方政府债券立法的变迁轨迹及其价值分析》,载黄红元、徐明主编:《证券法苑》(第 17 卷),法律出版社 2016 年版,第 205 页。

亿元的地方政府债券计划。[81] 上海证券交易所和深圳证券交易所亦均于2009年3月颁布了关于地方政府债券的发行和上市交易的简则(目前均已失效),[82]深圳证券交易所从2010年7月起就已有关于地方政府债券上市交易的通知。[83] 但出于欧债危机引起的中央对地方政府债务问题的担忧,立法者担心泛滥的地方政府债务会影响国家财政安全和政治稳定,因此始终没有在法律层面给予地方政府举债权。当时所谓的地方政府债券依旧未能实现自主,全部由中央财政部代理发行,并由财政部代办还本付息,即"代发代还"模式。[84] 这种中央政府财政部代理发行的做法,给市场留下了地方政府债券在法律关系调整上的"代理制"和中央财政担保的"错位印象"和"分裂局面",[85]很快就被随之而来的自主发债所替代。

到2011年,财政部首次试点地方政府自行发债,[86]并在之后不断扩大该试点范围。2013年,财政部和国家税务局就开始先行配套对地方政府债券利息所得税予以政策优惠。[87] 2014年时彻底将原来在《预算法》中明确的"不得发行地方债"的原则性条款加以修改,变成允许在限额内、经批准发行,[88]直接为地方政府债券的自主发债扫清了最大的制度阻碍,从法律端为地方政府债券发展保驾护航。同年,国务院也印发了《国务院关于加强地方政府性债务管理的意

〔81〕 2009年全国两会政府工作报告。

〔82〕 参见上海证券交易所《关于2009年地方政府债券发行、上市交易的通知》(失效)(2009年3月25日);深圳证券交易所《关于地方政府债券发行和上市交易有关事项的通知》(失效)(2009年3月26日)。

〔83〕 深圳证券交易所《关于2010年地方政府债券(三期)上市交易的通知》,【法宝引证码】CLI.6.137726。

〔84〕 参见财政部印发的《2009年地方政府债券预算管理办法》。

〔85〕 参见王建平:《地方政府债券关系的〈证券法〉调整》,载《证券法苑》2011年第2期,第866页。

〔86〕 参见财政部印发的《2011年地方政府债券预算管理办法》。

〔87〕 2011年《财政部、国家税务总局关于地方政府债券利息免征所得税问题的通知》(财税〔2011〕76号)中,先行对2009～2011年的地方政府债券利息所得实施免税政策,到2013年时,进一步明确了自2012年往后均实施该政策。(财税〔2013〕5号)。

〔88〕 2014年《预算法》修改时,将原来的第28条中第2款"除法律和国务院另有规定外,地方政府不得发行地方政府债券",修改为"经国务院批准的省、自治区、直辖市的预算中必需的建设投资的部分资金,可以在国务院确定的限额内,通过发行地方政府债券举借债务的方式筹措。举借债务的规模,由国务院报全国人民代表大会或者全国人民代表大会常务委员会批准。省、自治区、直辖市依照国务院下达的限额举借的债务,列入本级预算调整方案,报本级人民代表大会常务委员会批准。举借的债务应当有偿还计划和稳定的偿还资金来源,只能用于公益性资本支出,不得用于经常性支出"。

见》，明确在建立有效的地方正负性债务管理机制过程中“疏堵结合、分清责任、规范管理、防范风险、稳步推进”的五大基本原则。[89] 自此，地方政府债券市场彻底完成了制度上从无到有，从“代发代还”逐步向“自发自还”的转变，实现了市政债的阳光化。[90] 然而，由于该阶段甚至至今地方政府债券中的发行规模、具体额度、项目投向、融资成本等依旧很大程度上依赖中央政府决定，而非市场决定，因此学者们认为这种“影子市政债”“准市政债券”并非真正的市政债券。[91]

2015 年后，我国开始逐步完善地方政府债券制度。2015 年年初，连续出台了关于地方政府一般债券和专项债券的发行管理办法，并明确了采用定向承销方式发行地方债。[92] 2015 年 8 月，第十二届全国人大常委会第十六次会议也通过了《关于批准〈国务院关于提请审议批准 2015 年地方政府债务限额的议案〉的决议》，明确了对地方政府债务实行限额管理。2016 年，财政部先后颁布了《地方政府一般债务预算管理办法》（财预〔2016〕154 号）和《地方政府专项债务预算管理办法》（财预〔2016〕155 号），对地方政府债务预算管理提出具体规范要求。2017 年试点发行项目收益与融资自求平衡的地方政府专项债券类型。[93] 2018 年更是连续释放政策利好信号，先后印发三部文件支持地方政府债券发展，[94] 并在总体上要求通过保险资金支持，以防范和化解地方政府债务的风

---

〔89〕 参见国务院《关于加强地方政府性债务管理的意见》（国发〔2014〕43 号）。

〔90〕 参见王旭坤：《我国地方政府债券立法的变迁轨迹及其价值分析》，载黄红元、徐明主编：《证券法苑》（第 17 卷），法律出版社 2016 年版，第 194 页。

〔91〕 参见王旭坤：《我国地方政府债券立法的变迁轨迹及其价值分析》，载黄红元、徐明主编：《证券法苑》（第 17 卷），法律出版社 2016 年版，第 199 页。

〔92〕 以上内容参见财政部《关于印发〈地方政府一般债券发行管理暂行办法〉的通知》（财库〔2015〕64 号），财政部《关于印发〈地方政府专项债券发行管理暂行办法〉的通知》（财库〔2015〕83 号），财政部、中国人民银行、中国银行业监督管理委员会《关于 2015 年采用定向承销方式发行地方政府债券有关事宜的通知》（财库〔2015〕102 号）。

〔93〕 财政部《关于试点发展项目收益与融资自求平衡的地方政府专项债券品种的通知》（财预〔2017〕89 号）。

〔94〕 以上内容参见《地方政府债券公开承销发行业务规程》（财库〔2018〕68 号）、《关于做好地方政府专项债券发行工作的意见》（财库〔2018〕72 号）、《地方政府债券弹性招标发行业务规程》（财库〔2018〕74 号）。

险。[95] 2018年8月14日又发布《关于做好地方政府专项债券发行工作的意见》，提出加快地方政府专项债券发行和使用进度，并作出相应安排和部署。[96] 目前，针对地方政府债券的政策法规基本形成了限额管理、风险防范处置、发行管理、预算管理四大类。（见附表）

（二）域外经验与启示

域外大多数的国家都赋予了地方政府举债权，运行良好的原因均在于各个国家结合不同的政治体制、金融发展水平、法律体系等因素，自生出不同的监管约束模式防范风险发生，颇有值得借鉴之处。其中，美国作为全球最先进的证券市场、最大的债券市场（上文曾提及美国市政债券丰富周全的类型体系），与此同时也作为域外联邦制政体下的市政债券发展较早、制度趋近完善成熟、运行较为平稳的国家，目前已经发展成为具有较高流动性和收益稳定的金融工具，无疑为我国学者的研究提供了非常有利的市场和制度经验。因此，本文将以介绍美国的制度设计为主，同时选取了一些具有代表性的模板，总结了一部分或对我国地方政府债券发展有所启示的经验。

1. 美国的制度经验

首先，美国在制度层面形成了《证券法》和《交易法》中央级立法、联邦各州立法、自律组织规章的三大法律层级。《1933年证券法》和《1934年证券交易法》对市政债券的涉及是很少的，正因如此，对市政债券的监管基本处于无序的状态，助长了地方政府举债规模和不当举债行为。最终1975年纽约市票据违约直接促成证券法修正，增加了15B条款，《交易法》第10b（3）和SEC规则第10b－5条也将市政证券的欺诈行为统一纳入监管，1989年又修改交易法，要求高于100万美元的市政债券发行都需要信息披露。证券法修正案还要求对从事市政证券交易的经纪人和交易商以及作为市政证券交易商的银行统一监管，必

---

〔95〕 中国保监会、财政部《关于加强保险资金运用管理　支持防范化解地方政府债务风险的指导意见》（保监发〔2018〕6号）。

〔96〕 财政部关于印发《地方政府债券弹性招标发行业务规程》的通知（财库〔2018〕74号）。

须在 SEC 登记注册,而这些团体以前不需要像其他证券交易商那样登记。[97]通过修正不断完善了证券法律对市政债券的监管要求。自律组织的规章则主要是 1975 年证券法修正案创造的市政债券条例制定委员会(Municipal Securities Rulemaking Board,MSRB)拟定的规则。目前,MSRB 的规则主要由三部分组成,包括 A 系列与 MSRB 本身运作管理有关的行政规则,D 系列概念定义规则,以及最重要的 G 系列对承销商、发行人或财务顾问等信息披露要求与责任、防止欺诈和操纵市场的公平交易等通用性规则。[98]

其次,美国建立了一个较为完善的市政债券监管机制:美国证券交易委员会(the Securities and Exchange Commission,SEC)的政府监管、MSRB 为代表的自律监管。SEC 作为美国证券监管机构统一对证券业监管。但起初,市政证券是典型的豁免证券,SEC 的监管是少数且间接的。在理论和实务界的呼吁下,创设了一个有限的联邦监管框架(A Limited Federal Regulatory Framework),主要以监管市政债券交易商的方式实现对市政债券市场的间接管理。自律监管方面,1975 年证券法在赋予了 MSRB 自律监管组织地位的同时,也赋予了它为从事市政证券承销和交易的交易商制定注册和监管制度、颁布管理市政证券交易商的专业资格、记录保存、报价和广告的规则等权力,[99]使其全面监管市政债券市场,进行制度上的自律管理。MSRB 由 15 名成员组成,分别代表证券公司、银行交易商和公众,主要对经纪人(Brokers)、交易商和市政证券交易商(Dealers)和财务顾问(Municipal Advisor)制定自律监管的市政证券交易的规则。[100] 但 MSRB 本身受到 SEC 监管,MSRB 必须对 SEC 报告欲拟定的规则或更改,并附有对目的简明扼要的解释;[101]拟制定的规则必须由 SEC 批准生效;[102]SEC 还能

〔97〕 在修正案通过之前,市政证券、银行和经纪人/交易商只进行市政证券的交易,除某些一般性“反欺诈”规定外,均不受“1933 年法”和“反欺诈法”所有实质性条款的约束。然而,这种反欺诈条款和委员会禁止与证券交易有关的“欺诈”的规则一直适用于市政债券交易,适用于不受政府豁免保护的所有市政证券销售者。Thomas P. Peacock,“A Review of Municipal Securities and their Status Under the Federal Securities Laws as Amended by the Securities Acts Amendments of 1975”,31 *Business Lawyer* 2037(1976).

〔98〕 Robert S. Amdursky, Clayton P. Gillette and Allen G. Bass, *Municipal Debt Finance Law: Theory and Practice*, Wolters Kluwer Law & Business, Second Edition, 2013, p. 645.

〔99〕 15U. S. C. §78o-4(b)(1).

〔100〕 Municipal Securities Rulemaking Board Long-Range Plan for Market Transparency Products, p. 1.

〔101〕 15U. S. C. §78s(b).

〔102〕 15U. S. C. §78s(b)(2).

废除、修改 MSRB 规则,以确保监管和证券法律目的实现。[103] MSRB 也没有对规则强制执行的权力,这些功能是 SEC 通过行使监管权力实现的,银行监管机构也有权对银行交易商或其他相关人员适用 MSRB 规则。[104] 次贷危机后,美国国会通过 2010 年生效的 Dodd-Frank 法案进一步加强了 MSRB 和 SEC 对市政债券市场的监管权力,也正是在此次法案中,首次要求财务顾问(Municipal Advisor)必须在 SEC 登记注册,并要求财务顾问对所服务的市政机构承担忠诚义务(Fiduciary Duty)。除此之外,其他自律组织还包括美国金融业监管局等,负责场外交易市场行为、投资银行运作等。[105]

再次,美国有三个重要的机制用以事前防范市政债券的违约风险,即信用评级制度、信息披露制度和私人债券保险制度。信用评级机构具有相对的独立性,在市场约束下对市政债券的投资风险进行信用评级,用以弥补投资者对市政证券发行者的信息不对称,在投资者的决策过程中发挥了重要作用,[106] 同时能够促进债券的合理定价与顺利发行。信息披露规则是通过 SEC15c2 - 12 规则及其修正案、MSRB 信息披露规则建立起来的,其作为最主要的监管规则,能够弥补市政发行人仅受《1933 年证券法》和《1934 年证券交易法》的反欺诈规定的约束,但不受该法的登记和披露要求的约束所带来的疏漏,[107] 进一步提高风险判断依据的信息状况,减少发行主体与投资者之间的信息不对称。SEC 和 MSRB 还共同创立了一个电子市政市场通道(EMMA),以促成一个像公司披露中企业报告一样更透明的市政市场。私人债券保险则是进一步降低市政债券购买者的风险,由市政债券发行者向私人保险公司申请保险。[108] SEC 会将债券保险和信用证视为"担保书"。[109]

---

[103] 15U. S. C. §78s(c).

[104] Robert S. Amdursky, Clayton P. Gillette and Allen G. Bass, *Municipal Debt Finance Law: Theory and Practice*, Wolters Kluwer Law & Business, Second Edition, 2013, pp. 644 - 645.

[105] 参见向东:《我国政府债券法律制度研究》,中央民族大学 2007 年博士学位论文,第 108 页;易宇:《中国市政债券运行的制度研究》,财政部财政科学研究所 2015 年博士学位论文,第 64 页。

[106] John C. Coffee, "Market Failure and the Economic Case for a Mandatory Disclosure System", 70 *Virginia Law Review* 717, 745(1984).

[107] 反欺诈条款也只能避免虚假陈述。

[108] 参见向东:《我国政府债券法律制度研究》,中央民族大学 2007 年博士学位论文,第 107 页。

[109] Robert S. Amdursky, Clayton P. Gillette and Allen G. Bass, *Municipal Debt Finance Law: Theory and Practice*, Wolters Kluwer Law & Business, Second Edition, 2013, p. 507.

最后,美国还建立了周全的责任制度,强化地方政府作为债务人的角色和责任。[110] 包括政府破产制度,明确地方债运行过程中相关各方的权利义务;[111] 用司法手段制裁违规举债行为,规范政府财政收支行为;在个人责任追究上,除非违反信义义务,或与联邦法规相违背,以政府名义行事,免除政府行为人责任。但 SEC 会对违反《1933 年证券法》和《1934 年证券交易法》中反欺诈规则作出处罚。[112]

2. 其他域外经验与启示

(1)各国政府都立足于本国国情,探索出了不同的发展模式,并实施严格监管。

各国政府对地方政府举债、债券融资模式和监管都与各自的政体、惯有的证券监管模式高度相关,且处于不断完善之中,从而呈现出不同的特征。例如,美国在联邦制下各州的财政相对独立,市政债券的发行和交易设计都较为灵活,自律性监管与联邦监管平分秋色,互为扶持;在原欧盟国家中,形成了依靠市场约束道德的瑞典等国、制度约束的英国、共同管理的丹麦等国、行政控制模式的法国等不同类型的模式,地方政府债务管理机构也形成了财政部统一管理和财政部委托管理两种模式;[113] 实行单一制的日本,需要通过严格的地方政府计划与协议审批制度,上下级管控,严格控制地方政府债务资金的限额和支出用途,实现地方政府债务精细化管理;[114] 韩国也严格控制地方财政,地方政府只能在法律法规的规定范围内进行金融活动,且被允许发行债券的地方政府必须在标准内进行活动。[115]

(2)各国法律配套制度都较为完善周全。

美国除了证券法律制度外,还配有自律监管制度。英国的证券立法也涵盖

---

〔110〕 参见王立平:《我国地方政府债券融资机制研究》,陕西师范大学 2018 年博士学位论文,第 99 页。

〔111〕 法律认定地方政府对自身债务承担无限偿还责任。

〔112〕 Robert S. Amdursky, Clayton P. Gillette and Allen G. Bass, *Municipal Debt Finance Law: Theory and Practice*, Wolters Kluwer Law & Business, Second Edition, 2013, p. 636.

〔113〕 参见王立平:《我国地方政府债券融资机制研究》,陕西师范大学 2018 年博士学位论文,第 100 页。

〔114〕 参见王立平:《我国地方政府债券融资机制研究》,陕西师范大学 2018 年博士学位论文,第 101 页;叶青、宋燕:《市政债券的源流与恢复》,载王文素主编:《财政史研究》(第 3 辑),中国财政经济出版社 2010 年版,第 105 页。

〔115〕 参见郭智:《国外发行市政债的经验及启示》,载《财政研究》2014 年第 5 期,第 63 页。

了1939年的《防止欺诈投资法》、1948年的《公司法》、1958年的《反欺诈法》、1973年的《公平交易法》和1986年的《金融服务法》等。日本地方债的发行是依据日本《地方自治法》第250条和《地方财政法》第5条的有关规定,同时较早地颁布了有关证券交易地法律,通过立法和行政指导等手段管理证券市场。例如《财政法》《特例公债法》《国债整理基金特别会计法》是日本政府发行政府债的基本法;《证券交易法》是政府管理政府债及其他各种债券流通市场的根本法;除此之外还借鉴美国专门制定了《证券交易法》《证券投资信托法》等看似零散但全面地规制政府债券的法律。[116]

(3)中央政府的统一监管几乎是各国监管的趋势必然。

虽然自律监管不是必须,但中央政府的统一监管显得越来越必不可少。无论上述联邦制的美国从市政债券豁免到加强SEC监管,还是单一制的英国政府债券立法从自律性监管向高度集中统一监管转变。[117] 欧盟成员国几乎都设有专门的地方政府债务管理机构,[118] 韩国也设立了专门的部门MOGAHA(Ministry of Government Administration and Home Affairs)对债务发行和地方财政进行监管。[119]

以上可见,虽然在制度上有雷同,趋势上有共向,但各国为了有效防范政府债务危机和金融风险,都结合本国国情发展出了不同监管体制,且总体趋势是趋严、权力趋集中的。这都值得我国在制定法律规范时予以考虑。

五、我国地方政府债券的规制建议

对地方政府的举债权"宜疏不宜堵"已是多年来理论和实务探讨后的共识。对地方政府债券必然的发展趋势已没有探讨禁止的必要,而探寻对地方政府债务的合理规制办法,在可控的风险发生范围内实现地方政府债券的积极功能,是一个全球性、多学科的问题,没有哪个国家的制度的综合是完美或具有普适性

〔116〕 参见向东:《我国政府债券法律制度研究》,中央民族大学2007年博士学位论文,第36~40页。

〔117〕 参见向东:《我国政府债券法律制度研究》,中央民族大学2007年博士学位论文,第42页。

〔118〕 参见王立平:《我国地方政府债券融资机制研究》,陕西师范大学2018年博士学位论文,第100页。

〔119〕 参见郭智:《国外发行市政债的经验及启示》,载《财政研究》2014年第5期,第63页。

的。我国目前也配备了政府举债权和地方政府债券所得的税收优惠的基本制度,陆续出台了一些部门规范性文件,但整体上仍然存在制度效力层级较低、制度体系不健全的问题。在结合上文对我国国情的分析以及域外制度经验的比较、启示后,本文认为制度规制仍然是引导地方政府债券发展的主要工具,在今后的制度规制中,需格外注意对如下几个方面的内容进一步明确、完善,建立一个符合中国特色的地方政府债券制度体系,实现地方政府债券发展与法治的良性对接,乃至促使证券市场整体更为健康完善。

(一)正视中央集权下的监管体系

良好的央地关系能促成地方政府的隐性债务朝着显性化和法治化的方向转化,是解决地方政府隐性风险的根本所在。正如上文所反复强调的,我国的国情特色正在于地域广袤和单一制政体,中央集中权力而地方权力较弱,财权清晰而事权模糊。目前,《预算法》赋予了地方政府限额内的举债权,基本解决了地方政府正常情况下发债的权力需求,再诉求更大程度的自主性将伴随更大的风险。党的十八届三中全会也提出,要界定中央和地方金融监管职责和风险处置责任,即实现央地金融分权的法治化。[120] 因此,在正视我国央地关系的前提下,应当充分利用我国特色的央地关系,通过制度建立科学合理的监管体系,在合法范围内充分发挥地方政府债券的作用,监控、防范各种风险的发生。

首先,需要明确监管主体。目前,我国监管端口涵盖了中国人民银行、发改委、财政部、证监会等多个政府机构,同时还有上海证券交易所、深圳证券交易所、中国证券业协会、中国银行间市场交易商协会等自律性组织。但正因政出多口,反而增加了发行成本和监管疏漏。无论是联邦制下的美国还是单一制的日本,其监管权力都较为集中,美国集中在 SEC 政府监管和 MSRB 自律监管,且两者互为补充,日本则集中在政府部门监管。因此,本文建议对地方政府债券的监管在多头监管的同时,不妨明确一个专门的监管部门,负责统一接受发行申请,集中各部门监管信息,统一做出跟踪报告、考核管理和监管处理。

其次,需要赋予、调动地方政府的监管权。目前,对整个证券市场的监管权力集中在数个中央级政府部门中,基于地方政府债券的特殊性,对地方政府部门

---

〔120〕 参见十八届三中全会《关于全面深化改革若干重大问题的决定》。

进行适度的金融监管分权并不是要完全否定中央金融监管权力，而是为了消除信息不对称，对地方政府债券进行更有效的监管。与此同时，对政府部门与整个监管体系的监管则需要进一步加强各地方人大和政府部门在地方政府债券发行、运行中的监督作用。相对全国人大和中央各部门而言，地方人大和政府部门对地方经济发展、政府能力更为清晰，对地方政府的监督更为直接有效。因此，应当在地方政府债券发行申报、审批、运行的各个阶段予以监管，赋予地方人大及常委会听取报告、预算审批和审查、监督等权力，重塑本级人大及其常委会的预算权主导地位，以及相应部门的审核、监督、调查等权力，提高他们对同级政府的有效监督和约束作用。同时，为了防止地方本级政府部门可能出现的监管失灵，应当加强上级政府部门对下级政府部门的层层监管、审查。[121]

最后，坚持央地关系的法治化需要在制度层面逐步建立专门规制地方政府债券的法律。正如上文所述，发达国家的地方性政府债券的法律体系都较为周全完善，采用何种模式来建构政府债券法是地方政府债券监管体系中较为宏观的话题，学者对此也有分类立法、渐进立法、统一立法不同的观点。[122] 目前国际的立法趋势则是朝统一立法模式所努力。美国除了上文提到的监管法规外，于1917年颁布了《自由公债法》，1942年颁布了《公共债务法》，1986年颁布了《政府证券法》。韩国也于1949年发行政府债券之时就颁布了《政府债券法》。我国目前直接约束地方政府债券发行和交易的制度均是部门规范性文件，这与我国地方政府债券市场刚刚起步发展，规范手段尚处试验阶段的现状密切相关。但是，在中央集权的大背景下，为了整个地方政府债券市场的稳定发展，无论是监管部门的权力，还是地方政府自主监管的权力，抑或下文所建议的具体监管方法，都需要从法律层面对央地显性与隐性的财政支出的种类、识别和责任分配，预算软约束和政府责任来防范权力下放带来的负面效果等内容予以制度保障，

〔121〕　参见赵菁、朱世亮：《地方政府债券发行之法律分析及进路》，载黄红元、徐明主编：《证券法苑》（第17卷），法律出版社2016年版，第220页。

〔122〕　包括分类立法，即主张在政府债券法和企业债券法分别立法的前提下，政府债券法中的中央政府债券、地方政府债券甚至国际政府债券分别立法；渐进式立法模式认为，政府债券的立法应该是一个伴随政府债券市场成熟、发展的渐进式立法过程；统一立法模式则认为应当制定统一的《政府债券法》，包括税法与其他相关的经济、财政、社会立法配套。参见向东：《我国政府债券法律制度研究》，中央民族大学2007年博士学位论文，第59页。

而不是朝令夕改的政策性规定。当然，例如《证券法》等其他法律，也应在制度层面的相关条款予以系统性配合。

(二)风险预警机制

风险预警机制是目前国际通行做法，能够帮助监管者和投资者有效识别风险，其中要建立能够客观有效反映地方政府债务风险的地方债风险评估量化指标，往往需要金融、经济学的科学量化研究。从法律制度的层面，需要指引尽快成立专门的风险预警政府部门，赋予相关部门收集各地财力、偿债能力、发行人资质、担保、自我监管、风险控制等相关信息的权利，确认相关部门发出风险预警并要求对方作出及时反应、制定风险处置方案的法律效力。

在风险预警机制中关键的就是建立和完善信用评级制度。信用评级制度是进一步落实党的十八届三中全会、中央经济工作会议提出的“建立规范合理的中央和地方政府债务管理及风险预警机制”“着力防控债务风险”等要求的具体措施。从域内外经验来看，无论是美国“市场驱动”模式的评级机构，还是日本的“政府驱动”模式，地方政府债券的发展不可缺失信用评级的配套措施。在我国禁止地方政府举债的时候也禁止评级机构进行信用评级，[123]随着自主性、市场化程度越来越高，信用评级制度的配套发展亦是必然。中国人民银行、财政部、证监会都在陆续出台关于债券市场信用评级的相关规范，[124]总体趋势是充分调动以投资者为导向的市场化评价。然而在我国市场化发展并不健全，目前在不可能缺少中央统一监管的国情背景下，信用评级市场建立健全初期应当充分发挥政府驱动作用，在政府监管、严格问责下进一步细化对市场评级的指导标准；充分鼓励学界和实务界演进科学方法作出公正评价；改变目前对地方政府债券评级大多为AAA级的同质性评价，在差异性评价中真正引导投资者作出合适

[123] 参见《国务院办公厅关于地方政府不得对外举债和进行信用评级的通知》(国办发〔1995〕4号)。

[124] 例如，2014年财政部印发了《关于2014年地方政府债券自发自还试点信用评级工作的指导意见》(财库〔2014〕70号)。2018年9月中国人民银行和证监会联合印发了《关于信用评级机构在银行间债券市场和交易所债券市场开展债券评级业务有关事宜的公告》(中国人民银行、中国证券监督管理委员会公告(〔2018〕第14号)。其他风险预警、信用评级政策见附表。

的投资选择;在信用评级市场较为健全后再过渡到自主性的市场驱动模式。[125]

(三)信息披露制度

有效市场理论是公司整体信息披露的基础。良好的信用评级、风险预警制度都需建立在良好的信息披露制度上,信息披露制度是监管制度最基础的核心制度。每年关于地方政府债券工作的政策性通知中无不强调加强信息披露制度的重要性,因此制度是一切监管的核心、根本所在。

正如上文所述,美国的信息披露制度是最主要的监管制度。然而在一开始,由于市政债券只受到最低限度的监管,国家监管不统一,行业习惯只要求自愿披露。[126] 随着监管规则的逐渐完善,SEC 规则的第 15c2 - 12 及其修正案规定了初步披露、定期披露和二级市场报告,MSRB 也颁布了一些信息披露规则,[127] 对市政证券发行人的披露要求还会因州而异,因问题而异。[128] 但总体上,尽管框架复杂,由于信息披露会与信用评级相关联等原因,[129] 其对信息披露的监管要求已经内化为证券市场的习惯。要达成这种程度的市场自觉,在我国还有很长的路要走。

目前对地方政府债券信息披露的规范性文件还是 2014 年试点工作中的配套文件,除了真实、准确、及时的基本原则外,信息披露的内容包括债券基本信

---

〔125〕 参见王立平:《我国地方政府债券融资机制研究》,陕西师范大学 2018 年博士学位论文,第 104 页。

〔126〕 比如,在行业规则里有政府财政协会(GROA)的规定,这些准则规定了官方声明的内容和时间,建议的内容包括财务报告信息、收入信息、债务信息以及人口、经济和政府信息。然而,这种披露是自愿的,而且披露要求也并不很全面。如果在不公开的状态下提供证券出售,国家就不会强制执行任何要求。蓝天法的适用也完全取决于发行债券的州是否自愿受其约束。See Lisa M Fairchild. "Rule 15C2 - 12: A Flawed Regulatory Framework Creates Pitfalls for Municipal Issuers", 2 *Washington University Journal of Law* 587, 590 - 593 (1999).

〔127〕 例如,要求交易商向客户提供发行人自愿提供的正式声明副本,并要求承销商向管理当局提交这些正式声明的副本。此外,根据"适合性规则",交易商必须有"合理理由"相信他们所出售的证券适合投资者。

〔128〕 Lisa M Fairchild. "Rule 15C2 - 12: A Flawed Regulatory Framework Creates Pitfalls for Municipal Issuers", 2 *Washington University Journal of Law* 587, 603 (1999).

〔129〕 理论上,根据联邦证券法,在出售市政证券方面不需要任何招股说明书或其他披露文件。但是,有些"发行声明"是习惯的。此外,如果没有关于收益的使用、收入项目的可行性以及拟议发行的担保(税基、人口、金融历史等)的实质性信息,市政当局将很难获得承销商和(或)债券评级。See THOMAS P. PEACOCK, "A Review of Municipal Securities and their Status Under the Federal Securities Laws as Amended by the Securities Acts Amendments of 1975", 31 *Business Lawyer* 2037, 2040 (1976).

息，本地区经济运行、财政收支、债务情况，信用评级情况，债券存续期，可能影响其偿债能力的重大事项等，并对信息披露的时间和平台作了简单的规定。[130] 通过借鉴域外经验和本国的监管经验，信息披露内容的完善并非难事，我国最缺失的是对信息披露工作程序、技术、平台搭建、监管和相应失责责任追究规则的细化。严格规范的披露程序、平台、技术是保证信息披露及时、有效、共享的基础设备，上下级的层层监督、审核是确保信息真实、准确的保障，而严格的责任追究是整个信息披露制度有效性的最终武器。

从SEC对信息披露的监管要求来看，其基本形成了与公司披露的要求类似，关注"市场诚信"（Integrity of the Market）这一实质标准，即需真实、准确、及时披露所有可能转化成债券价格的过程信息，而不是仅仅涉及个人损害的信息。换言之，在监管与追责过程中，即使发行人偿还债券的能力已经受到质疑，债券持有者的个人利益通过债券保险受到"无害保护"（Hold Harmless Effect），发行人也不能因此作为披露失败的借口，其关注的问题是"事件风险"（Event Risk），即某一事件（如发行人违约）可能损害债券价值的风险。[131] 如此严格的实质监管标准，颇值得我国加以借鉴。

值得一提的是，对地方政府债券融资资金的用途是否有监管的必要呢？美国对市政债券的融资资金限定在市政项目建设，这也是大多数国家对地方政府债务融资资金用途的规范。我国《预算法》第35条规定了举借债务"只能用于公益性资本支出，不得用于经常性支出"的限制，但公益性资本未必就是市政项目。正如本文上述，我国的地方政府债券与市政债券的区别之一即是事实上并非都用于市政项目建设，与其让政府为了规避资金用途而制造隐性支出，不妨在此方面通过严格的信息披露制度将所有债务资金阳光化。更重要的是，在我国中央集权的统一严格监管、审批之下，不规范的资金用途风险是完全可以规避的。因此，在今后将此政策转化为法律的过程中，本文建议此部分只需通过强化信息披露制度，从而监督地方政府能够确保资金符合融资计划和偿还计划，属于

---

〔130〕 参见《财政部关于2014年地方政府债券自发自还试点信息披露工作的指导意见》（财库〔2014〕69号）。

〔131〕 Robert S. Amdursky, Clayton P. Gillette and Allen G. Bass, *Municipal Debt Finance Law: Theory and Practice*, Wolters Kluwer Law & Business, Second Edition, 2013, pp. 544 – 545.

可以通过审批的合理的资金用途,能够保证偿还本息,信用和风险评级都安全,对我国地方政府债券融资资金的用途无须过分严苛。

（四）责任追究机制

责任追究机制是发挥制度有效性最有力的保障。在对中央集权进行分解、权力下放中,必然会带来对地方政府行为约束的软化,这就需要从加强政府责任的角度防范权力下放带来的负面效果。[132]

2014年《预算法》的修改已经从预算的编制、调整、公开等环节规定了较为详细的经济、行政和刑事责任,有利于约束地方政府的任意举债冲动,但尚需进一步细化。[133] 尤其当举债政府出现违约时,首先应当明确的是,政府责任不应给予司法豁免。但上级政府是否要对下级政府救助,中央是否要救助呢？目前我国政策基本明确了“中央政府不救助原则”,即要求地方政府自发自还、独立承担责任,但在我国单一制的国情背景下,中央不救助原则究竟是中央推卸责任、侵害投资者利益所带来的弊端,还是能发挥促进地方政府合理规划债务、增强自主性的积极作用,难以定论。对此本文认为,既然在地方政府发行债券的过程中隐含了中央和地方政府的担保性能,那么在违约责任中应当正视中央政府的救助功能,尤其在我国尚缺地方政府破产制度的前提下,必要之时中央政府的救助是投资者利益和社会、金融稳定秩序的必要后盾。当然,这种救助不是义务和无偿的,也不是必须的,上下级救助更不应当为首要途径。本级政府独立承担责任,穷尽自我偿债途径是应当倡导的。因此,可以将上级政府的责任定位为补充责任而不是连带责任,同时通过建立地方政府破产制度对债权人利益予以适当保护,尽量避免启动上下级救助和中央救助机制,以防风险扩散。再如在一般债券和收益债券责任上,应当分清政府责任和市场责任,对收益债券应当予以一定的市场尊重,尽量通过市场化的融资渠道解决,清楚地划分政府责任,包括中央和地方的责任、地方政府破产责任等。

---

〔132〕 参见王立平:《我国地方政府债券融资机制研究》,陕西师范大学2018年博士学位论文,第103页。

〔133〕 参见赵菁、朱世亮:《地方政府债券发行之法律分析及进路》,载黄红元、徐明主编:《证券法苑》(第17卷),法律出版社2016年版,第221页。

在城镇化、财税体制改革的浪潮下,我国地方政府通过发债融资已是大势所趋。[134] 2014 年《预算法》的修改使地方政府债券发行合法化,地方政府债券市场近几年也获得极大发展,往后更是地方政府举债的主要金融工具。仅仅是以上的制度设想对于建立一个健全的地方政府债券市场还是不够的。改革不仅涉及重塑央地关系的宏大叙事,也不仅是完善风险预警、信息披露等金融监管、风险防范途径,还涉及货币发行、银行业改革等全面的金融领域,更需丰富的本土市场实证经验。限于专业和文章主题所限,本文在此不做论述。未来地方政府债券的建设和发展任重道远,非一日可就。

附表　地方政府债券政策文件梳理

政策文件	发布时间	主要内容
国务院办公厅关于暂不发行地方政府债券的通知(1985 年 9 月 9 日国办发〔1985〕63 号)	1985 年 9 月 9 日	国务院要求各地方政府不要发行地方政府债券
财政部关于印发《2009 年地方政府债券预算管理办法》的通知(财预〔2009〕21 号)	2009 年 2 月 18 日	规定财政部“代发代还”的地方政府债券模式
财政部、国家税务总局关于地方政府债券利息所得免征所得税问题的通知(财税〔2011〕76 号)	2011 年 8 月 26 日	对企业和个人取得的 2009 年、2010 年和 2011 年发行的地方政府债券利息所得,免征企业所得税和个人所得税
财政部、国家税务总局关于地方政府债券利息免征所得税问题的通知(财税〔2013〕5 号)	2013 年 1 月 16 日	对企业和个人取得的 2012 年及以后年度发行的地方政府债券利息收入,免征企业所得税和个人所得税
财政部关于印发《2014 年地方政府债券自发自还试点办法》的通知(财库〔2014〕57 号)	2014 年 5 月 19 日	经国务院批准,2014 年上海、浙江、广东、深圳、江苏、山东、北京、江西、宁夏、青岛试点地方政府债券自发自还
财政部关于 2014 年地方政府债券自发自还试点信息披露工作的指导意见(财库〔2014〕69 号)	2014 年 6 月 6 日	规范 2014 年自发自还地方政府债券信息披露工作

〔134〕 参见朱小川:《我国地方政府债券的制度选择》,载《证券市场导报》2014 年第 1 期,第 70 页。

续表

政策文件	发布时间	主要内容
中华人民共和国预算法(2014年修正)	2014年8月31日	第35条明确了地方政府发行地方政府债券举债的权力
财政部关于2014年地方政府债券自发自还试点信用评级工作的指导意见(财库〔2014〕70号)	2014年6月6日	配套信用评级指导
财政部关于印发《地方政府一般债券发行管理暂行办法》的通知(财库〔2015〕64号)	2015年3月12日	地方政府一般债券(以下简称一般债券)是指省、自治区、直辖市政府(含经省级政府批准自办债券发行的计划单列市政府)为没有收益的公益性项目发行的、约定一定期限内主要以一般公共预算收入还本付息的政府债券
财政部关于印发《地方政府专项债券发行管理暂行办法》的通知(财库〔2015〕83号)	2015年4月2日	地方政府专项债券(以下简称专项债券)是指省、自治区、直辖市政府(含经省级政府批准自办债券发行的计划单列市政府)为有一定收益的公益性项目发行的、约定一定期限内以公益性项目对应的政府性基金或专项收入还本付息的政府债券
财政部关于对地方政府债务实行限额管理的实施意见(财预〔2015〕225号)	2015年12月21日	分为一般债务限额和专项债务限额。总限额由国务院确定,人大批准,各地方政府由财政部批准后下达。地方政府严格按照限额举债,并分类管理(一般债务纳入一般公共预算管理、专项债务纳入政府性基金预算管理)。偿还资金难以实现时,可采取借新换旧的办法,收入实现后即予归还
国务院办公厅关于印发地方政府性债务风险应急处置预案的通知(国办函〔2016〕88号)	2016年10月27日	一般债务违约,在保障必要的基本民生支出和政府有效运转支出前提下,可以采取调减投资计划、统筹各类结余结转资金等方式筹措资金偿还,必要时可以处置政府资产;专项债务因政府性基金收入不足造成债务违约的,在保障部门基本运转和履职需要的前提下,应当通过调入项目运营收入、调减债务单位行业主管部门投资计划等方式筹集资金偿还

续表

政策文件	发布时间	主要内容
财政部关于印发《地方政府一般债务预算管理办法》的通知(财预〔2016〕154号)	2016年11月9日	一般债务收入、安排的支出、还本付息、发行费用纳入一般公共预算管理。一般债务本金通过一般公共预算收入(包含调入预算稳定调节基金和其他预算资金)、发行一般债券等偿还。一般债务利息通过一般公共预算收入(包含调入预算稳定调节基金和其他预算资金)等偿还,不得通过发行一般债券偿还。非债券形式一般债务应当在国务院规定的期限内置换成一般债券
财政部关于印发《地方政府专项债务预算管理办法》的通知(财预〔2016〕155号)	2016年11月9日	专项债务收入、安排的支出、还本付息、发行费用纳入政府性基金预算管理。专项债务本金通过对应的政府性基金收入、专项收入、发行专项债券等偿还。专项债务利息通过对应的政府性基金收入、专项收入偿还,不得通过发行专项债券偿还
财政部关于印发《新增地方政府债务限额分配管理暂行办法》的通知(财预〔2017〕35号)	2017年3月23日	新增地方政府一般债务限额、新增地方政府专项债务限额(以下均简称新增限额)分别按照一般公共预算、政府性基金预算管理方式不同,单独测算
关于进一步规范地方政府举债融资行为的通知(财预〔2017〕50号)	2017年4月26日	不得以文件、会议纪要、领导批示等任何形式,要求或决定企业为政府举债或变相举债。允许地方政府结合财力可能设立或参股担保公司,构建市场化运作的融资担保体系
财政部、国土资源部关于印发《地方政府土地储备专项债券管理办法(试行)》的通知(财预〔2017〕62号)	2017年5月16日	土地储备专项债券资金由财政部门纳入政府性基金预算管理
财政部、交通运输部关于印发《地方政府收费公路专项债券管理办法(试行)》的通知(财预〔2017〕97号)	2017年6月26日	收费公路专项债券资金纳入政府性基金预算管理

续表

政策文件	发布时间	主要内容
财政部关于试点发展项目收益与融资自求平衡的地方政府专项债券品种的通知(财预〔2017〕89号)	2017年6月2日	2017年优先选择土地储备、政府收费公路2个领域在全国范围内开展试点。按照财政部下达的额度及制定的统一办法执行
财政部、住房城乡建设部关于印发《试点发行地方政府棚户区改造专项债券管理办法》的通知(财预〔2018〕28号)	2018年3月1日	2018年在棚户区改造领域开展试点
中国保监会、财政部关于加强保险资金运用管理 支持防范化解地方政府债务风险的指导意见(保监发〔2018〕6号)	2018年1月8日	支持保险机构更加安全高效服务实体经济,防范化解地方债务风险
财政部关于印发《地方政府债券公开承销发行业务规程》的通知(财库〔2018〕68号)	2018年7月30日	财政部决定实行地方政府债券公开承销制度
财政部关于印发《地方政府债券弹性招标发行业务规程》的通知(财库〔2018〕74号)	2018年8月14日	地方政府债券采用弹性招标方式发行,应当遵循"公开、公平、公正"原则,根据地方政府债券发行管理规定及本规程要求,通过市场化方式开展

(学术编辑:刘江伟)

(技术编辑:王双慧)

《清华金融法律评论》
第2卷第2辑
第55~84页

地方政府担保规则的迷与思

——基于423份地方政府担保的司法裁判分析*

刘江伟**

目　次

摘　要:在我国法律规范体系当中,地方政府除经国务院批准为使用外国政府或者国际经济组织贷款进行转贷担保之外,其余的担保行为都被认定为违规担保。现实中地方政府的担保行为屡禁不止。在地方政府提供担保的司法裁判中,裁判结果与法律规范秩序存在一定反差,法官对法律规则的适用并未完全朝着法律论证的一致性方向努力,反而制造出新的矛盾,法律论证的融贯性和明确

* 本文为国家社会科学基金青年项目"地方债务治理的商事司法审查路径研究"(编号:14CFX038;主持人:沈朝晖)的课题研究成果。

** 刘江伟,清华大学法学院2018级博士研究生。

性不足。在担保效力认定、承诺函属性确认、嗣后责任划分与担保主体识别方面均或多或少地存在抵牾之处,对地方政府担保问题欠缺一致的认识与处理,有损司法裁判的说服力。从域外经验来看,通过事后裁判的导向,司法可以为治理地方政府违规担保行为提供一定的智识与路径支撑。从现实世界观察,地方政府担保有一定合理性。明确与统一司法裁判的尺度,政策上对地方政府担保规则予以改进,能够对改善地方政府违规担保行为起到积极作用。

关键词:地方政府担保;承诺函;担保无效;缔约过失;责任划分

一、问题的提出

自1994年我国财政实行分税制改革以来,面对地方政府更多地承担起城市基础设施建设、公共设施(项目)建设和社会保障支出等职责的现实,地方财政显得力不从心,财权与事权的不匹配致使地方政府陷入财政困境。为缓解财政困境,富有效率地供给公共产品,地方政府举债成为其获取资金的重要途径。受制于原《预算法》第28条限制地方政府发债的规定,[1]在操作层面,地方政府常通过设立地方政府融资平台公司,由平台公司对外发行债券或向商业银行申请贷款等形式进行筹资,以突破法律限制,而地方政府通常会以担保函或承诺函等方式为融资平台公司的债务偿还提供显性或隐性担保。[2] 根据《担保法》第8条有关国家机关不得成为保证人的规定,这类担保的效力时常遭受质疑,被视为地方政府违规担保。尽管2014年修正的《预算法》第35条第2款规定为地方政府发债开了一扇窗,[3]但现实中地方政府违规担保的现象却屡见不鲜。从国家审计署公布的相关审计数据来看,2016年第四季度纠正地方政府违规举债、违规担保等问题金额185.71亿元,[4]而这些只不过是地方政府违规担保的冰山

---

〔1〕《预算法》(1994年)第28条第2款规定:"除法律和国务院另有规定外,地方政府不得发行地方政府债券。"

〔2〕本文所称的地方政府担保,包括地方政府职能部门提供的担保。

〔3〕《预算法》(2014年)第35条第2款规定:"经国务院批准的省、自治区、直辖市的预算中必需的建设投资的部分资金,可以在国务院确定的限额内,通过发行地方政府债券举借债务的方式筹措……"

〔4〕参见中华人民共和国审计署:《2017年第2号公告:2016年第四季度国家重大政策措施贯彻落实跟踪审计结果》,载http://www.audit.gov.cn/n5/n25/c93892/content.html,最后访问日期:2017年12月30日。

一角。在宏观层面上,地方政府违规担保只是本文的元问题。笔者在"北大法宝"(www. pkulaw. cn)司法案例数据库中,分别以"政府担保"和"承诺函"作为关键词进行全文检索,筛选出相关"政府担保"案件的有效样本共 423 个(检索日期截至 2017 年 11 月 7 日)。[5] 通过梳理这 423 个案件裁判文书发现,我国法院对于政府能否提供担保和担保效力如何认识不一,有的判决之间不乏矛盾之处,衍生出一系列环环相扣的问题。当前,司法判决所呈现出的突出问题是:地方政府能否提供担保?地方政府出具的"承诺函"是否构成提供担保的意思表示?地方政府担保效力如何?地方政府担保无效的民事责任如何承担?地方政府行使追偿权的请求权基础何在?实践中还出现了规避地方政府担保法律规则的行为。这些问题进一步引出如何治理地方政府担保的问题与思考。

二、地方政府担保规范秩序

地方政府提供担保涉及相关担保法律规则的制定与适用,这首先不可避免是各规范体系内部的法教义学问题,即一项法律事实满足法律构成要件时将产生何种法律效果。因此将其置于法律体系之内考察自然是题中应有之义。法律体系的建构与演变往往是历史沿革的产物,沿革则反映出规范事物的内在逻辑和事理。从体系演变轨迹探寻与梳理,有助于了解立法者意图、规范目的和现行法律规则体系。

我国对地方政府担保行为规范历史由来已久,并与特定的社会政治经济背景密切相关。改革开放初期,我国党政机关在经商热和办企业热的社会风气下掀起经商办企业的热潮,并常为其开办的企业所从事的交易活动提供担保,导致全国出现大量以国家机关作为保证人的纠纷案件,国家机关届期不履行保证责任,不仅损害国家机关职责的正常履行,影响国家机关形象,还对社会经济秩序造成危害。[6] 为维护社会经济秩序,1986 年颁布的《民法通则》第 89 条对担保人的担保行为作了原则性规定,以期担保行为规范化,但却未明确规定地方政府的担保行为,留下法律漏洞。1988 年最高人民法院出台的《关于贯彻执行〈中华

---

〔5〕 本文仅作了一次检索,不排除案例存在遗漏、数据存在误差的可能性,但通过对有效案例裁判结果的整理、归纳与分析,足以说明本文所提出并研究的问题。

〔6〕 参见程啸:《保证合同研究》,法律出版社 2006 年版,第 108 页。

人民共和国民法通则〉若干问题的意见(试行)》(以下简称《民通意见》)填补了一部分空白。《民通意见》第106条第2款明确规定国家机关不能成为保证人。单从规定文义来看,只言及国家机关不能成为保证人,从对应行为来看,国家不能从事保证行为,但未提及抵押、质押等担保行为。相对于司法机关,行政机关的态度显得更为坚定与严厉。1993年国务院办公厅发布《关于严禁行政机关为经济活动提供担保的通知》中指出,"今后各级行政机关一律不得为国内企事业单位间的经济活动提供担保,已经提供担保的,要立即采取有效措施加以纠正",将禁止行为范围从保证扩大到担保行为。

随着市场经济的发展,担保的作用日益凸显,为进一步完善担保制度,我国1995年颁布了《担保法》。针对地方政府担保行为,《担保法》第8条基本沿袭《民通意见》第106条第2款的规定,但根据现实需要,保持了适度的开放性。[7]《担保法》规定除经国务院批准为使用外国政府或者国际经济组织贷款进行转贷担保之外,国家机关不得为保证人。法律规范的构建是立法者价值承认和共识凝聚的过程与结果。在立法者看来,国家机关的财产和行政经费是用来保证国家机关履行职责的,不能用于担保,国家机关也无力履行担保义务,故其不应作保证人。[8] 从中可以推论,《担保法》第8条规定的规范目的在于避免国家机关从事担保活动损害其职责的履行。位于《担保法》第二章(保证)下的第8条规定是针对保证行为,《担保法》对国家机关抵押和质押等行为则没有任何直接的规定,2007年实施的《物权法》对此也未置一词。但从功能目的看,保证、抵押和质押具有相同功能目的,均以确保债务清偿为目的,且抵押和质押的担保属性更强。以此类推,首先与《担保法》第8条规定相同,国家机关原则上不得成为抵押人和质押人。其次,若国家机关可以不受限制地成为抵押人和质押人,则实践中国家机关完全可以通过提供抵押、质押从事担保行为,绕开《担保法》第8条禁止性规定,弱化该条规定。再者,从国家机关的职责功能来看,其职责是提

〔7〕 参见1995年6月23日全国人大法律委员会副主任委员项淳一在第八届全国人民代表大会常务委员会第十四次会议上所作的《全国人大法律委员会关于〈中华人民共和国担保法(草案)〉审议结果的报告》。

〔8〕 参见1995年2月21日全国人大常委会法制工作委员会主任顾昂然在第八届全国人民代表大会常务委员会第十二次会议上所作的《全国人大常委会法制工作委员会关于〈中华人民共和国担保法(草案)〉的说明》。

供公共产品和担保公益实现，服务的是社会公众利益。参照《担保法》和《物权法》关于公益法人的规定，国家机关的财产（除非是不涉及公益的经营性财产）不能作为担保物。因此，国家机关的所有担保行为是受到限制的。[9] 2015 年施行的《预算法》第 35 条第 4 款更是从规范对象和行为的角度重申了这一原则，明确规定，“除法律另有规定外，地方政府及其所属部门不得为任何单位和个人的债务以任何方式提供担保”，将允许地方政府提供担保的权力严格限制在法律层面。

除此之外，我国政府通过颁布一系列相关的规范性文件，不断加强对地方政府担保的管制（其中一些文件列举见表 1）。这些规范性文件的内容有两个较为明显特征：第一，跨部门协作范围广，发文机关不仅有常见的市场监管主体，司法部也罕见的包括在其中。第二，规范行为范围广，除了常见的担保行为，回购行为也被认为是需要清理的违规举债担保行为。以上两个特征体现中央政府对地方政府担保问题的重视，试图全方位地清理与规范地方政府违规担保行为。

表 1 有关规范地方政府担保的规范性文件

颁布机关/机构	颁布日期	规范名称	规范内容
国务院	2010 年 6 月 10 日	《关于加强地方政府融资平台公司管理有关问题的通知》	除法律和国务院另有规定外，地方各级政府及其所属部门、机构和主要依靠财政拨款的经费补助事业单位，均不得以财政性收入、行政事业等单位的国有资产，或其他任何直接、间接形式为融资平台公司融资行为提供担保
财政部、发改委、中国人民银行、银监会	2010 年 7 月 30 日	《关于贯彻国务院关于加强地方政府融资平台公司管理有关问题的通知相关事项的通知》	坚决制止地方政府违规担保承诺行为

[9] 这也可以从最高人民法院《关于适用〈中华人民共和国担保法〉若干问题的解释》第 3 条规定中得到印证。该条规定：“国家机关和以公益为目的的事业单位、社会团体违反法律规定提供担保的，担保合同无效。因此给债权人造成损失的，应当根据担保法第五条第二款的规定处理。”条文中使用的是“担保”一词，没有局限于保证，而担保则包括保证、抵押和质押，表明司法机关对禁止国家机关担保的形态并不局限在保证这一种形态当中。

续表

颁布机关/机构	颁布日期	规范名称	规范内容
国务院	2014 年 9 月 21 日	《关于加强地方政府性债务管理的意见》	地方政府及其所属部门不得违法为任何单位和个人的债务以任何方式提供担保
银监会	2017 年 4 月 7 日	《关于银行业风险防控工作的指导意见》	严禁银行业金融机构接受地方政府担保兜底
财政部、发改委、司法部、中国人民银行、银监会、证监会	2017 年 4 月 26 日	《关于进一步规范地方政府举债融资行为的通知》	除外国政府和国际经济组织贷款转贷外,地方政府及其所属部门不得为任何单位和个人的债务以任何方式提供担保,不得承诺为其他任何单位和个人的融资承担偿债责任
财政部办公厅	2017 年 11 月 10 日	《关于规范政府和社会资本合作(PPP)综合信息平台项目库管理的通知》	由政府或政府指定机构回购社会资本投资本金或兜底本金损失等行为构成违法违规举债担保行为

这些法律、司法解释和规范性文件共同构成地方政府担保的规范体系的同时,也形成了思维路径的依赖。从这些规定实质内容来说,规范体系在整体上可谓整齐划一与简单粗暴。一连串"不得"的用词说明,规范体系以压制地方政府提供担保为指导精神,旗帜鲜明地表明国家对地方政府提供担保的管制态度。

三、地方政府担保的司法实践与分析

照理说,当制定法已经为某类问题提供非常明确的可适用规则时,法官只需要服从、适用制定法,[10]少有造法、矛盾行为发生。然而,现实情况却不尽然如此。

(一)司法实践现状描述

1. 数据来源与样本选择

笔者从北大法宝数据库对地方政府担保的相关案件进行收集,数据收集方法是:在司法案例中选择高级检索,在"案由"一栏选择"民事","文书类型"一栏

---

〔10〕 参见[美]本杰明·卡多佐:《司法过程的性质》,苏力译,商务印书馆1998年版,第4页。

选择"判决书","全文"一栏输入关键词"政府担保",搜索得到案件797个;再在案例与裁判文书下的"全文"一栏输入关键词"承诺函",搜索得到涉及承诺函的案件共65个。剔除重复案件、政府非为诉讼当事人、未能有效举证是否存在担保与担保不成立(不包括涉及承诺函的案件)的案件类型,筛选出有效样本423个,其中涉及承诺函的案件有59个。本文收集到的案件审理法院分布于广东、江苏、河南、安徽、山东和北京等地,有280件(或占66.2%)是由基层人民法院审理,有98件(或占23.2%)是由中级人民法院审理,有31件(或占7.3%)是由高级人民法院审理,剩余14件(或占3.3%)是最高人民法院审理的(见表2)。

表2　审理法院类型划分

	有效样本	基层人民法院	中级人民法院	高级人民法院	最高人民法院
案件数量(件)	423	280(66.2%)	98(23.2%)	31(7.3%)	14(3.3%)

其中,一审程序案件有325件(或占76.8%),二审程序案件有85件(或占20.1%),另有申请再审案件13件(或占3.1%)(见表3)。

表3　审理程序类型划分

	有效样本	一审	二审	申请再审
案件数量(件)	423	325(76.8%)	85(20.1%)	13(3.1%)

2.地方政府提供担保目的(原因)

作为一项法律行为,担保行为是行为人将内心效果意思外化的活动结果。理解行为目的对于了解行为本身具有重要性。遗憾的是,司法裁判文书对担保目的的描述是不规律的,笔者只能设法根据案件内容归纳担保目的的方式来操作。由于大部分地方政府担保行为发生于借贷情形,包括企业向银行、个人或借贷公司借款,个人向银行贷款,科研单位/政府机关向政府机关或银行借款,地方政府在当中提供担保或者反担保,因此,将"借贷"单独列为担保目的无实际意义。笔者将进一步细分借贷背后的原因与资金用途,进而把司法裁判文书对地方政府提供担保之目的的描述分为如下六类:(1)政策性担保,包括所有根据政策提供的担保;(2)生产经营担保,包括可以通过关键词确定借贷资金用于生产经营的借款担保;(3)建设工程担保,包括提到"工程""工程欠款"或类似关键词的借款担保;(4)资金周转担保,包括提到"资金周转"或类似关键词的借款担保;(5)其他,可提炼出担保原因,但无法归入前四种类型的担保;(6)未说明,即所有只提到地方政府为借款提供担保,但对借贷原因和资金用途未做任何说明的借款担保(见表4)。

表4 司法裁判文书所展示的地方政府提供担保之目的/原因

<table>
<tr><th>担保类型</th><th>关键词</th><th>案件数(件)</th><th>占样本比例</th><th>担保类型</th><th>关键词</th><th>案件数(件)</th><th>占样本比例</th></tr>
<tr><td rowspan="5">(1)政策性担保</td><td>创业和再就业</td><td>15</td><td rowspan="5">8%</td><td rowspan="9">(2)生产经营担保</td><td>经营</td><td>9</td><td rowspan="9">20%</td></tr>
<tr><td>惠农措施</td><td>1</td><td>生产建设</td><td>20</td></tr>
<tr><td>易地扶贫搬迁项目</td><td>4</td><td>贸易</td><td>1</td></tr>
<tr><td>扶持贷款</td><td>14</td><td>租赁/购买材料/设备</td><td>33</td></tr>
<tr><td>小计</td><td>34</td><td>场地租赁</td><td>5</td></tr>
<tr><td rowspan="3">(3)建设工程担保</td><td>市政工程</td><td>4</td><td rowspan="3">11%</td><td>收购</td><td>1</td></tr>
<tr><td>工程承揽/建设(欠款)</td><td>41</td><td>对外(驻港)业务</td><td>7</td></tr>
<tr><td>小计</td><td>45</td><td>投资</td><td>9</td></tr>
<tr><td rowspan="15">(5)其他</td><td>支付教师/农民工工资</td><td>3</td><td rowspan="15">13%</td><td>小计</td><td>85</td></tr>
<tr><td>股权转让</td><td>4</td><td rowspan="3">(4)资金周转担保</td><td>资金</td><td>42</td><td rowspan="3">12%</td></tr>
<tr><td>企业电费缴纳</td><td>1</td><td>周转</td><td>10</td></tr>
<tr><td>清偿我国对外债务</td><td>1</td><td>小计</td><td>52</td></tr>
<tr><td>单位购买/更新设备/设施</td><td>3</td><td colspan="2" rowspan="11">(6)未说明</td><td rowspan="11">152</td><td rowspan="11">36%</td></tr>
<tr><td>个人医疗费用</td><td>3</td></tr>
<tr><td>招商引资</td><td>4</td></tr>
<tr><td>商品房购买</td><td>1</td></tr>
<tr><td>个人欠款</td><td>1</td></tr>
<tr><td>土地租赁/纠纷</td><td>4</td></tr>
<tr><td>支付赔偿金</td><td>4</td></tr>
<tr><td>借用公积金</td><td>1</td></tr>
<tr><td>支付土地补偿款/转让款</td><td>2</td></tr>
<tr><td>植树造林</td><td>23</td></tr>
<tr><td>小计</td><td>55</td></tr>
<tr><td>合计</td><td></td><td></td><td></td><td></td><td></td><td></td><td>100%</td></tr>
</table>

从表4数据可以看出,先剔除第六种类型,地方政府为生产经营和资金周转担保占据地方政府提供担保案件类型的多数。根据相关裁判文书内容,这两类担保的债权(资金)被用于企业或个人的营业与营利目的。在第六种类型中,绝大部分担保是为企业提供担保,因此,可以推论地方政府也是为了企业的生产经营或资金周转提供担保,但并不确定。至此,可进一步推论现实中地方政府提供的担保大多具有私益性,与政府职责内容、范围无关。现实中地方政府的担保行为也验证了一个假设,即受一些特殊利益或者利益团体的影响,在缺乏有效约束的前提下,地方政府会背离公共利益代表者的定位,违规使用财政资金。[11]

3. 法院的裁判结果

(1)认知结果三分与矛盾冲突

在法律规范体系内部,法律行为有成立与生效之分,我国《民法总则》第136条第1款对此也有明确区分。法律行为成立是法律行为之法律事实存在与否的问题,而法律行为的效力则是法律评价问题。[12] 于此区分逻辑之下,地方政府担保行为首先应当被区分为担保不成立和担保成立两种类型,其次再将后者细化为担保无效和担保有效。通过案例比对和统计,在423个案件中,法院认为地方政府担保不成立的案件有14个(或占3.3%),这14个案件全部是事关承诺函性质的认定。法院之所以认为地方政府担保不成立,原因在于认为承诺函的内容不构成担保的意思表示。除去这14个案件,在409个案件中,法院认为地方政府担保成立。其中,有296个(或占70.0%)案件法院认为地方政府担保无效,另外91件(或占21.5%)则认为担保有效,22个(或占5.2%)案件未对政府担保效力作出说明(见表5)。可见,认为地方政府担保行为无效的见解在司法实践中占据绝对多数。该见解多以《担保法》第8条作为法律依据。[13] 从法律规范属性分析,该条款规定被当作效力性强制性规定。地方政府担保行为与规

---

〔11〕 Richard C. Schragger, "Democracy and Debt", 121 *The Yale Law Journal* 860, 870(2012).

〔12〕 参见王泽鉴:《民法总则》,北京大学出版社2009年版,第457页。

〔13〕 该条规定国家机关只有在例外情形之中才能提供担保。例如,在"中国光大银行沈阳分行与沈阳市经济贸易委员会等单位借款担保合同纠纷案"中,二审法院认为,纺织局提供的外汇担保属于为使用外国贷款而转贷的政策性担保,应由承接其职能的被告市经委、财政局继续承担保证责任。认可地方政府担保行为的有效性。参见奚晓明主编:《商事审判指导》(第1辑),人民法院出版社2010年版,第110~121页。

范体系内部禁止国家机关担保的强制秩序相抵触，在法律效果上评价为无效。不过，也有法院未适用《担保法》第 8 条规定，而是以主合同无效导致担保合同无效作为裁判依据，[14]或者转而以《民通意见》第 106 条第 2 款规定作为裁判依据。但这只是行为发生时点不同所导致的法律规则适用差异，两者在实质上有异曲同工之处。理论上，既然《担保法》第 8 条规定为效力性强制性规定，违反即无效，那么在裁判逻辑推论上，法院对地方政府担保行为的认定应当只有担保不成立和担保成立（无效）之分，在担保效力性认定上保持统一。然而，仍有 91 个案件认为地方政府担保行为有效，其中除了 25 个案件是符合《担保法》第 8 条规定的但书条款之外，剩余 66 个案件并不符合但书情形。应然层面与实然层面的不一致彰显司法裁判尺度不一，会对司法权威造成影响。

表 5 裁判文书所展示的司法实践观点（2001～2017 年）

	有效样本	担保不成立	担保成立（无效）	担保成立（有效）	未说明担保效力
案件数量（件）	423	14（3.3%）	296（70.0%）	91（21.5%）	22（5.2%）

（2）争诉地方政府与诉讼原告

上述裁判文书样本中，地方政府原、被告诉讼角色的转换，会带来不同的裁判结果。在认为地方政府担保成立（有效）（符合但书情形的除外）案件中，有 32 个（或占 48.5%）案件地方政府是作为原告，其余 34 个（或占 51.5%）案件，地方政府则作为被告（见表 6）。在这 34 起案件中，有些法院大多未考虑《担保法》等相关法律法规，而是仅从合同角度考量，认为担保合同是双方当事人真实意思表示，并未违反法律规定，因此担保成立（有效）。[15] 考虑到法律规范的禁止态度，这一裁判理由明显欠缺说服力。

表 6 担保成立（有效）案件类型划分

	有效样本	地方政府（原告）	地方政府（被告）
案件数量（件）	66	32（48.5%）	34（51.5%）

在全部案件中，地方政府作为原告主张追偿的案件一共有 52 个。其中，认

〔14〕 参见江苏省高级人民法院（2002）苏民三终字第 060 号民事判决书。

〔15〕 参见新疆维吾尔自治区乌苏市人民法院（2014）乌民二初字第 0271 号民事判决书。

为地方政府担保成立(无效)的案件有20个,认为地方政府担保成立(有效)的比例为61.5%(见表7),而这些案件都是地方政府向被担保人(债务人)行使追偿权的纠纷案件。换句话说,地方政府在这一类案件的胜诉率接近2/3,很大程度上处于诉讼强势地位。在地方政府作为原告行使追偿权案件类型中,法院通常认为地方政府合理的请求权基础在于《担保法》第31条,“保证人承担保证责任后,有权向债务人追偿”,而担保责任的成立及承担以担保行为成立(有效)为前提。法院裁定担保成立(有效),支持原告地方政府的追偿权,其原因大抵是可能为避免地方政府因承担保证责任而遭受损失。与此同时,结合地方政府作为被告被判定担保无效的比例,法院颇有偏袒地方政府之嫌。

表7 地方政府作为原告追偿案件类型划分

	有效样本	担保成立(有效)	担保成立(无效)
案件数量(件)	52	32(61.5%)	20(38.5%)

(二)承诺函的性质认定

在地方政府提供担保的司法裁判中,承诺函性质的认定已成为一个颇为棘手的问题。如前所述,14起担保不成立的案例就是根据承诺函性质判定得出的结果。实践中,法官基本根据承诺函的实质内容来认定其性质。在筛选出的59个涉及承诺函认定的案件中,除地方政府在承诺函中明确表达担保的意思表示外,若地方政府在承诺函中有“在债权人要求时,全部承担借款人的有关责任和义务”[16]“债务人不能按期及时偿还,将由地方政府用财政资金予以支付”[17]等相似表述之一时,法官则认为地方政府表达了担保的意思表示。这两种行为也在财政部等四部委联合发布的《关于贯彻国务院关于加强地方政府融资平台公司管理有关问题相关事项的通知》所列举的四种地方政府违规担保行为之列。此时,承诺函实质为担保函。

然而,承诺函性质的判断成为难题的真正原因在于其内容并未明确表达担

〔16〕 参见广东省高级人民法院(2004)粤高法民四终字第56号民事判决书;吉林省长春市中级人民法院(2004)长民初字第54号民事判决书。

〔17〕 参见中华人民共和国最高人民法院(2016)最高法民终字第687号民事判决书;安徽省宣城市中级人民法院(2014)宣中民二初字第00220号民事判决书。

保的意思表示或者近似担保的意思表示，只是说“若债务人出现逾期归还或拖欠贵司本息，本政府将负责解决，不让贵司在经济上蒙受损失”。面对这类含混不清、模棱两可的措辞，如何认定承诺函的性质，司法陷入两难。甚至在同一起案件，一审法院和二审法院作出过截然不同的裁断。〔18〕广东省高级人民法院曾就此种情形是否构成担保请示过最高人民法院。遗憾的是，最高人民法院并没有给出一个明确论断，反而又把“皮球踢回”广东省高级人民法院。〔19〕司法裁判对此有两种针锋相对的观点：其一，这种承诺具有为债权人的债权提供担保的意思表示，构成担保行为。〔20〕其二，这种承诺不符合《担保法》第6条对于保证的定义，根据“保证不能推定”的原则，不构成担保行为。〔21〕“保证不能推定”原则背后实际体现了《担保法》第3条的担保自愿的原则。

笔者将收集到的14个关于这类承诺函的案件区分为2001年至2004年（不包括2004年，见表8）和2004年至2017年两个时间段（见表9）。通过案例对比，可以观察到司法实践对这种承诺函性质认定的显著变化。裁判的变化表明，司法裁判认识逐渐统一，特别是从2005年开始（见表10），倾向于认定这种含混不清的措辞不含担保意思，相应的承诺函类似于宽慰函，只起宽慰作用。

表8　2001~2004年对承诺函中内容的认定

	样本总数	构成担保	不构成担保
案例数量（件）	3	1(33.3%)	2(66.7%)

表9　2004~2017年对承诺函中内容的认定

	样本总数	构成担保	不构成担保
案例数量（件）	11	1(9.1%)	10(90.9%)

〔18〕参见广东省高级人民法院(2004)粤高法民四终字第26号民事判决书。

〔19〕参见最高人民法院《关于交通银行香港分行与港云基业有限公司、云浮市人民政府等借款担保合同纠纷上诉一案〈承诺函〉是否构成担保问题的请示的复函》。

〔20〕参见广东省高级人民法院(2002)粤高法民四终字第55号民事判决书。

〔21〕参见广东省佛山市中级人民法院(2002)佛中法民四初字第50号民事判决书。

表10 2005～2017年对承诺函中内容的认定

	样本总数	构成担保	不构成担保
案件数量(件)	8	0(0%)	8(100%)

在这一认识变化过程中,法官并不局限于承诺函的内容文义,仅凭文义容易陷进公说公有理、婆说婆有理的泥潭。从"中国银行(香港)有限公司诉山西省人民政府保证合同纠纷案"来看,山西省人民政府根据对相关规定的研究,将先前出具的承诺函换成了安慰信,前述相关表述替换成为"本政府愿意督促该公司切实履行应尽的责任",很难排除这类承诺函不含有政府担保意思的可能性。[22] 因而在内容文义之外,法官推定当事人对"国家机关不得为保证人"的规则是知道的,并通过案情提炼出一些客观因素进行动态评价。综合判断当事人有无形成担保法律关系的主观意图,这些因素包括:(1)与同一案件中其他担保人的担保行为的对比,比如与其他政府机关出具的担保函/担保书作对比;(2)债权人是否曾将地方政府作为保证人进行追偿;(3)承诺函是否位于债权人出具授信函的保证栏或者保证文件项下。

就承诺函在司法实践呈现的样态而言,承诺函作为一项商业交往中的商事惯例,承载着特定的商事价值,其具体作为有法律义务(legal obligation)的担保函,或是道义义务(moral obligation)的宽慰函,需结合承诺函的内容和出具时的商业环境进行判断,此为其一。[23] 例如,对于后者,不妨将同期相同类型项目、投资项目贷款利率/融资成本的变化当作一个环境因素加以考虑,因为在信息不对称创造的不完美市场中,有担保的贷款利率/融资成本通常要低于无担保的情形。其二,在商事交易领域,商事外观主义作为一项重要的商事裁判准则,可以从外观主义角度对承诺函的性质加以判断。外观主义由外观事实、外观可归责性(本人与因)和相对人信赖三个要件构成。在外观事实上,上述提到的承诺函中模糊表述,无疑将债权人置于将被偿付的位置,没有排除地方政府承担责任的意思,造就了一个让债权人可以产生合理预期的外观。在外观可归责性上,外观事实的形成来自地方政府在承诺函中的表述,地方政府对于外观事实的形成给

〔22〕 参见山西省高级人民法院(2001)晋经二初字第4号民事判决书。

〔23〕 Paul M. Perell, "Lessons about Comfort Letters", 34 *Canadian Business Law Journal* 421(2001).

予一定原因力。另外,也可以用风险分配理念对可归责性加以说明,即谁更容易控制该风险,谁就应当承担该风险。具体到该类承诺函中,地方政府将该种模糊表述置于现实世界,相对于债权人,它可以选择更稳妥的表述以使债权人对自己的意思做出正确理解,其对如何表述具有控制力,而债权人只是被动接收表述,故其应当承担表述被误解的风险。在相对人信赖上,这种信赖首先要求的是相对人善意。所谓相对人善意是指相对人不知道且不应当知道地方政府没有担保权利能力。"国家机关不得为保证人"作为一项推定公知规则,债权人很难说不知道真实的法律状态,从而形成善意,尤其是对商业银行债权人来说,其身为商人理应负有更高的注意义务,谨慎判断。故债权人不符合相对人信赖的构成要件。外观主义的三个构成要件是紧密相连的。因此,基于外观主义的考量,不能得出该类承诺函含有担保的意思表示,与司法裁判的态度变化相同,性质上宜认定为宽慰函。

(三)担保成立(无效)的民事责任

在担保成立(无效)场合,面对推定公知的规则,法官多根据《担保法》第5条和最高人民法院《关于适用〈中华人民共和国担保法〉若干问题的解释》(以下简称《担保法司法解释》)第7条,要求担保人(地方政府)承担不超过债务人不能清偿部分的二分之一的民事责任。我国最高人民法院《关于适用〈中华人民共和国合同法〉若干问题的解释(二)》第21条规定债务人清偿债务包括主债务、利息和费用,因此担保人的偿还范围一般包括主债务和利息,但也有法官将律师费甚至是违约金。这再次反映出司法裁判尺度不一致的问题。在偿还数额上,法官在规定的比例范围内确定担保人应承担的份额,具体设定固定赔偿数额或者固定比例(如40%、1/2或1/3等),不过以1/2的比例居多。总体而言,让担保人(地方政府)因担保无效而承担民事责任存在两个疑问:第一,在实际效果方面,地方政府相当于仍旧承担了部分担保责任,与《担保法》第8条规范目的似有矛盾。[24] 这或许可以用作解释地方政府违规担保现象频发的原因之一。现行制度会影响个人的行为选择。换言之,个人会根据既有的制度约束来确定

---

〔24〕 Donald C. Clarke, "The Law of China's Local Government Debt Crisis: Local Government Financing Vehicles and Their Bonds", 65 *American Journal of Comparative Law* 751, 778 (2017).

采取何种行动方案,以期在特定制度的约束条件下尽可能地最大化自身利益。较之于完全无担保,地方政府因担保无效而对债权人承担部分赔偿责任,对债权人来说,不失为获得部分保障的中间道路。该种责任后果对实践中地方政府违规担保频发有着隐性激励。第二,地方政府承担赔偿责任的资金来源于地方财政预算资金,而在《预算法》第5条和第13条构建的全口径政府预算体系中,未列入预算的支出不得支出。这部分事后赔偿资金未列入预算,存在执行上的程序障碍。司法裁判结果无意间造成法律体系之间的抵牾。虽然有法院认为国家机关承担责任的财产应当以其预算外资金和行政节余为限,[25]但是在全口径预算体系里,已经不存在预算外资金,如果没有行政节余,毋庸置疑存在执行上的困难,只能寄希望于地方政府能够主动将赔偿纳入地方财政预算后进行偿付。

此外,通常认为《担保法司法解释》第7条后半句是缔约过失责任的具体表现,即在担保合同无效的场合,当事人承担的是缔约过失责任。[26] 然而,该条规定能否适用到地方政府担保无效所产生的地方政府民事责任承担值得商榷。现代合同法理论中,合同是当事人在相互信赖的基础上对未来交换过程中关系的规划,合同的缔结磋商、成立、履行和消灭都被纳入到特定的信赖关系中依诚实信用原则加以调整,在诚实信用原则基础上形成包括先合同义务、给付义务、附随义务、不真正义务和后合同义务等在内的广义义务群。[27] 缔约磋商者基于在接触、缔约过程中产生的合理信赖,当事人之间负有照顾、协作和保护等先合同义务。若一方违反先合同义务对相对方的合理信赖造成损害,需向相对方承担缔约过失责任。对于缔约过失责任,我国《合同法》第42条和第58条分别作了一般规定与特殊规定。从条文内容来看,缔约过失责任是针对填补损失的损害赔偿问题,有着明确的构成要件与法律效果。在构成要件上,不仅当事人要在缔约过程中产生合理信赖,《合同法》第42条在列举个别缔约过失情形之外,还设置了“有其他违背诚实信用原则的行为”的兜底规定。这意味着我国法上的缔

---

〔25〕 参见北京市高级人民法院(2014)高民终字第1606号民事判决书。

〔26〕 参见李国光、高圣平主编:《担保法及配套规定新释新解》(第2版),人民法院出版社2006年版,第117页。

〔27〕 参见王泽鉴:《债之关系的结构分析》,载《民法学说与判例研究》(第4册),北京大学出版社2009年版,第62~95页。

约过失责任并非依据单纯信赖保护的思想，还需以行为人有违反诚实信用原则的行为为前提。诚实信用原则是针对权利行使与义务履行所提出的要求。[28]在地方政府担保无效场合，地方政府明知除例外情形外，没有担保的权利却仍提供担保，构成权利滥用，违反了诚实信用原则，但债权人并不能对地方政府的担保权利/行为产生合理信赖。因为作为一项已公布的法律规则，债权人不能借口不知道该法律规范就不受该规范约束。债权人面对推定公知的规则，除法律规定的例外情形，很少谈得上能够对担保合同成立有效产生信赖，进而产生信赖受损。因此，因地方政府违规担保造成担保无效的场合，并不能有效满足缔约过失责任的构成要件。其次，在法律效果方面，《合同法》第42条规定在缔约过程中违反义务的一方要对因义务违反而造成对方的损害，承担损害赔偿责任。传统上，缔约过失责任的损害赔偿范围限于信赖利益，具体包括缔约费用、准备履约所支出的费用或丧失与第三人订约机会的损害等。[29] 履行利益的赔偿通常不在损害赔偿范围内，限于个别有限场合。[30] 在地方政府担保无效的案例类型当中，合同一开始就注定不会成立生效，赔偿的只能是信赖利益。司法实务运作过程中，适用《担保法司法解释》第7条规定来确定地方政府所要承担的责任，导致赔偿范围已经不是信赖利益，反而逾越到部分履行利益，此种结果与缔约过失责任的通常法律效果并不契合。

(四)法律规避行为的产生

从现实主义视角来看，地方政府已然将担保视为经济政策工具，[31] 当作一种宏观调控手段。在中小企业融资、农村信贷和基础设施建设等领域，都伴随有地方政府担保的身影。而就司法裁判的情况而言，地方政府担保往往会被认为

---

〔28〕 参见于飞：《公序良俗原则与诚实信用原则的区分》，载《中国社会科学》2015年第11期，第151页。

〔29〕 参见王泽鉴：《信赖利益之损害赔偿》，载《民法学说与判例研究》(第5册)，北京大学出版社2009年版，第150～151页。

〔30〕 例如待批准生效的合同中，若一方积极协作可使合同被批准生效，也无其他阻碍批准的因素，却因一方违反协作的先合同义务致使合同不生效，则期待合同被批准生效后带来的履行利益应包括在赔偿范围之内。参见孙维飞：《〈合同法〉第42条(缔约过失责任)评注》，载《法学家》2018年第1期，第190页。

〔31〕 参见[德]迪特尔·梅迪库斯：《德国债法分论》，杜景林、卢谌译，法律出版社2007年版，第415页。

是违规担保，担保无效。或许正是由于担心地方政府担保会被确认为担保无效，有的地方政府专门建立了中小企业信用担保中心、创业/就业贷款担保中心/指导中心等公司，专门从事担保，或者准确地说是政策性担保。若严格按照法律教条，可能存在规避《担保法》第8条效力性强制性规定的嫌疑。因为政策性担保机构/公司进行担保活动的资金来源于地方政府的财政出资，地方政府实质相当于借助政策性担保机构/公司这一媒介或者壳，通过具体行为主体的替换实现了间接担保的目的，以迂回的手段规避法律强行规定。法律规避行为也是投融资领域的常见现象，而法律规避行为介于合法行为和违反行为之间的灰色地带，在价值判断上是为中性，不是一律无效，是否有效有赖于对法律规避行为的事实构成和所规避规范的解释。在义务人通过他人行为而逃避自身义务的场合中，需要考虑他人行为的效果是否能够归属于义务人。有时行为主体的替换可能会改变交易类型，导致行为效果并不能归属于义务人。地方政府通过组织机构健全的担保公司进行担保，实际改变了交易类型，担保效果归属于作为独立主体的担保公司，而非地方政府，因而也不宜认定担保无效。[32] 不过，现实中有的担保机构并非是具有独立法律人格的法律主体或者政策性担保公司与地方政府实际是"一套班子、两块牌子"，股东人格与公司法人人格形骸化的问题严重，公司只是地方政府手臂的延伸。在此情形中，应当将担保效果归于地方政府，地方政府才是实际担保人，从而根据法律的禁止性规定否定地方政府的担保。例如，在"六盘水市就业局诉代必才、罗永碧追偿权纠纷"案中，[33] 为代必才提供担保的六盘水市创业指导中心未办理法人登记，不是具有独立法律人格的法律主体，而是隶属于六盘水市就业局的一个内设机构。相应担保行为和效果应当归属于就业局，实际是就业局为代必才提供的担保，应认定为担保无效。然而，法院却认为当事人签订的担保合同系双方真实意思表示，且未违反法律法规的规定，合同合法有效，认可就业局承担担保责任之后的追偿权，对规避行为的事实构成未能作

---

〔32〕 例如，为规避禁止企业之间借贷的规定，企业通过利用自然人介入而实现的企业之间的借贷，法院也并未将其作为一个企业间借贷关系的合同来看待，否定该类型交易，将合同归于无效。参见董淳锷：《合法形式掩盖下的非法合同问题研究——以企业间借贷的法律规避现象为例》，载《华东政法大学学报》2014年第2期，第154页。

〔33〕 参见贵州省六盘水市钟山区人民法院(2015)黔钟民初字第2068号民事判决书。

出准确的认定与解释。

四、司法对策及政策建议

(一)司法对策

在当前的政治和社会环境中,如何治理地方债是一个亟待解决的命题。地方政府违规担保作为诱发地方债的原因之一,以及作为地方债的重要组成部分,如何治理地方政府违规担保也是其中一个重要问题。我国司法裁判本可以通过事后的裁判导向作用对地方政府违规担保提供一定的治理路径支撑,但目前我国简单明了的法律规则,在司法裁判说理论证过程中问题丛生。针对司法裁判衍生出来的系列问题,结合司法裁判的梳理与分析,需要从行为主体识别与责任承担两条路径寻求解决之道。第一,就行为主体识别而言,包括担保人识别和债权人识别两个方面。一方面,如果担保人是区别于地方政府的具有独立法律人格的法律主体,如独立的担保公司,即使担保公司的资金源于地方政府,由于交易类型已经发生改变,应认可该种担保类型的效力。如果担保人是地方政府或者是地方政府下设的不具有独立法律人格的地方政府之担保机构/公司,应当认定担保人为地方政府,根据《担保法》第 8 条的效力性禁止性规定,否定担保效力。另一方面,面对《担保法》第 8 条推定公知的规则,债权人本身就难以对担保人的担保权利产生合理信赖,尤其是对商业银行等商人债权人来说,作为老练的经济人,他们在交易中的注意义务要高于一般交易主体,构成合理信赖的条件要求较高。因此,在地方政府担保无效场合,通常不存在对债权人信赖损失的赔偿,特别是商业银行之类的商人作为债权人。第二,就责任承担而言,由于作为债权人和担保人的地方政府对现行法律规定被推定是知道的,因此在明知或者应当知道的情况下,担保人和债权人还提供担保与接受担保,双方都存在明显的过错,也难说在接触磋商过程中产生合理信赖,因而双方所受损失应当自负,而不是适用《担保法司法解释》第 7 条规定,担保人向债权人承担债务人不能清偿部分的 1/2 的民事责任。换句话说,以缔约过失责任作为理论基础的《担保法司法解释》第 7 条不能适用到地方政府担保无效的场合,作为确定地方政府民事赔偿责任的依据。该条规定作为担保人的地方政府和债权人之间对担保无效所承担责任的划分依据缺乏逻辑与理论支撑。较之法律原则上否定地方政府担保的规范态度，目前司法裁判对地方政府担保无效的责任划分反而对地方政府违规担保行为起到反向激励作用，显然不适时宜。相较而言，《关于加强地方性债务管理的意见》中的规定则更为合理。该意见规定金融机构等对于地方政府违法违规提供担保所造成的损失，应当自行承担损失。故而，在地方政府担保成立（无效）民事责任承担上，可借鉴这一规定，债权人和担保人各自承担担保无效的损失。在法律解释上，也能为该种民事责任后果提供法律依据。具言之，结合《担保法》第8条、《合同法》第52条第5款和第58条第2句的规定内容，地方政府因违反《担保法》第8条的禁止性规定，导致担保合同无效，合同无效后，有过错的债权人和担保人应当各自承担相应的责任，从而使债权人无利可图，消除对债权人接受此类担保的隐性激励。“天下熙熙，皆为利来；天下攘攘，皆为利往。”个人具有趋利避害的本性，通常能够对其自身行为将会引发的“利”与“害”作出事前的预测、分析与判断，以决定其接下去的行为方式。当债权人在地方政府违规担保中的害大于利，自然会减少今后债权人要求、接受地方政府提供担保的激励。需求端的下滑也将相应地带动供给端的下降，减少现实中地方政府的违规担保行为。不仅如此，还可以避免让地方政府承担债务人不能清偿部分的二分之一的民事责任所可能带来的执行困境。

（二）政策建议

面对当前的现状，需要进一步思考的是，社会生活中的经验现象与法律规范秩序之间的落差，不断挑战法律规范的形式理性（法律的确定性和可预测性），不禁让人怀疑法律规则是否在形式和/或理性上出了问题。从比较法观察，既有国家立法将国家机关（包括地方政府）除法定特殊情况外不得成为担保人确立为一项基本原则，[34]也有国家对地方政府担保秉持开放态度，如美国《统一商法典》第9－109条(c)项规定。在美国市政债融资过程中，常常活跃着政府担保

〔34〕 参见日本《关于限制法人对政府财政援助的法律》第3条“除了财务大臣指定的公司及其他法人债务外，政府或地方公共团体，不能为公司或其他法人的债务承担保证”，载https://go.westlawjapan.com/wljp/app/subsearch?srguid=i0ad6a4730000015ff74e5cbc6394c6bf&ds=jp_LEGISFULL_ALL;jp_PUBCOMMENT&countByColl=true&qry=%E4%BF%9D%E8%A8%BC%20#I60bf6e90137611dd84c5010000000000，最后访问日期：2017年12月30日。

的身影。[35] 由此可知,地方政府能否从事担保活动,实际取决于一国法政策的决断,相关法律规范是法政策固化后的产物。[36] 法政策如何抉择,则关乎一国的政治经济体制。地方政府债务治理通常与国家的政治体制和结构密切相关,[37]地方政府担保债务作为地方政府债务的组成部分,对地方政府担保的规制自然也无法脱离一国的政治语境。我国长期以来禁止地方政府提供担保,当然有政治因素和经济因素牵连其中。除了考虑到地方政府担保可能会损害政府职责履行和扰乱市场经济秩序之外,在我国当前的政治体制和财政制度面前,地方政府因债务过度而破产不具有政治现实性。[38] 中央政府不太可能明确表明不会对无力偿债的地方政府进行财政援助,这会诱发地方政府扩张债务的道德风险,产生地方政府对中央政府的财政机会主义行为,而且地方政府的过度支出和财政赤字会导致国家层面的支出和财政赤字的相应增加,[39]潜在的系统性风险隐患最终可能会酿成悲剧。为防止地方对中央的财政机会主义行为,避免地方债务激增,从而导致地方政府破产或者出现系统性风险,禁止地方政府的担保行为有一定的道理存在。然而,从当前的现实情况来看,有疑问的是,我国地方政府担保是否真的毫无开放空间?这需要进一步置身于我国现时的制度环境中来观察与思考。

1. 地方政府提供担保的可行性和合理性分析

考虑到我国目前政治和经济方面的制度因素、地方政府对财政有强烈的刚性需求,其负债行为在现实生活中很难被根除。[40] 有学者经过实证研究发现,地方政府在减少显性债务的同时,隐性债务(包括地方政府担保)会相应增加,

---

〔35〕 Robert S. Amdursky and Clayton P. Gillette, *Municipal Debt Finance Law: Theory and Practice*, Wolters Kluwer Law & Business, Second ed., 2013, pp. 324 – 327.

〔36〕 参见金可可:《民法实证研究方法与民法教义学》,载《法学研究》2012年第1期,第49页。

〔37〕 Richard C. Schragger, "Democracy and Debt", 121 *The Yale Law Journal* 860, 886(2012).

〔38〕 地方政府破产在我国当下政治经济体制环境中很难被认可和接受,参见洪艳蓉:《公司债券违约零容忍的法律救赎》,载《法学》2013年第12期,第42页。

〔39〕 Francesca Fornasari, Steven B. Webb and Heng-fu Zou, "The Macroeconomic Impact of Decentralized Spending and Deficits: International Evidence", 1 *Annals of Economics and Finance* 403, 404 (2002).

〔40〕 例如,我国证券监管模式改变的情况下,地方国企申请首发上市数量减少的同时,地方政府融资平台规模日益扩大,地方政府只是转换了融资渠道。参见沈朝晖:《证券法的权力分配》,北京大学出版社2016年版,第111~112页。

二者存在动态均衡。[41] 而即便有限度允许地方政府发债(《预算法》第35条第2款),地方政府担保行为并不会因此削减或消灭,美国市政债融资担保即为一例。不过,倘若地方政府作为第一债务人的发债行为都能够被有限度放开,那么解禁地方政府担保行为就有一定的理论依据作为支撑。就地方政府担保而言,不外乎两种类型:一种是为他人债务担保;另一种是为自身债务担保。一方面,在地方政府为他人债务担保情形中,地方政府只是作为第二债务人,并不必然会承担担保责任。即使履行担保责任,地方政府仍可以向被担保人(债务人)追偿。换句话说,地方政府承担担保责任与损失之间不是必然联系的。或许其中存在的担忧是,债务人对担保人潜在的道德风险。然而,这一担忧可以从防范与控制债务人道德风险的制度设计与激励方面加以解决,而不应作为否定担保的依据。现实生活中的担保行为也并未因为债务人潜在道德风险而完全消失。另一方面是地方政府为自己债务提供担保情形。从关于地方政府担保的法教义学分析来看,地方政府不仅不能为他人提供担保,也不能为自身债务提供抵押、质押等,成为自身债务的担保人。从债法原理来看,假如地方政府不能清偿到期债务,无论其财产是否用于设定担保,原则上都必须以其全部财产来清偿债务,实际承担的债务总量并未增加,只是债权人对设定担保的财产部分享有优先受偿的机会。而且在这一层面上,债务人用自身全部财产负担其债务本身就隐含有对债权的一般担保之意思。[42] 因而禁止地方政府为自身债务提供担保在一定程度上有背离债之原理和生活逻辑的嫌疑。相似地,在同样对担保有所控制与限制的公司担保场合,我国《公司法》只是控制和限制公司为他人债务提供担保(《公司法》第16条),并没有限制公司为自身债务提供担保。因此,在"举重以明轻"的法理下,既然能够有限度放开地方政府发债,那么有限度放开地方政府担保具有一定可行性。

社会现实生活中,地方政府通过建立中小企业信用担保中心、创业贷款担保中心等专门从事政策性担保的公司的规避做法,可能是在强行规定与现实发生脱节,未能满足人们的正当需求情况下产生的理性选择,不一定代表人们非理性

---

〔41〕 William Easterly, "When is fiscal adjustment an illusion?", 14 *Economic Policy* 57(1999).

〔42〕 参见王泽鉴:《债法原理》(第2版),北京大学出版社2013年版,第76页。

与对法律的无知。[43] 譬如,政策性担保通常体现了一国的宏观经济政策,能够引导资金的流通与配置,解决特定领域的融资难题,对推动经济发展和稳定社会秩序具有实益。而且政府的权力和财力来自社会及公众的权利与财产部分让渡,政府是公意的代表,服务的是社会公众利益,本身具有提供公共产品和担保公益实现的职责。[44] 从公益担保行为的实质内容来看,不符合《担保法》第8条禁止国家机关从事担保活动损害其职责履行的规范目的。因此,一概禁止地方政府担保的做法合理性不足。

生活事实所形成的逻辑不容忽视。针对当前现状,简单的规则似不足以应对现实世界的复杂性。就此而言,与其一味禁止地方政府担保,不如转变思维路径,从事前禁止转化为事前、事中和事后的监督与约束,以此来规范地方政府担保行为,把地方政府担保行为引入正确的行为轨道上。就担保原因/目的对地方政府担保行为类型化为公益/准公益担保和私益担保两种类型,对不同类型予以区分对待。对公益/准公益担保采取疏的方式,对私益担保采取堵的方式。明确类型化规制之后,要解决法律规则适用的问题。在立法论方面,需要对《担保法》第8条规定进行修改,在例外情形中加入公共利益因素,解禁地方政府的公益担保行为。不过需要注意的是,人作为理性的经济人,本身是自利的,在缺乏有效约束的条件下,人总是具有机会主义倾向。以人的集合而形成的代议制政府同样如此。与私人担保权利相区分,担保对于地方政府而言与其说是一项权利,不如说是一项权力,表现为政府对市场经济的干预。因而作为政府干预经济的方式之一,地方政府担保应当遵守市场经济的规律和规则,其权力本身需要接受约束和治理,避免扭曲市场。不能在法律规定之外设定权力与用权,要体现权力法定的基本原则。根据国家审计署公布的2016年度部分地方政府财政收支审计数据,我国地方政府债务增长速度依旧较快。[45] 为防范地方债溢出负效应,对地方债进行一定的程序控制是不可或缺的。如在美国,联邦内的州、县、市

---

〔43〕 参见苏力:《法治及其本土资源》,中国政法大学出版社1999年版,第47页。

〔44〕 参见邹焕聪:《论公私协力的公法救济模式及体系现代化——以担保国家理论为视角》,载《政治与法律》2014年第10期,第68页。

〔45〕 参见中华人民共和国审计署:《国务院关于2016年度中央预算执行和其他财政收支的审计工作报告》,载http://www.audit.gov.cn/n5/n26/c96986/content.html,最后访问日期:2017年12月30日。

和学区等的市政债融资一般需要经过一定比例的辖区选民同意或者对负债总额有所限制,[46]因而对地方政府担保行为的监督与约束也是不可或缺的。但对地方政府担保行为的监督与约束,仍不可脱离我国当前的政治制度和现实。在此基础上,结合理论和比较法经验,对地方政府担保行为的监督与约束,可以考虑从市场、政治和司法三条路径同时为之。

2. 地方政府担保监督约束机制的建议

在具体阐述对地方政府担保的监督约束机制之前,首先需要考虑由谁来充当监督、约束地方政府担保行为的主体。是居民?地方政府债权人?还是上级政府?毫无疑问,居民、地方政府债权人和上级政府都有相当的动力或者说激励去监督地方政府担保行为。前两者利益具有重叠关系,两者都会关注地方政府治理,希望地方政府财政支出受到一定程度的控制。因为对于居民而言,大多是辖区内的纳税人,地方政府利用财政资金进行担保在某种意义上是在消费纳税人的钱。如果地方政府因过度担保使财政过度透支而引发地方债务危机,由于地方政府不享有货币发行权,不能通过发行货币的方法来弥补财政赤字,那么地方政府很可能会采取削减公共产品和服务提供的方法弥补财政赤字,而受害者则是辖区居民。同样地,地方政府债权人也希望地方政府治理良好,避免地方政府过度担保加剧地方政府偿付不能的违约风险,以保证债权的顺利实现。而对于上级政府而言,地方政府担保溢出的外部性可能会影响区域政治、金融的稳定性。然而,无论是居民,或是地方政府债权人,抑或是上级政府,对地方政府担保行为的监督和约束效果可能都会不甚理想。首先,由于地方居民人数多且分散,面临着难以克服的理性冷漠和集体行动问题,存在广泛的“搭便车”现象,难以实现对地方政府担保行为的有效监督。其次,集体行动问题在地方政府债权人当中也难以避免。当前我国地方政府债务主要由地方政府债券组成,虽然从地方政府债券市场的投资者结构看,地方政府债券持有者多为商业银行,[47]但是

---

〔46〕 Christine Sgarlata Chung, "Municipal Securities: The Crisis of State and Local Government Indebtedness, Systemic Costs of Low Default Rates, and Opportunities for Reform", 34 *Cardozo Law Review* 1455(2013).

〔47〕 参见中债资信地方政府及城投行业研究团队:《2017 年地方债市场全景扫描:存量与交易篇》,载 http://finance.sina.com.cn/money/bond/research/2018-01-04/doc-ifyqinzs8651880.shtml,最后访问日期:2017 年 12 月 30 日。

商业银行可采取多样化投资组合策略、合同条款硬约束或者通过保险等方式降低债务人地方政府违约风险,只要这些方式的成本低于直接监督地方政府财政支出行为(包括担保行为)的成本即可,债权人不一定需要直接对地方政府进行监督,这会减少债权人对地方政府的监督激励。[48] 再者,在公共选择理论看来,政府自身也是自利的,是一个追求自身利益最大化的组织,因而每一级政府本质上都是一个利益集团,地方政府与上级政府之间会存在利益的分离、冲突和博弈,而且相比于上级政府,地方政府更了解本地区的信息和偏好的倾向。因此,加上两者之间存在的信息不对称现状,上级政府对地方政府相关行为的监督成本会变得非常高昂。虽然由居民、地方政府债权人或是上级政府充当对地方政府担保行为的监督、约束角色都有所欠缺,但是这不会实质影响到从市场、政治和司法三条路径对地方政府担保行为的治理建议与思考,因为仍有其他相关主体可发挥对地方政府担保行为的监督与约束作用。

(1)市场治理路径

通过有效的信息传递,市场可以反映公司的治理状况,同时反作用于公司治理。类似地,在地方政府债务治理过程中,市场是能够反映政府治理状况的晴雨表,对地方政府债务治理有着特别意义。理论上,债券市场中的信用评级机构和证券承销商等市场中介机构能够在一定程度上克服和改善集体行动问题,替代居民和债权人来监督、约束地方政府。[49] 在声誉机制的驱动下,信用评级机构和证券承销商通过收集、整理、验证与债务人相关的信息,可以及时发现并揭露债务人不当行为和不诚实的行为,确保债务人向市场披露信息的真实性、准确性和完整性,从而向投资者和居民传递出有效的市场信息,在缓和市场中存在的信息不对称问题的同时,起到私人监督的功能。[50] 对于信用评级机构而言,通过搜集分析债务人的财务记录、资信状况、持续发展的可能性、负债和治理等有关信息并提出评级报告,能够直接影响债务人的债券发行定价,甚至会影响债务人

---

〔48〕 Clayton P. Gillette, "Bondholders and Financially Stressed Municipalities", 39 *Fordham Urban Law Journal* 639, 665 – 666(2012).

〔49〕 Clayton P. Gillette, "Bondholders and Financially Stressed Municipalities", 39 *Fordham Urban Law Journal* 639, 670(2012).

〔50〕 参见[美]约翰·C.科菲:《看门人机制:市场中介与公司治理》,黄辉、王长河等译,北京大学出版社2011年版,第2~3页。

的政策选择和问责,[51]对债务人起到激励或惩罚的作用。对于证券承销商而言,在债务人的证券发行过程中,需要详细调查债务人的财务状况等信息,特别是关于债务人偿债能力方面的信息,从而保证债务人披露信息的真实性、准确性、完整性;在证券存续期间,承销商还对债务人负有持续督导的义务,加强对债务人披露信息和财务报告质量等的监督,从而一定程度上抑制债务人的道德风险与不当行为。

由上所言,目前我国地方政府债务中,地方政府债券占据了主要部分。相关数据显示,2017 年地方政府债券在地方政府债务中的占比高达 88.6%。既然地方政府进入资本市场进行直接融资,那么就应当接受与遵循市场规律和市场约束。信息披露是资本市场的根基和发展基础,旨在解决市场中存在的信息不对称问题,改善投资者对市场的信心,防止市场失灵。[52] 接受与遵循市场规律和市场约束自然包括了债务人/发行人详细披露相关信息,要求市场中介机构的参与,接受信用评级机构和证券承销商等市场中介机构的监督。地方政府担保虽然不会出现在其资产负债表上,但会在地方政府财务报告中有所反映,是信用评级机构和证券承销商等中介组织需要关注的重点事项,亦是地方政府应当披露的重要信息。因为地方政府担保可能会影响到未来地方政府的偿债能力和债权人按期收取本息的风险,进而会影响债券发行定价、融资成本和债券合同内容等方面。这就使地方政府担保暴露在市场和公众面前,避免地方政府担保黑洞,在一定程度上抑制地方政府过度担保和私益担保的产生,有利于对地方政府担保的阳光治理。然而,我国当前的五家全国性的信用评级机构性质上基本是半官方的,造成信用评级机构原本应有的市场功能也基本缺失。另外,从发行人与证券承销商的雇佣关系与付酬机制来看,证券承销商不排除被其监督对象——地方政府俘获的可能。可见我国当前的信用评级机构/证券承销商和地方政府之间可能面临着严重的潜在利益冲突问题。不过就资本市场对地方政府担保行为的治理意义和市场具有的政治维度潜力而言,正如“国家与市民社会”一样,良好的制度构建能够使资本市场与地方政府形成良好的互动关系。未来通过加

---

〔51〕 Timothy J. Sinclair, *The New Master of Capital, American Bond Rating Agencies and the Politics of Creditworthiness*, Cornell University Press, 2005, p. 113.

〔52〕 参见彭冰:《中国证券法学》(第 2 版),高等教育出版社 2007 年版,第 117 ~ 119 页。

强、完善信用评级机构和证券承销商等市场中介机构的专业性与独立性，改善可能存在的利益冲突问题，进而充分发挥市场看门人的作用，来治理地方政府担保行为，不失为一个好的选择与尝试。这一方面的潜力尚有待进一步挖掘。

(2)政治治理路径

①事前、事中的监督约束机制：正面清单制度和资金流向监测机制

在政治治理路径方面，对地方政府担保行为需要有相应的政府担保债务审查制度与之匹配，[53]这就需要建立正面清单制度。正面清单制度的逻辑起点就在于限定权力，具有规范和控制地方政府担保权的价值与作用。

正面清单制度的构建大致可以从以下几个方面展开：第一，明确正面清单的制定主体，因此由地方各级人大及其常委会制定与审议批准。对此，《预算法》第35条第2款提供了一定的法律依据。而且在我国政治语境中，各级人大及其常委会中的人大代表作为辖区选民的民意代理人，因此由地方各级人大及其常委会监督地方政府的担保行为和财政资金使用情况，是人民主权原则的体现，具有内生的正当性。同时各级人大及其常委会中的人大代表的存在部分解决了辖区居民理性冷漠和集体行动问题。第二，在地方各级人大及其常委会制定与审议批准有关地方政府担保的正面清单的过程中，可借鉴公司治理规则对地方政府提供担保的总额、单项担保数额和担保期限等作出限定。例如，在原银监会、财政部、央行等部门联合颁布的《融资性担保公司管理暂行办法》中规定，融资性担保公司对单个被担保人提供的融资性担保额不得超过净资产的10%，融资性担保公司的融资性担保额不得超过其净资产的10倍，以抑制和防范潜在风险。在地方政府担保中，亦可以对担保总额和单笔担保数额设定比例，确保地方政府担保的适度性。从经济学研究和比较经验来看，让政府债务介于某一邻域是有必要的，这既是政府债务的安全区间，也反映了政府债务的警戒线。国际上对政府的债务有着明确的警戒线规定，如《马斯特里赫特条约》和《稳定与增长公约》确定的一国政府债务警戒线指标为政府债务余额占GDP的比重不超过60%，财政赤字占GDP的比重不超过3%。为此，结合本地区实际情况（包括本

---

〔53〕 参见冉富强：《我国地方政府性债务困境解决的法治机制》，载《当代法学》2014年第3期，第54页。

地区 GDP 情况等),可首先测算与设定本地区政府债务警戒线,然后再进一步根据债务类型来设定地方政府担保的警戒线,将地方政府担保数额维持在警戒线之下,确保地方政府债务安全。第三,根据公益性和准公益性的特征明确规定被担保人、担保项目和可用于担保之财产。不过,需要认识到正面清单内容基本都是列举,周延性方面存在缺陷。因而需要根据现实环境的变迁对清单内容进行动态调整,将符合公益性和准公益性特征的被担保人/担保项目纳入名单,将不符合公益性和准公益性特征的被担保人/担保项目剔除出名单。第四,在审议批准过程中,可增加预算听证、重点审查和编制地方政府债务表等制度安排。因为地方政府提供担保会涉及不同利益群体间的利益平衡与倾斜,其决策通常是一个各方利益协调和妥协的结果,而不同利益的平衡与妥协是以社会公众的意见和诉求得到充分表达为前提的。从这一环节的价值与意义来说,地方人大及其常委会本身就带有民主的含义与因素,辅之以良好制度的构思与安排,更能够将原本黑箱式的决策形成过程暴露在社会公众与舆论面前,可以提升公民参与政治的程度,促进我国民主价值的生长。第五,设计激励机制,督促地方人大及其常委会积极行使《宪法》和《预算法》赋予的地方财政预算监督权力,约束和监督地方政府的公共财政支出行为,使地方政府隐性债务透明化、公开化。此外,在正面清单制度设计方面,也可以借鉴当前法律规定地方政府发债程序的相关做法。

此外,在正面清单制度之后,还需要建立资金流向监测机制,与正面清单制度一同形成监督约束地方政府担保的配套机制。从前述地方政府担保的司法实践情况来看,地方政府担保多发生于资金借贷的情形当中,而资金本性上具有趋利的一面。为避免产生被担保的借贷资金违规入市等情况,聚合形成资本市场泡沫,通过借助地方政府担保使地方政府担保沦落为提供规避投资范围和杠杆约束等监管要求的通道,有必要通过对被担保的借贷资金流向的监测,确保被担保借贷资金使用于正确途径。去通道、去杠杆亦是我国全面深化经济体制改革与保持金融稳定、有序发展的大势所趋。央行、证监会等部门联合发布的《关于规范金融机构资产管理业务的指导意见》中就明确提出了资本市场、金融机构去通道业务、去杠杆的要求。因而地方各级人大及其常委会还要在把握地方政府担保的风险底线的原则上,加强对被地方政府担保的借贷资金使用情况的跟踪监测,及时发现并纠正被担保的借贷资金的违规使用情况。

②事后的监督约束机制:问责制

权责一致是现代法治的一项基本原则,责任机制的匮乏容易导致权力的滥用。因此,除了事前的监督约束机制外,也需要建立与完善事后针对地方政府担保的问责机制。通过明晰角色定位、明确权利与义务以及激励机制的设计,最大限度地约束地方政府、决策者和官员的角色错位、越位、缺位和利益冲突等行为。[54] 决策者和官员要对受上述有关行为影响下做出的担保决策给地方政府和公共利益造成的损害承担责任,从而减少决策者和官员的机会主义行为与道德风险,并且责任机制的设计,不能仅限于行政责任,民事赔偿责任也可考虑包括在其中,最大化地形成责任威慑力。

(3)司法治理路径

从现代法治的另一项基本原则——权力的分权与制衡原则来看,司法权对行政权亦有监督约束作用,这在地方政府债务治理中也不例外。这方面,现今已经受到了美国学者的研究关注。通过观察破产法院和法官在市政债务调整中的角色定位,美国学者发现破产法院和法官具有促进市政治理结构改革的作用。[55] 在有关学者看来,市政债务危机并非单纯由地方政府过度支出、举债等导致地方政府收支失衡的原因所引起。相反,在更深层次上,市政债务危机通常是由于市政治理失灵所造成的,尤其是那些容忍关于公共支出效益成本不一致之财务决策的治理结构。例如,地方政府官员受政绩考核和政治晋升的影响,可能会偏爱那些短期内效益明显,却要付出长期成本的高成本项目,即所谓"短视"问题,而当前市政治理结构未能有效应对和解决短视问题。因而为根本摆脱市政债务危机与财政困境,需要实施市政治理的结构性改革。在美国联邦《破产法典》规定之下,市政申请进行债务调整,需要向破产法院提交债务重整计划,而法官并不一定要批准市政提出的债务重整计划。债务重整计划只有在"可行"的条件下才能获得批准。如果市政债务危机与困境是由当前的市政治理结构所导致的,而债务重整计划不涉及针对当前市政治理结构的改革,那么法官就不能

[54] 参见冯果、李安安:《地方政府融资平台的财政法救赎》,载《法学》2012年第10期,第20页。

[55] Clayton P. Gillette and David A. Jr. Skeel, "Governance Reform and the Judicial Role in Municipal Bankruptcy", 125 *The Yale Law Journal* 1150, 1155(2016).

够得出未解决市政治理问题的债务重整计划是可行的结论。[56] 换言之,破产法院法官可以拒绝批准一个明显没有解决市政治理障碍/失灵的债务重整计划。破产法院法官通过在市场破产程序中拒绝批准或批准市政债务重整计划的权力行使方式,能够形成一个倒逼机制,间接促使市政治理结构的改革,[57] 从而通过市政治理结构的改革,对市政公共支出和市政官员等相关行为起到监督、约束的作用。

我国司法体系中虽然不存在像美国一样的破产法院,能够在市政破产程序中起到对市政的监督约束作用,以治理市政债务危机与困境,但是在我国可通过行政诉讼的方式及其功能,实现对地方政府的监督、约束,以应对地方政府担保问题。行政诉讼通过个案审查行政行为的合法性,具有监督行政权的重要功能。我国《行政诉讼法》第 1 条规定亦开宗明义地指出行政诉讼的目的之一即为监督行政机关依法行使职权,而且规定要求保障公民、法人和其他组织的合法权益本身暗含着审查行政行为合法性的意思,两者是一体两面的关系。新一轮的行政诉讼法修改通过将受案范围扩大到行政机关的作为、不作为、事实行为以及行政机关签订、履行行政合同的行为,并确立了规范性文件的附带审查制度,体现和强化了行政诉讼所具有的监督功能。然而,从目前行政诉讼的受案范围来看,地方政府担保尚未包括在受案范围内,实践中针对地方政府担保提起的基本是民事诉讼,意味着尚难通过行政诉讼实现对地方政府担保行为的监督,而且当前法律对行政诉讼起诉人是与被诉行政行为有利害关系之人的起诉资格的设定,也阻碍了司法权对行政权的监督。[58] 因此,目前地方政府担保的司法治理途径在我国是缺失的。就司法权对行政权的监督、约束功能与意义,未来可考虑拓宽行政诉讼受案范围,将地方政府担保纳入受案范围。同时考虑到地方政府担保应当限于公益担保的定位,应当放松对行政诉讼原告起诉资格的限制,吸引公众参与。而且比较法经验表明,世界各主要国家的行政诉讼制度对原告起诉资格

---

〔56〕 Clayton P. Gillette and David A. Jr. Skeel, "Governance Reform and the Judicial Role in Municipal Bankruptcy", 125 *The Yale Law Journal* 1150, 1197(2016).

〔57〕 Michael W. McConnell and Randal C. Picker, "When Cities Go Broke: A Conceptual Introduction to Municipal Bankruptcy", 60 *The University of Chicago Law Review* 425, 474(1993).

〔58〕 参见何海波:《行政诉讼法》,法律出版社 2011 年版,第 47 页。

的规定都历经了一个“法定权利—法律上权利—利害关系人—公共利益”的逐渐放宽过程。[59] 在放宽行政诉讼受案范围和原告起诉资格的基础上,针对担保的公益性,从公益诉讼的角度构建关于地方政府担保的行政诉讼。通过将地方政府担保纳入行政诉讼,发挥司法权对行政权的监督、约束作用,及时纠正地方政府违法违规以及违反正面清单的担保行为,并追究相关者责任。

总而言之,在对地方政府担保有限度解禁的同时,也要注意可能产生的外部性。通过市场、政治和司法三条路径构建对地方政府提供担保之监督、约束机制,以在实现赋权与控权相统一的效果之余,抑制其中可能产生的外部性。

五、结语

中国的国情很复杂,一定程度地放开地方政府担保,可能会增加地方债务风险隐患,但同时这也形成倒逼机制,对我国政府、市场和司法提出了更高的治理挑战与要求,为进一步促进我国民主价值的生长、推动国家治理体系与治理能力的现代化带来一个契机。此外,以法律制度规则为核心,可向政治、经济、市场和社会等领域进一步延伸,揭示出关于地方政府担保问题的治理方法,甚至是地方政府债务问题治理的不同的改革方向与建议。我国可通过让地方政府隐性担保显性化和合理引导地方政府担保的方式,抑制地方政府违规担保行为。

(学术编辑:张志坡)

(技术编辑:王双慧)

〔59〕 参见邓刚宏:《论我国行政诉讼功能模式及其理论价值》,载《中国法学》2009年第5期,第63~64页。

《清华金融法律评论》
第2卷第2辑
第85～98页

论我国地方政府债券评级优化的法治径路

窦鹏娟*

目　次

摘　要：国际上，地方政府在独立发债前，通常应获得专业评级机构的信用评级，无评级则意味着较高的融资成本。引入评级制度原本是为我国地方政府债券注入更多法治约束，但实践中这一舶来制度在我国地方政府债券评级业务中缺乏竞争秩序，评级过程流于形式，评级结果不受信任，评级机构受地方政府干预无法独立评级，故并没有实现预期目的。优化我国地方政府债券评级的法治思路，是要解决舶来制度的水土不服问题，契合地方政府债券特质建立符合国情的评级法律制度，肃清评级干扰因素，以保护投资者为核心目的进行评级监管，最终将地方政府债券评级纳入法治轨道。

关键词：地方政府债券；信用评级；评级机构；信用风险；法治约束

---

* 窦鹏娟，法学博士、博士后，华东政法大学助理研究员，研究方向为金融证券法。

导 言

作为仅次于国债的政府融资手段,地方政府债券是解决地方政府财政收支矛盾、弥补地方财政赤字和发展地方新型城镇化建设项目的重要工具,有"银边证券"之称。与其他缺乏透明度的地方政府融资方式相比,地方政府债券有着诸多不可比拟的优势,比较适合于进行大规模的地方政府融资活动。更重要的是,发行债券融资是典型的市场行为,其所形成的市场约束和监督机制有利于提高地方政府的治理能力,能够成为推动我国财政体制改革的新动力。

一、地方政府债券评级:揭示地方政府信用风险的"晴雨表"

地方政府债券是对地方政府信用的市场化运作,而政府信用是当政府作为借贷活动中债务人一方时承诺偿还债务的能力与意愿。作为固定收益工具,〔1〕债券的主要风险源于信用风险,这与发行人还本付息的能力密切相关。存在于发行人与认购方之间的信息不对称,以及地方政府偿债资产与收入来源的不确定性导致了地方债券信用风险的产生。不同于一般上市企业,地方政府的运行通常涉及财政、金融、债务和政府治理等不同的维度和视角,因此地方政府债券风险识别有其难度,而信用评级则可以发挥信息披露、风险揭示和价格发现等方面的功能和作用。信用评级的最终目的是对债券发行人的财务状况和偿付能力给出评价,〔2〕评级结果将影响发行债券的初级市场和二级市场上的交易价格以及投资者的风险预期。可以说,信用评级是地方政府在债券市场融资的前提。〔3〕 地方政府在独立发债之前,一般应获得专业评级机构的信用评级。在国外,没有信用评级的债券一般被视为高风险债券,通常意味着较高的融

---

〔1〕 债券是固定收益工具的说法起源于其每年支付固定息票的特征。如今,债券的息票支付已经有所变化,如资产支持证券就是同一发行人发行的一系列不同档次的相关证券,每一档次支付不同的固定或浮动利息。但是通常意义上债券仍被纳入固定收益市场。

〔2〕 参见[英]莫拉德·乔德里:《债券市场导论》,杨农、蒋敏杰等译,清华大学出版社2013年版,第171页。

〔3〕 See Robert J. Rhee, "On Duopoly and Compensation Games in the Credit Rating Industry", 108 *Northwestern University Law Review*, 86(2013).

资成本。[4]

地方政府信用评级是指对地方政府所负债务能否按约如期还本付息的能力以及可信任程度的综合评估和对其偿债风险的综合分析,[5]通常包括两个方面,即地方政府主体的信用评级和地方政府所发行债券的评级。地方政府主体信用水平的考量因素很多,但主要指标包括主体的财政状况,即政府偿债能力、政府辖区内3~5年GDP水平、辖区人均可支配收入、社会消费品零售额、城镇化率、经济开放程度、资本市场发展程度、地区经济构成与产业结构等。从三大国际评级机构对地方债券评级的方法来看,[6]地方政府的最终信用评级主要受三个重要因素的制约,即所在国家的体制、地方政府自身信用水平以及上级政府的支持方式。地方债券评级的本质是对地方政府及其所发行债券信用风险程度的综合分析,其主要影响因素包括宏观经济、财政管理体制、地方经济的增长与发展以及地方政府的财政状况等。

在债券市场发展的初期,信用评级其实带有很大的偶然性。美国、日本等国起初对地方债券并没有信用评级的强制性要求。20世纪30年代美国经济大萧条时期,大量市政债券违约,其中将近一半是被穆迪公司评定为AAA级,即最高信用等级的市政债券,评级在AA级以上的市政债券更是占到了违约的80%左右。一位评级机构创始人曾用"表面化和无经验"来评价当时市政债券评级的主要特征。[7] 日本的地方债券最早可追溯至明治初年。日本早在1879年便确立了"举借地方政府债必须通过议会决定"的原则,其地方债券包括地方公债和公共企业债两种类型,前者为日本地方债券制度的主体。作为单一制国家,日本对各地方政府举债实行严格的协议审批制度,同时对地方债券的发行进行计划管理。严格来讲,日本的地方政府公债并不是市场化运作的债券类型,其发债的规模与利率也并未采取市场化渠道来实现,因此不存在真正意义上的地方债券评级。

2008年国际金融危机之后,由于地方债券违约率的上升,为了提高地方债

---

〔4〕 参见马骏:《以市政债制度硬化地方政府预算约束》,载《新金融》2014年第7期,第15页。

〔5〕 参见李振宇、李信宏、邵立强:《资信评级原理》,中国方正出版社2003年版,第4~7页。

〔6〕 穆迪(Moody's Investors Service)、标准普尔(Standard & Poor's)和惠誉(Fitch Ratings)并称为国际评级行业"三巨头",即三大国际评级机构。

〔7〕 参见杨萍:《国外地方政府债券市场的发展经验》,载《经济社会体制比较》2004年第1期,第138页。

券的公众认可度,在美国和日本的地方债券市场上进行信用评级的债券比例大幅增加。例如,2011 年美国当年发行的经三大评级机构评级的地方债券期数占当年发行总量的 80%,而日本 2012 年 52 个发行市场公募债的地方政府中约 48%进行了信用评级,有 5 个地方政府甚至采用了双评级。美国在实行了债券信用等级制度后,许多影响州和地方政府负债的因素都被综合纳入了信用等级评价中,使美国市政债券的利率与债券信用等级密切相关,各州和地方政府也因此十分重视信用等级。

从国外地方债券发展的经验来看,信用评级法律制度对于客观真实地反映地方政府的信用风险特征,提高地方政府的信息公开及其透明度,将地方政府举债融资的行为活动置于市场的广泛监督之下有着极大的促进作用。

二、我国地方债券评级中的现实问题:舶来品的本土“不服”现象

2014 年 5 月,我国地方债券自发自还试点正式启动。根据《2014 年地方政府债券自发自还试点办法》,试点地区要开展地方政府债券信用评级,[8]这是我国地方债券体系首次引入信用评级制度。2014 年 6 月,财政部发布《关于 2014 年地方政府债券自发自还试点信用评级工作的指导意见》,为地方债券的信用评级制定了总体框架。然而,信用评级制度在我国地方政府债券领域的引入似乎“水土不服”,滋生了不少现实问题,引发了人们对地方债券评级的广泛质疑。

(一)地方债券评级业务竞争失序

在国际评级业务中,评级费用通常相当高昂。例如,在欧洲地区,通常评级的基础价格为 2 万欧元起,如果再加上和发行量有关的报酬以及每年的费用,则可能更高。高昂的评级费用使信用评级几乎成为一项奢侈的业务。[9] 但这一情况在我国却发生了一些反差,我国的一些评级公司甚至愿意以远低于评级机

---

[8] 关于信用评级的规定体现在第 6 条和第 7 条。其中第 6 条规定:“试点地区按照有关规定开展债券信用评级,择优选择信用评级机构。试点地区与信用评级机构签署信用评级协议,明确双方权利和义务。”第 7 条规定:“信用评级机构按照独立、客观、公正的原则开展信用评级工作,遵守信用评级规定与业务规范,及时发布信用评级报告。”除了这两条以外,《2014 年地方政府债券自发自还试点办法》第 22 条还作出了试点地区应将本地区政府债券信用评级等有关规定及时报财政部备案的规定。

[9] 参见[德]乌尔里克·霍斯特曼:《评级机构的秘密权力》,王煦逸译,上海财经大学出版社 2015 年版,第 27 页。

构招标预算的价格中标地方债券评级选题。例如,2015 年 3 月东方金诚国际信用评估有限公司(以下简称东方金城)就以 5 万元人民币的低价中标安徽省政府债券评级项目,而 2015 年安徽省政府债券信用评级机构招标项目在竞争性磋商中给出的预算为 55 万元,东方金城的最终中标价远远低于该预算。同年 4 月,东方金城又以 8 万元的低价中标山西省政府债券评级项目。据评级行业业内人士的说法,我国一般工商企业的评级收费通常不低于 25 万元,5 万 ~8 万元的评级费用"有可能连评级人员的差旅费用成本都无法覆盖"。[10]

我国评级市场是在 21 世纪初开始逐渐活跃起来的,但这一市场在活跃的同时也比较混乱,低价、恶性竞争的情形屡见不鲜。随着我国地方债券市场的迅速发展,评级机构之间对地方债券评级的竞争也越发激烈,而"价格战"成为从众多竞争者中胜出的制胜秘籍。然而,从经济学角度来看,任何通过不公平地减少竞争对手业务以达到抑制其发展目的的评级行为都是不当竞争行为。[11] 低价竞争破坏了评级行业的内在平衡,导致地方债券评级秩序无从建立。

(二)地方债券评级过程流于形式

评级机构为何不惜以低于评级成本的价格中标地方政府债券评级项目?一种较为普遍的看法是,我国地方政府违约的概率极低,地方政府债券是一个违约风险非常小的金融产品。相对于其他信用债的发行人而言,地方政府往往拥有更多的资金及资源优势,其偿债能力一般是有保证的,我国地方政府债券发行至今从未有过违约案例。尽管对于地方政府举借的债务,国务院明确表示中央政府将实施不救助原则,[12]但事实上作为单一制国家,我国不可能存在真正意义上的"地方自治",我国各级政府之间责任的独立性其实相当微弱。[13] 在地方债的问题上,实际上很难彻底改变或消除中央政府的隐性担保和兜底责任。在这

---

〔10〕 参见张莫、赵婧:《地方债评级乱象丛生 政府甩卖中介公司成利益"掮客"》,2015 年 4 月 23 日,载新华网:http://news.xinhuanet.com/fortune/2015-04/23/c_127722352.htm,最后访问日期:2017 年 8 月 17 日。

〔11〕 参见高汉:《金融创新背景下的信用评级及监管的法律经济学分析》,法律出版社 2012 年版,第 142 页。

〔12〕 参见 2014 年 10 月 2 日国务院发布的《国务院关于加强地方政府性债务管理的意见》(国发〔2014〕43 号),其中规定,"要硬化预算约束,防范道德风险,地方政府对其举借的债务负有偿还责任,中央政府实行不救助原则"。

〔13〕 参见黄韬:《央地关系视角下我国地方债务的法治变革》,载《法学》2015 年第 4 期,第 30 页。

样的央地关系下,地方债券违约的概率自然极低。信用评级原本的目的是揭示风险,但对于违约概率极小的产品,由于无须担心违约的后果,评级机构自然也无须对评级过程支付太多成本,只要能给出一个让各方满意的评级结果。无论是作为债券发行人的地方政府,还是承销地方债券的金融机构,对于评级结果的期待远远大于评级过程本身。

前文提及,地方债券评级需要诸多因素的参与,其中最关键的当属地方政府的财政经济实力。在评级前,评级机构需要通过各种公开渠道收集地方政府在财政、经济及金融等方面的信息,但这种信息收集的结果往往并不理想。开始评级后,地方政府提供给评级机构的信息一般也不会超出公开的范畴,而对评级至关重要的政府资产负债表几乎处于"缺席"的状态。参与地方债券评级的分析师表示,偶尔能见到地方政府的资产负债表简直就是一种"惊喜"。资产负债表的缺失使评级机构在地方债券评级中不得不降低对资产因素的考虑,在所采取的评级方法体系中也往往不将资产负债表作为评级的必须材料。全球评级权威机构标准普尔早在1980年就发布报告称,现金制基础的财务报告无法为债券评级提供所需信息,资产负债表的"缺席"会对债券评级产生负面影响。缺少评级所需的关键信息,又被要求必须给出一个评级结果,因此评级机构对地方债券评级的过程只能是"走个过场",给各方一个满意的结果,评级的象征意义更大于实质意义。

(三)地方债券评级结果不被信任

在市政债券的起源地美国,其信用评级的分布结果通常呈现标准的正态分布,级别中枢为AA-A,不同行业所表现出来的信用级别也呈现出一定差异。相比之下,我国地方债券评级的结果无疑过于"完美"。2014年我国自发自还地方债券的最终评级显示,10个试点省市地区的评级结果全部为最高信用级别AAA级。这种丝毫不能体现发债主体所在地区以及财政经济差异性的评级结果自然引发了市场的一片哗然。2015年3月,财政部发布了《关于做好2015年地方政府一般债券发行工作的通知》,其中提出了"规范开展一般债券债项信用评级工作"的要求,规定一般债券信用评级的等级划分为三等九级,以符合AAA、AA、A、BBB、BB、B、CCC、CC、C来表示,另外还提出AAA级可用"-"符号进行微调,表示信用等级略低于本等级;AA级至B级可用"+"或"-"符号进行微调,表示信用等级略高于或低于本等级。这可以视为财政部对地方债券信用评级遭遇市场质疑的一种回应,也是对评级机构开展地方债券差异化评级的一种引导。但遗憾的是,2015 年共 34 个发行主体发行的地方政府一般债券评级结果仍均为 AAA 级。2016 年地方政府一般债券的发行主体增加至 35 个,而评级结果依然全部为 AAA 级,没有发生地方债券级别调整的情况。我国地方债券评级依旧未能走出无差异评级的套路。

如果说首批试点的 10 个省市地方政府均具有较强的偿债能力和财富创造能力,故能够获得最高信用评级,这种解释尚有一定道理。但当发债主体几乎扩大至全国范围的省、自治区、直辖市以及计划单列市后,地方债券的评级结果仍然全部为 AAA 级,这一评级结果则过于"完美"。事实上从各种数据来看,一些地方政府的财政经济状况其实是十分令人担忧的。2013 年的审计结果显示部分地方政府的负债率已经超出了国际警戒线。除宏观经济和财政管理体制等共同因素外,各地方政府所在区域的经济发展与财政状况往往大相径庭,但所获评级却皆为最高的 AAA 级,这种毫无差异的地方债券评级结果自然难以取信于人。

(四)评级机构沦为地方政府"合作伙伴"

评级机构是地方债券的主要参与者,其主要责任是作为独立第三方对地方债券进行评级,保证评级结果的客观公正性。作为一种信息中介,评级机构还可以代替投资者充当被评级对象监督者的角色。通过对被评级对象的信息甄别,评级机构给出信用评级的结果,投资者将该评级结果作为了解被评级对象的重要信息渠道,正因如此,评级机构通常被视为外部的"守护人"而在金融市场占据重要地位。

引入评级制度本意是为我国地方债管理注入更多法治约束力量,使地方债券的运作机制更加公开透明,但尴尬的是目前我国地方债券评级距离这一预期目的似乎颇为遥远。丝毫不能体现地区差异性的地方债券评级不仅饱受市场质疑,还被贴上了"花瓶""走过场"等负面标签。事实上,信用评级结果的公正性与评级机构的独立性问题一直相伴而生,对评级结果的质疑不只发生在我国,也不只限于地方债券,这是全球信用评级行业面临的一个共同现象。只不过,这一问题在我国地方债券评级中表现更为突出。正如财政部一位官员所说的那样,“……地方政府花钱请评级公司评级,评级结果不如政府预期后,就直接干预评级公司,评级公司则上调了评级”。[14] 目前我国虽有50余家评级机构,但除在国内影响力较大的“五大”评级机构外,[15]其余评级机构多属于地方性小公司,在全国缺乏广泛的影响力,其多依赖于地方或部门保护主义的庇护而生存。为我国地方债券评级的皆为本土的评级公司,面对强势的地方政府和出于对日后业务的顾虑,评级机构不敢不看政府眼色,本应作为独立第三方的评级机构实际上变成了地方政府的合作伙伴。

三、优化我国地方政府债券评级的法治之路:舶来制度如何在本土“重生”

信用评级制度的优劣对于地方债券市场发展的影响究竟有多大?对此印度或许可以作为我们的反面教材。印度市政债券市场创建于20世纪90年代末,然而经过十余年的发展,与企业债券市场相比,这一市场并没有呈现出快速增长的态势,至2010年其市场规模仅占企业债券市场的0.1%。投资者视市政债券为投资陷阱对其敬而远之,除了印度政府推动力不足之外,一个至关重要的原因就在于印度市政债券市场缺乏能够令人信服的信用评级环境与标准。[16] 由于缺乏专业性与公信力,印度市政债券的信用评级无法赢得投资者的信心,吸引不到投资者的市政债券市场自然无从发展。我们应吸取印度市政债券市场的教训,避免信用评级成为制约我国地方债券市场发展的制度短板,着力于从法治层面优化地方债券评级制度,从而使这一舶来制度得以在本土重新获得生机。

(一)建立区别于企业债券且符合国情的地方债券评级法律制度

无论是发行主体,还是债券所涉及的信息披露,地方债券与企业债券都存在重大区别,二者的发行基础、发行主体对评级机构的影响能力以及评级体系对国家行政体制的考量都迥然不同。地方政府的运行涉及财政、金融、债务以及政府治理等不同维度和视角,这导致地方债券风险的识别较之企业债券更为复杂。

---

[14] 陈益刊:《地方政府信用难评 评级机构如何拿钱不手软》,2014年6月10日,载第一财经网:http://www.yicai.com/news/3910627.html,最后访问日期:2017年8月19日。

[15] “五大”评级机构是指大公国际资信评估公司、上海新世纪资信评估投资公司、联合资信评估公司、中诚信国际信用评级公司以及东方金诚国际信用评估公司。

[16] 参见林力:《地方政府市政债信用评级制度研究:印度的经验与启示》,载《地方财政研究》2015年第7期,第93页。

地方债券评级的作用是减轻投资者与作为发行人的地方政府之间的信息不对称问题,揭示存在于地方债券中的信用风险,对于债券利率的确定发挥着参考性功能而不是定价的作用。尽管评级机构对于地方债券通常采用打分的分析体系,但这只是指评级方法所采取的具体手段,打分只是标识地方债券的风险大小,地方债券评级的本质在于对地方政府及其债券信用风险进行综合分析。

我国关于信用评级的法律规则零散地分布在《证券法》《公司法》《企业债券管理条例》《可转换公司债券管理条例》《贷款通则》等法律法规中。其中,那些由各自主管部门发布的部门规章和操作指引在标准和规则方面各不相同,通常仅适合于本部门所管辖的单一金融产品的信用评级业务,对于地方债券评级并不适用。目前,我国关于地方债券评级的法律依据主要是财政部发布的一系列规范性文件,主要包括《地方政府一般债券发行管理暂行办法》《地方政府专项债券发行管理暂行办法》,以及财政部自 2014 年以来发布的关于地方债券的一些指导意见、工作通知等文件。这些部门规章和文件构成了我国地方债券评级的基本规则,但还远不能被称为地方债券评级法律制度。源于制度的缺失,地方债券评级一方面是"摸着石头过河",[17]另一方面只能将企业信用评级的相关规定简单嫁接于地方债券。

地方债券反映的是地方政府与投资者之间的债权债务关系,承担还本付息责任主体的是地方政府。然而我国没有政府破产法,也不允许地方政府破产,企业债券评级中采用的违约概率、损失率与级别对应关系不宜适用于地方政府。地方政府评级更多是相对评级的概念,不能仅依据 GDP、财政收入、经济发达程度等进行简单排名,而应在考虑宏观经济形势、财政管理体制的基础上,综合分析地方经济、财政、债务、信息质量、支持力度等多种因素,最终评定地方政府及其所发行债券的信用质量。宏观经济对应的是系统性风险,地方经济对应结构性风险,在地方债券评级中分析宏观经济是为了清楚是否存在系统性风险以及这一风险对地方经济的影响。对地方经济增长实力与发展前景的分析是为了确

〔17〕 杨珊:《论地方政府信用评级法律制度建设》,载《西南交通大学学报》(社会科学版)2014 年第 5 期,第 122 页。

定地方政府的财政实力与质量，而这则决定了地方政府的债务偿还能力和意愿。[18]

从国际三大评级机构对于地方政府的评级方法来看，所在国家的体制、地方政府自身的信用水平以及上级政府的支持方式是决定地方政府最终信用评级的核心要素。以标准普尔对美国以外的地方及地区政府进行信用评级所采用的LRG评级办法为例，首先对适用于特定层级地方政府的财政体制进行评分，然后结合基于定性和定量要素得出的地方政府个体信用特征，根据信用等级矩阵表来获取地方政府的指示性级别。在此基础上再考虑一些调整因素的影响，从而获得地方政府的最终评级。目前我国信用评级机构对地方政府评级采用的也是类似方法。但是，由于我国的行政体制和财政管理体制有其自身的特殊性，在评级时涉及的评级要素可能更加复杂，因此完全套用国外评级机构的评级方法显然不可取。例如，评级机构进行客观评级的重要依据是被评级主体的资产负债情况，然而在我国当前地方政府资产负债表未完全公开的情况下，评级机构作出科学合理的评级显然还缺乏足够的信息支持，在此情形下，就需要结合我国的具体情况摸索出更加符合我国地方债券的评级方法。目前，财政部正着力于督促地方政府建立起权责发生制的综合财务报告制度，未来评级机构应该将地方政府综合财务报告制度作为对地方政府及其所发行债券进行评级的重要基础。具体而言，对于地方政府一般债券，应将地方政府债务负担、债务结构、整体的社会经济环境、预算政策的稳健性和管理能力、地方政府的税收收入以及构成比例等作为评级的重要指标；对于地方政府专项债券，则主要从项目未来收益的稳定性和可靠性等方面进行评级。[19]

（二）肃清地方债券评级中的干扰因素保障评级的客观公正性

在我国，地方债券评级的客观公正性除了受到评级机构的利益冲突影响外，地方政府利用强势地位干预评级结果是实践中不可忽视的干扰因素。如何清除这种干扰，使评级机构仅根据被评级对象的客观情况作出公正合理的评级，对此

---

〔18〕 参见朱荣恩、郭继丰、郑宇：《地方政府债券信用评级的探索》，载《金融时报》2014年8月25日，第9版。

〔19〕 参见李经纬、唐鑫：《中国地方政府债券发行制度设计思考——基于国际经验和新经济社会学视角》，载《社会科学家》2014年第6期，第54页。

可以尝试从以下方面突围。

1. 路径之一:双评级制度及其可行性分析

双评级制度在国外的市政债券市场应用较为普遍。以美国为例,在市政债券发行前一般要经过一家甚至几家具有专业资质的评级公司对发行人的债务偿还能力和信用状况进行评级,且要定期发布跟踪评级报告。研究表明,在1986~2002年美国发行的66,820只无担保市政债中,大约1/3都采用了双评级。[20] 双评级制度的优势在于能够促使不同评级机构尤其是不同收费模式的评级机构发出不同的声音,给投资者提供更为客观的投资参考。双评级制度所带来的评级结果的区分性对矫正我国地方债券评级"千篇一律"的状况似乎特别对症。但实际上笔者的态度并不乐观。因为双评级无法从根本上解决地方政府利用行政权威干预评级机构的可能性,也不会化解评级机构在地方债券评级中的利益冲突,除了徒增地方债券的发行成本外双评级并不会使评级结果得到根本改观。

2. 路径之二:建立评级机构与被评级对象的隔离机制及其可行性分析

评级机构的独立与公正是确保评级结果真实性的关键因素。针对我国地方债券评级结果无区分性的现象,有业界人士建议"委托第三方进行交易,由被评级单位将费用交给财政部,由财政部委托评级机构进行评级,避免利益上的牵扯"。[21] 这种将评级机构与被评级对象隔离开来,避免双方直接接触的建议,在一定程度上能够减轻评级机构被地方政府"绑架",产生严重利益冲突的问题,虽不失为一条好的建议,但能否达到预期效果还决于财政部能否坚守中立身份、不插手评级结果,以及被委托的评级机构不被"公关"的可能性。评估机构的独立性是地方政府债券发行的制度要求。保证评估机构不被地方政府利益集团俘获,需要周全的法律制度与细致的规范。[22]

3. 路径之三:非营利性评级活动及其价值分析

在信用评级领域,除了专业的评级机构外,一些学术机构也有类似的评价活

---

〔20〕 参见杨勤宇、张天硕:《地方政府债券信用评级制度构想》,载《金融市场研究》2011年第11期,第42页。

〔21〕 梁发芾:《地方政府信用评级如何取信于人》,载《中国经营报》2014年6月16日,A13版。

〔22〕 参见李晓安:《地方政府债券发行的法律约束分析》,载《人民论坛》2013年第18期,第59页。

动，如中国社科院地区金融生态环境评价体系、北京大学地方政府评级体系、清华大学市级政府财政透明度评价体系等。[23] 这些学术机构所开展的地方政府评价在内容上多属于财政运行情况的分析研究，尚不能将其归为债券评级的范畴，但可以为了解地方政府风险提供一定的信息参考。况且，作为一项复杂的系统性工程，地方债券评级也需要学术机构在技术、人才、经验、数据等方面长期持续的投入。国际上也存在学术机构成长为评级机构而后被纳入评级监管范畴的先例，如国际非营利性信用评级机构（INCRA）、新加坡国立大学风险研究院（RMI）等。相比于专业评级机构，学术机构的评级研究较少受利益冲突困扰，因此在评级的独立性上更胜一筹。

4. 其他可能途径

国内评级机构一来受地方政府干预和影响难以保持独立性，二来其评级经验相对不足，缺乏公信力，即便评级真实客观也难以被普遍认同。对我国地方债券而言，改善评级结果的另一种可能途径是在确保国家安全的前提下，考虑适当引入国际评级机构对地方债券进行评级。引入国际评级机构对地方债券进行评级并不一定导致"引狼入室"和造成主权丧失的结果。国际三大评级机构已经对美国之外的很多地方政府进行了评级，这并没有造成不可收拾的后果，这些评级的权威性也受到了市场的认可。对我国而言，引入国外评级机构不仅有利于克服国内评级机构容易被地方政府"俘虏"致使评级失真的现象，更重要的是可以给国内评级公司一定的危机感，使其形成竞争意识，通过不断学习和改革提高评级业务水平。

另外，改进评级机构的选择机制也有利于改善我国地方债券的评级状况。目前，财政部对地方债券评级虽规定了按照市场化原则，"从具备中国境内债券市场评级资质的信用评级机构中依法竞争择优选择一家信用评级机构"，但关于如何

---

〔23〕 早在2005年，中国社科院就成立了一个研究中国城市金融生态的课题组。在此基础上，中国社科院金融研究所与中债资信合作，开始展开地方政府债券评级研究工作。在此合作基础上，中债资信借鉴国际评级机构的经验，同时考虑中国地方政府的特殊性，初步构建了中国地方政府信用评级体系框架。中国社科院金融研究所还与中债资信联合推出了《中国地方政府信用评级模型研究》，对国内30个省份的可支撑债务规模进行了计算，并在综合考虑地方经济、财政收支、政府治理和债务状况等指标的基础上对2009年国内30个省份的信用水平进行了排名。参见贾雪：《地方政府信用评级：不太成熟，但可参考》，载《中国经济周刊》2013年10月28日，第59～61页。

“依法竞争择优选择”并没有具体的标准，现实中反而出现了评级机构恶性价格竞争的现象。我们可以借鉴国外经验，由地方债券监管部门成立基金会，建立起评级机构评价机制并以此作为选择评级机构的依据，地方债券的级别可向基金会征求意见，这样既可以避免地方政府对于评级结果的干预，也利于评级机构的优胜劣汰和评级质量的提高。监管部门亦可采取随机抽取的办法，在有资格的评级机构中确定最终的评级公司，这样也有助于减轻地方债券评级中的“寻租”现象。[24] 此外，也可以考虑采取地方债券评级轮换制度，使同一评级机构对于地方政府评级的最高年限不超过所发新债券的存续期，以避免出现评级捆绑的情形。[25]

（三）确立以投资者保护为核心目的的地方债券评级监管体制

作为评级产业发展的后起之国，我国应吸取其他国家因评级监管宽松造成的教训。当然，如何建立和完善我国的信用评级法律监管是另一个研究主题，囿于篇幅和主题的局限，笔者在此无意深究，仅打算就如何改进我国地方债券评级监管问题进行探索。

在我国，由于金融监管整体采取分业监管的模式，对于评级机构的监管通常是由负责某一项金融业务监管的主管机构在各自主管的范围内确定监管的目标与内容，因此在不同行业以及不同的市场交易阶段，评级机构可能会面临不同部门甚至多个部门的监管。由于不同监管部门的监管标准不一，评级机构的合规成本因此增加，监管的效率也受到影响。我国地方债券评级由财政部主导，但是财政部对于评级机构的监管却缺乏权力。导致我国地方债券评级乱象的重要原因之一在于地方政府施加于评级机构的压力。财政部虽然没有直接监管评级机构的权力，但却可以通过对地方政府在评级活动中的行为动向的监管与约束，实现对地方债券评级的间接监管。另外，应该在评级机构的监管部门与财政部之间建立起有效的沟通机制，使各方能够对地方债券评级监管中的问题及时协商解决。

为了达到更好的监管效果，应该将我国地方债券评级监管的重心放在利益冲突、评级机构竞争、评级机构的独立性以及信息披露四个方面。在利益冲突监

---

〔24〕 参见杨珊：《论地方政府信用评级法律制度建设》，载《西南交通大学学报》（社会科学版）2014年第5期，第125页。

〔25〕 参见杨勤宇、张天硕：《地方政府债券信用评级制度构想》，载《金融市场研究》2014年第11期，第42页。

管方面，主要是对发行人付费模式下评级机构是否会出现为“取悦”发行人而导致评级失真的行为进行监管。关于评级机构的竞争，监管的重点是防止当多家评级机构竞争地方债券评级业务时发生恶性的价格竞争。对于评级机构独立性方面的监管，是指尽力消除影响评级机构独立开展评级业务的干扰因素。在我国，这种干扰因素主要来自被评级的地方政府施加给评级机构的压力。最后，地方债券评级监管的重中之重，是对评级机构应披露信息的监管，以及关于这种信息交流通道的建立。例如，欧美国家对于市政债券市场信用评级的监管理念表现为交流、互信、合作，评级机构可以通过构建有效的评级信息可访问性交流平台，为投资者提供客观真实的评级数据，从而实现保护投资者权益和维护市场稳定的目的。[26]

对地方债券评级进行监管是为了规范评级机构开展的地方债券评级业务，减轻其中的利益冲突问题，保持评级机构的独立性，评级监管的这些目的都是实现评级结果的公正、客观和准确性。评级结果的最终用户不是地方政府，在一定意义上地方政府只是因强制性的信用评级要求而被动接受评级，即便在主观上愿意被评级但参与评级的目的是债券融资的便利。评级结果的最终用户当然也不是监管部门，监管评级机构只是监管者的一项职责，其监管的目的是维护市场秩序、保护投资者。评级结果的最终用户是地方债券的购买者。尽管在现行付费模式下，债券持有人无须为取得评级信息付费，但是他们的确是这种关于债券违约风险“专家意见”的忠实“用户”：尽管一再被强调评级机构的评级“意见”不是关于债券的买卖建议，却对投资者的投资决策起着决定性作用。所以，地方债券评级监管的核心目的，应该是通过监管肃清地方债券评级中的乱象，敦促评级机构提高评级质量，使投资者成为评级监管的真正受益者，保护投资者的合法权益。

（学术编辑：沈朝晖）

（技术编辑：党英伦）

---

〔26〕 参见林力：《地方政府市政债信用评级制度研究：印度的经验与启示》，载《地方财政研究》2015年第7期，第95页。

《清华金融法律评论》
第2卷第2辑
第99～113页

审计监督在规范地方政府债务管理中的作用研究

周晓亚　万晓萌*

目　次

摘　要：作为经济监督的重要组成部分，审计监督具有信息甄别和风险预警的功能，在规范地方政府债务管理，防控和化解债务风险中发挥着先导作用。本文通过剖析审计监督的具体功能，来厘清其在地方政府债务管理中所扮演的角色，继而在系统地梳理审计机关针对地方政府债务所开展的审计工作脉络、归纳审计结果中揭示的重点问题和案例、介绍审计机关与其他部门间的协作等基础上，勾勒了审计监督的框架。最后针对存在的问题，提出了针对性的政策建议。

关键词：审计监督；地方债管理；信息甄别；风险预警；实践

---

* 周晓亚、万晓萌，中国财政科学研究院博士后。

一、研究背景

改革开放40年来,伴随经济的飞速发展,承担发展经济和公共产品供给等多重职能的地方政府积累了规模庞大的各类债务。财政部数据显示,截至2018年10月末,全国地方政府债务余额已达18.40万亿元,此外还有一定规模的隐性债务。地方政府的债务风险是指地方政府未来拥有的公共资源不足以履行其未来应承担的支出责任和义务,以至于经济、社会的稳定与发展受到损害的一种可能性。[1][2] 防范化解重大风险攻坚战作为"三大攻坚战"之一,其中一个重要内容就是要有效防控地方政府债务风险。

构建较为完善的地方债管理体系是有效管控债务风险的必要举措。一个完整的地方债管理机制通常主要包括规模控制、预算管理、风险预警、应急处置和监督问责等部分。[3] 其中的核心环节之一就在于对地方债数据等信息的真实性进行甄别,并及时提供债务风险的预警信息,而这些信息也正是应急处置和监督问责的重要基础。国家审计是国家治理的重要组成部分,作为国家经济与社会运行的"免疫系统",是国家治理这个大系统中内生的具有预防、揭示和抵御功能的"免疫系统",[4] 其重要功能即体现于信息甄别和风险预警,[5] 进而在国家经济安全方面发挥监测、预警、抵御和修复等作用。[6]

在全面深化改革和经济"新常态"的背景下,分析我国审计监督在规范地方政府债务管理中的具体功能和实践历程,总结存在的问题并提出针对性的建议,对于打好防范化解重大风险攻坚战、提升地方政府债务的治理水平有着重要的

---

〔1〕 参见杜威、姚健:《地方政府债务风险——基于可持续性研究》,载《东北财经大学学报》2007年第5期,第43页。

〔2〕 参见江俊龙、邹香、狄运中:《我国地方政府债务及其风险控制研究》,载《经济问题》2011年第2期,第32页。

〔3〕 参见安立伟:《中国地方政府性债务科学化管理研究》,财政部财政科学研究所2013年博士学位论文,摘要第2页。

〔4〕 参见刘家义:《论国家治理与国家审计》,载《中国社会科学》2012年第6期,第66页。

〔5〕 参见宋夏云、马逸流、沈振宇:《国家审计在地方政府性债务风险管理中的功能认知分析》,载《审计研究》2016年第1期,第45页。

〔6〕 参见蔡春、李江涛、刘更新:《政府审计维护国家经济安全的基本依据、作用机理及路径选择》,载《审计研究》2009年第4期,第9页。

研究意义。

二、审计监督的具体功能

地方政府债务审计是一种独立的经济控制机制，通过监控财政资金的运行情况，来维护国家财政金融安全。其具体功能主要体现在信息甄别和风险预警两个方面。[5]

(一)信息甄别功能

信息甄别功能主要体现在以下三个方面：

一是数据获取。由于地方政府性债务数据等信息生成的非连续性、统计口径不一致性，导致外部信息使用者(包括政府有关部门、金融机构、投资者和社会公众等)很难直接得到完整和真实的债务数据，这严重制约了政府性债务管理工作的正常开展。通过专项调查和常态化审计，能够及时获取较为完整的地方政府性债务情况的相关信息，促进地方政府性债务信息的数据库建设，其内容包括地方政府性债务的规模和结构、增减变化、责任主体、资金来源和负债资金投向等。

二是数据分析。数据获取之后，审计人员可以采用专业方法，对地方政府性债务数据等信息进行计算、核实与评价，其信息来源更为全面，包括财政部门内部编报的数据、金融机构的统计数据以及国家审计机关专项调查获得的数据，并做到“三方印证”。通过数据分析，审计机关可以对地方政府性债务规模和结构等信息的真实性进行鉴证，进而不断完善地方政府性债务信息数据库。

三是信息反馈。在完成上述基础工作后，审计机关可以选择合适的时机和方式，将经核实后的地方政府性债务数据等信息报送给各级人大、地方政府部门等，条件成熟时将地方政府性债务信息向全社会公开。

信息甄别既反映了国务院有关部门和地方各级政府贯彻落实党中央、国务院有关要求，加强政府性债务管理，清理规范地方政府融资平台公司等方面所采取的措施、取得的成效和存在的问题，又能够发现政府性债务举借、管理和使用中出现的新情况和新问题，有助于发挥上级和社会的监督效力。

(二)风险预警功能

风险预警功能主要体现在以下四个方面：

一是风险识别。风险识别是指审计机关在信息的收集和核实的基础上,对我国地方政府性债务风险进行正确界定和合理归类。通过常态化审计和专项调查,审计机关可以获取地方政府性债务的规模、种类、期限、利率、已担保债务、逾期债务、每年还本付息额,以及地方政府 GDP、财政收入和综合财力的存量和流量数据。以此为基础,对我国地方政府性债务风险的种类和成因进行分析。

二是风险评估。风险评估是指审计人员在指标选取和权重赋值的基础上,对地方政府性债务风险的审计预警模型进行构建和优化,以此为基础对地方政府性债务风险进行动态评估。其中审计预警模型的构建是关键,其工作流程包括:审计预警指标的选取和提炼(定量指标和定性指标)、审计预警指标的权重赋值(主观赋权和客观赋权、线性赋权和非线性赋权等)、地方政府债务风险审计预警模型的构建与优化。

三是风险报告。风险报告是指在风险识别和风险评估的基础上,国家审计机关可以向各级政府部门定期提供地方政府性债务风险的审计预警报告,其内容包括被审计单位的基本情况、债务风险的种类、预警指标值以及风险级次等。如有必要,审计机关也可以针对各级政府在债务管理及其风险控制中存在的问题及改进建议与政府部门进行有效沟通,及时提示风险。

四是动态反馈。国家审计机关可以从外部实时监控地方政府性债务风险状况,并动态地提供债务风险的审计预警信息。现代管理信息系统的广泛应用,也便利了审计风险预警作为一种常态化机制在各级审计机关中的运行。

审计的信息甄别和风险预警功能,对于及时揭示地方债务风险隐患、防范化解债务风险作用重大,直接影响着我国预防和处置债务危机的能力。[7] 此外,审计机关还可以结合审计中所发现的情况和问题,提出针对性的意见和建议,持续推动地方政府债务治理体系和治理能力的现代化。

三、审计监督的实践状况

为应对 2008 年的全球金融危机,我国政府推出了"四万亿"财政刺激方案,

〔7〕 参见曾康霖、吕劲松:《加强地方政府性债务管理的审计思考》,载《审计研究》2014 年第 1 期,第 31 页。

这项举措在缓冲危机冲击的同时,也积累一定规模的债务,蕴藏着潜在的财政风险。2015 年之前的《预算法》禁止地方政府举债,地方政府为规避红线,通常采取曲线举债的方式,通过各类融资平台变相举债,或者政府予以担保或出具承诺函、安慰函等。这些债务多是直接向金融机构进行的借款,而非面向社会公开发行的债券,因而处于隐秘状态,地方政府自然无动力披露债务信息。即便是中央政府,对于地方政府债务信息也掌握的不够全面。单一制框架下,中央政府对地方政府有着法理意义上的救助义务,因而有必要通过审计监督的专业能力来逐步厘清地方政府债务的全貌,更有效地进行风险评估和处置。审计监督活动主要分为两类:一是全国范围的全面摸底之类的基础活动;二是年度和季度的常规活动。

(一)基础活动

2011 ~2013 年,为了摸清全国整体地方债的真实状况,由审计署牵头进行了三次审计工作。审计工作对总共包括五级政府在内的地方债进行了全面的摸底,审计对象包括地方政府、融资平台、相关事业单位。

第一次审计工作开始于 2011 年 3 月,是对我国省、市及县三级地方政府全方位的审查。该次审计工作总共涉及约 37 万个审计项目,187 万笔债务。范围涵盖了各级政府部门、相关事业单位、融资平台公司。结果显示截至 2010 年年底,全国地方政府性债务规模为 107,174.91 亿元,占 2010 年 GDP 的 1/4,超过当年全国财政收入,其中融资平台债占比为 46.38%。总体而言,这次的审计工作开展的内容较为全面,针对性强,足见国家对于地方政府债务的重视程度。这次审计工作首次将地方政府性债务划分为三类:政府负有偿还责任的债务,即由政府或政府部门等单位举借,以财政资金偿还的债务;政府负有担保责任的或有债务,即由非财政资金偿还,地方政府提供直接或间接担保形成的或有债务,债务人出现偿债困难时,地方政府要承担连带责任;其他相关债务,即由相关企事业等单位自行举借用于公益性项目,以单位或项目自身收入偿还的债务,地方政府既未提供担保,也不负有任何法律偿还责任,但当债务人出现偿债困难时,政府可能需给予一定救助。相关结果披露于审计署的《全国地方政府性债务审计结果》(2011 年第 35 号公告)。

第二次审计工作的开展时间是 2012 年 11 月到 2013 年 3 月。此次审计主要目的是摸清地方政府性债务增长变化情况，并揭示债务管理中出现的新情况、新问题和风险隐患。由于是抽查审计，此次涉及的地方政府为36个，较第一次的数量有较大幅度的减小。审计结果主要涉及近两年地方政府加强债务管理的主要做法和成效，地方政府性债务规模、结构及债务负担变化情况，已经发现的主要问题。通过此次关于地方债务变化情况的了解，为制定相应政策与制度、审计计划与工作重点提供了重要参考。相关结果披露于审计署的《36个地方政府本级政府性债务审计结果》（2013年第24号公告）。

第三次审计工作的开展时间是2013年8月，这是继2011年后，政府性债务迎来的又一次全面大摸底。这次主要是对地方政府债务的摸底审计，将“交叉审计”“同级审计”与“上下审计”结合，范围还包括了中央政府，并进一步延伸到更低级别的乡镇一级，更全面地挖掘出了我国地方性债务中存在的问题，为后续常态化的地方政府债务审计奠定了良好基础。相关结果披露于审计署的《全国政府性债务审计结果》（2013年第32号公告）。

在第三次审计工作结果披露之后的2014年年初，各省及计划单列市也分别公布了各自的政府性债务审计结果。

（二）常规活动

1. 年度

早在第一次全国性地方债务审计工作开展之前的2010年，地方债与地方财政就共同作为一个专项内容出现在《国务院关于2009年度中央预算执行和其他财政收支的审计工作报告》中。该年度报告由国务院委托审计署审计长向全国人大常委会所作。审计调查的18个省、16个市和36个县本级截至2009年年底，政府性债务余额合计2.79万亿元。地方政府性债务总体规模较大，融资平台公司的政府性债务平均占一半以上。审计署2011年第1号公告《关于2009年度中央预算执行和其他财政收支审计查出问题的整改结果》公布了此次审计查出问题的整改情况，主要体现在国务院和相关部委分别下发文件，对地方政府融资平台公司债务清理核实工作进行了部署。

得益于第一次全国性地方债务审计工作，地方债首次单独作为一个专题进入《国务院关于2010年度中央预算执行和其他财政收支的审计工作报告》，披露的相关内容也更为全面和翔实。审计署2012年公告的《关于2010年度中央预算执行和其他财政收支审计查出问题的整改结果》阐述了相关整改情况:国务院高度重视,要求把"有效化解地方政府性债务风险"作为各项整改工作的首要任务,并两次召开会议专题研究;财政部实施了新的债务管理信息系统,实行债务信息月报制度,强化债务动态监管;相关部门还将政府性债务的调查范围扩大到了公办普通高中等。

可能是各项整改措施尚处在落实中,《国务院关于 2011 年度中央预算执行和其他财政收支的审计工作报告》并未涉及地方债相关内容。《国务院关于 2012 年度中央预算执行和其他财政收支的审计工作报告》中地方债审计内容重新出现,这次审计关注了 18 个省本级及省会城市本级 2011 年以来政府性债务情况。除了债务规模和变化等基础内容外,还着重调查了化解存量债务和清理后的融资平台公司资产负债率状况。此外,也发现了一些新情况新问题,如通过信托、BT(建设—移交)和违规集资等方式变相融资。审计署 2014 年第 1 号公告《关于 2012 年度中央预算执行和其他财政收支审计查出问题的整改情况》。

《国务院关于 2013 年度中央预算执行和其他财政收支的审计工作报告》除了涉及第三次的审计工作相关内容外,还跟踪审计了中央政府性债务制度建设情况和 2013 年 6 月底以来地方政府性债务的变化情况。地方债作为"政府性债务管理"内容的一部分予以体现。重点抽查了 9 个省本级和 9 个省会城市本级,个别地方债务举借和使用不规范,还出现了非公开定向融资工具、私募债等举债新方式。2014 年陆续发布的《深化财税体制改革总体方案》《国务院关于加强地方政府性债务管理的意见》(国发〔2014〕43 号)和《国务院关于深化预算管理制度改革的决定》(国发〔2014〕45 号),以及新修订的《预算法》等,构成了地方政府债务管理的顶层设计框架。2015 年第 1 号公告《关于 2013 年度中央预算执行和其他财政收支审计查出问题整改情况》。

2015 年是新《预算法》实施的元年。《预算法》首次赋予了地方政府的举债权限,但举债的方式仅限于发行地方政府债券,并禁止担保行为。之前仅限于对社会公开的"整改结果"也正式开始以与"审计工作报告"相同的方式定期向全国人大常委会报告。《国务院关于 2014 年度中央预算执行和其他财政收支的审计工作报告》中,地方债依然作为"政府性债务管理"内容的一部分予以体现,篇幅较小,重点关注了个别地方偿债压力较大。《关于 2014 年度中央预算执行和其他财政收支审计查出问题的整改情况》说明了财政部门关于“偿债压力较大问题”的一些应对举措，比如按照“到期债务全覆盖”的原则，下达置换债券额度。

在《国务院关于2015年度中央预算执行和其他财政收支的审计工作报告》中，地方债审计已经成为重点专项审计情况的组成内容。重点审计了11个省本级、10个市本级和21个县。发现的主要问题有部分地方发债融资未有效使用和有的地区仍违规或变相举债（见表1）。《关于2015年度中央预算执行和其他财政收支审计查出问题的整改情况》列举了加强财政领域相关风险防范的具体措施：加强监督检查和协调；强化重点地区风险防控；健全风险防范预案，出台了指导性的《国务院办公厅关于印发地方政府性债务风险应急处置预案的通知》（国办函〔2016〕88号）。

表1 2015年度地方债审计发现的问题情况

省区	发债融资未有效使用类型	涉及金额
黑龙江、山东、湖南、北京、内蒙古、广东	未及时使用	138.4亿元（占2%）
湖南、山东、河南、广东	未按规定的优先顺序偿债	112.57亿元（占2%）
内蒙古、浙江、湖南	尚未使用	24.23亿元（占4%）
累计金额		275.2亿元
省区	违规或变相举债方式	涉及金额
浙江、四川、山东、河南	违规担保、集资或承诺还款等	153.50亿元
内蒙古、山东、湖南、河南	在委托代建项目中，约定以政府购买服务名义支付建设资金	175.65亿元
浙江、河南、湖南、黑龙江	兜底回购、固化收益等承诺	235.94亿元
合计金额		565.09亿元

《国务院关于2016年度中央预算执行和其他财政收支的审计工作报告》持续关注了部分地方政府债务增长较快和违规举债的问题，指出：至2017年3月底，审计的7个省、6个市和5个县本级，2015年以来通过银行贷款、信托融资等形式，违规举借的政府承诺以财政资金偿还债务余额有537.19亿元。2016年度的“整改情况”不再以公告的形式发布，仅通过《国务院关于2016年度中央预

算执行和其他财政收支审计查出问题整改情况的报告》(以下简称《整改情况报告》)。与之前相比,《整改情况报告》有了重大创新,一是在对发现的问题进行整改的基础上,还专门开辟内容着重介绍推动规范地方政府债务监管和融资机制方面的措施,二是地方债的主管部门——财政部也参与进来,附录中有《财政部关于坚决制止地方政府违法违规举债遏制隐性债务增量情况的报告》,说明部门间的协同能力在增强。

《国务院关于2017年度中央预算执行和其他财政收支的审计工作报告》介绍了地方政府债务风险的防控情况。在2017年持续组织开展地方政府债务审计基础上,2018年一季度重点审计了5个省本级、36个市本级和25个县级政府债务的管理情况,截至2018年3月底这些地方出台债务管理制度132项。2017年7月,全国金融工作会议后,相关地区风险防范意识进一步增强,举债冲动得到有效遏制,违规举债问题明显减少,目前债务风险正得到有序有效防控。但举债端的违规举债、违规担保,资金使用端的闲置等问题仍在一些地区发生。

通常,当年中期会公布上一年度审计工作报告,而年末作上一年度整改情况报告,来回应审计工作报告所指出的问题。

2. 季度

年度报告或公告之间的时间间隔较长,可能在发现问题和作出反馈的及时性上稍显不足。由于相关体制机制的不断完善和审计能力的提升,从2016年开始,审计署顺应形势需要,开启了针对贯彻落实国家重大政策措施的季度性跟踪审计,并适时以公告的形式公布季度跟踪审计结果(以下简称《跟踪审计结果》)。《跟踪审计结果》主要涵盖了三个方面的内容:贯彻落实的具体举措、以往审计发现问题的整改情况和本季度发现的主要问题,起到了承上启下的作用,使季度公告之间的衔接和呼应比较紧密。《跟踪审计结果》附录中对上述三方面的内容有进一步的阐述,披露的信息更为全面。

关于地方债的季度跟踪审计结果,首次出现于《2016年第四季度国家重大政策措施贯彻落实跟踪审计结果》(2017年第2号公告)。该公告披露的地方债审计问题的相关主体层级从之前年度报告的省一级,细化到了地市一级。查出的主要问题是地方政府违规承诺回购企业股权,变相新增政府性债务以及人为调节政府性债务结构。2017年先后出台了多个规范地方政府融资的多个标志性文件,如财预〔2017〕50号、财预〔2017〕87号,亦是问责地方政府违法举债的元年,因而第一、三、四季度的《跟踪审计结果》都涉及了地方债,关注的焦点是违规举债情况(见表2)。第三季度公告对第一季度发现问题的整改情况做了介绍,第四季度也对第三季度发现问题的整改进展进行了通报。

表2 2017年审计发现的地方政府违法违规举债行为的情况

2017年第一季度国家重大政策措施贯彻落实跟踪审计结果			
省份	市县	违规举债方式	涉及金额(截至2017年3月底)
浙江	安吉经开区	虚构政府购买服务协议	8亿元
2017年第三季度国家重大政策措施贯彻落实跟踪审计结果			
省份	市县	违规举债方式	涉及金额(截至2017年8月底)
江西	九江市	政府承诺还款	4亿元
陕西	韩城市	政府承诺还款	3.57亿元
甘肃	兰州新区	承诺函	1.92亿元
湖南	长沙市望城区	承诺函	1.4亿元
海南	海口市	承诺函	53.43亿元
合计金额			64.32亿元
2017年第四季度国家重大政策措施贯彻落实情况跟踪审计结果			
省份	市县	违规方式	债务余额(截至2017年年底)
内蒙古蒙古族自治区	包头市	融资平台+承诺函	52.36亿元
湖南	邵阳市	融资平台	72.33亿元
湖南	双峰县	财政资金兜底承诺	4.05亿元
四川	乐山市高新区	融资平台+承诺函	3.83亿元
甘肃	白银市	融资平台	2亿元
宁夏回族自治区	银川市西夏区	违规政府购买服务+承诺	19.65亿元
合计金额			154.22亿元

2017年年底召开的全国财政工作会议指出:支持打好防范化解重大风险攻坚战,重点是有效防控地方政府债务风险,坚决制止违法违规融资担保行为。已公布的2018年前三季度《跟踪审计结果》持续聚焦了违法违规融资担保行为(见表3)。

表 3　2018 年前三季度年审计发现的地方政府违法违规举债行为的情况

2018 年第一季度国家重大政策措施落实情况跟踪审计结果			
省份	市县	违规方式	举债金额
黑龙江	大庆市	融资平台	12.78 亿元
重庆	南岸区	政府直接借款	6.92 亿元
合计金额			19.7 亿元
2018 年第二季度国家重大政策措施落实情况跟踪审计结果			
省份	市县	违规方式	举债金额
黑龙江	兰西县	承诺还款	0.5 亿元
浙江	杭州市余杭区	违规政府购买服务	40.07 亿元
陕西	延安市新区	政府直接借款	11.18 亿元
贵州	纳雍县	承诺还款	4 亿元
四川	乐山市沙湾区、五通桥区、峨眉山市	承诺还款	16.9 亿元
四川	蓬安县	融资平台	2 亿元
广西壮族自治区	来宾市	违规政府购买服务	13.98 亿元
合计金额			88.63 亿元
2018 年第三季度国家重大政策措施落实情况跟踪审计结果			
省份	市县	违规方式	举债金额
陕西	咸阳市	政府直接借款	11.41 亿元
广西壮族自治区	桂林市	承诺还款	1.92 亿元
黑龙江	七台河市	平台公司还款纳入预算	3 亿元
湖南	湘潭市	公益性资产售后回购融资	13.68 亿元
合计金额			30.01 亿元

由于我国地方政府债务管理制度的不断完善和相关机制的持续健全，显性债务的快速增长已得到有效遏制，而对隐性债务的审计将会成为一项长期的重要主题。

（三）与其他部门间的协作

在国家治理体系中，国家审计是评价治理主体责任目标的实现程度及资源使用效率并据此建议、纠正或处罚的制度。[8] 我国的《审计法》在纠正权和处罚权的配置方面,授予审计机构的权限较为有限,且主体设定多头,因而其更多的是行使建议权。即便如此,审计机关的地方债审计工作依然发挥了很大作用。三次地方债专项审计,初步摸清了全国范围的地方债基本情况,并直接推动了政府性债务风险管理的责任主体——财政部门于2014年开展各地存量债务的清理和政府债务的甄别,为地方债相关法律法规政策文件的制度提供了坚实的信息基础。据2017年以来财政部所公布的地方债问责案例,审计活动发现的线索已成为其重要来源,有助于落实全国金融工作会议提出的"倒查责任、终身问责"要求。地方政府违法违规融资的过程中,大多都有相关金融机构的参与,审计线索有助于金融监管机构及时发现和处理其违法违规行为。此外,审计机关还在建立健全地方政府债务管理长效机制方面做了大量工作,基于专业性提出了出台配套政策措施、制定完善制度等方面的建议,得到了相关部门的积极落实。

四、结论兼完善审计监督的政策建议

为了适应持续变化的地方债管理状况,相关的审计监督工作需要与时俱进,在以下几个方面不断提升。

(一)着力推进地方层面的地方债审计工作

从审计署的相关公告来看,地方债审计工作已初步实现了常态化,发挥了监督效力。然而对于数量众多的地方财政主体而言,仅有审计署层面的信息披露是远远不够的,还要发挥地方各级审计机关的职能。

地方债的审计工作结果通常会在年度预算执行和其他财政收支的审计工作报告中体现。省、市两级的年度审计工作报告已基本可在公开的渠道中获得,而区县一级年度审计工作报告的披露情况差别较大,有的将年度审计工作报告和查出问题整改落实情况的报告都予以及时公布,有的仅公布后者,使公众对于地方债的状况和问题掌握的较为有限,弱化了公众监督的影响力。地方层面所进

[8] 参见张文秀、郑石桥:《国家治理、问责机制和国家审计》,载《审计与经济研究》2012年第6期,第31页。

行的债务审计工作多采用事后审计而不是跟踪审计,地方债务审计力度不够,无法形成审计常态化,难以全面推行举债资金的绩效审计办法。

因而,有必要着力推进地方层面的地方债审计工作,引入跟踪审计,动态监控地方债运行情况,实现区县一级年度审计工作报告的全部公开披露,减少在委托—代理链条较长下的信息不对称,强化公众监督。

(二)进一步增强审计机关的独立性

我国地方审计机关受国家审计署和地方政府双重领导,审计机关的人事与经费是在政府管辖下的,地方债务的审计工作的对象又是政府职能部门,可以说是政府的内部审计,地方审计机关不易保持足够的独立性。独立性欠缺直接导致潜在审计风险可能性的增大,一定程度上削弱了地方审计机关的监督作用。因此,笔者建议可以在审计体制方面尝试改革与创新,增强审计机关的独立性,以便更好地开展地方债审计工作。

(三)加强地方债跟踪审计队伍建设

审计人员是提升审计质量的关键因素。地方债跟踪审计时间跨度大,情况复杂,对审计人员的数量保障和业务能力都提出了更高的要求。审计人员不仅需要具备法律、会计、财务、财政、金融等多方面的专业知识,而且需要深刻理解地方债资金投放与使用的制度背景及政策意图,并作出职业判断和专业评价。因此,需要加强审计人员的培训,增强业务能力,打造高效的专业人才队伍。

(四)创新地方债跟踪审计方式方法

随着人工智能、区块链、云计算和大数据等技术的不断成熟,其将推动审计在信息获取渠道、抽样方法、审计范围、审计模式等方面发生重大变化。因此,在思维及理念上,应借助"互联网+",着力创新审计技术及方式方法,以充分发挥大数据的优势。一方面,在审计技术方法上,地方债跟踪审计应致力于审计信息化建设,尽快适应科技创新和外部环境的深刻变革,充分利用移动互联网、云计算、大数据、物联网等先进技术进行在线审计,加快构建地方债跟踪审计应用系统,实施信息化审计。另一方面,在审计方式上,伴随经济社会的高度融合,各类型审计常常相互交叉和支撑,财政资金流转于企业、税务、金融等领域,涵盖多方面、多方式、多专业的综合审计将逐步成为一种主要的审计方式。因此,应尝试将地方债资金跟踪审计与投资项目审计、财政审计、金融审计、经济责任审计等财政资金审计项目结合,以期达到协同效应。

在整合内部审计资源的同时,还应该引入外部力量的支持。随着跟踪审计范围的逐渐扩大,会涉及很多专业性较强的知识领域,可以在《审计署聘请外部人员参与审计工作管理办法》允许的范围内,引进或聘用相关领域的专家学者。这既有利于降低审计风险,也有利于增强审计结果的权威性及公众认可度。

(五)建立健全经济监督主体的常态协作机制

"共治"既是新时代社会治理格局的重要特征之一,也是地方债管理的重要指导原则。在经济监督主体层面,财政、审计、发改和金融监管等部门通力合作,共享地方债管理的信息,联合发布相关文件,为打破"信息孤岛"的治理困境做了大量工作。然而,目前这种合作还没形成常态化,仍有较大的提升空间。

整合相关职能。就审计监督而言,目前还存在职责交叉分散、重复检查和监督盲区等问题。为了整合审计监督力量,增强监督效能,2018 年审议通过的《国务院机构改革方案议案》提出,将国家发展和改革委员会的重大项目稽察、财政部的中央预算执行情况和其他财政收支情况的监督检查、国务院国有资产监督管理委员会的国有企业领导干部经济责任审计和国有重点大型企业监事会的职责划入审计署,构建统一高效的审计监督体系。不再设立国有重点大型企业监事会。现行的审计署架构中,固定资产投资审计司、财政审计司、企业审计司等有关司局的职能与上述部委职能多有交叉。相应地,机构调整也应逐步推进,更好地提供组织保障。

建立健全常态协作机制,主要是联动监管机制,加强联络、信息资源共享的作用,形成紧密结合的长效机制,增强监管合力,提高监管效益。这是深入履行审计监督职责,加强与其他经济监督主体的协调配合而进行的又一重要探索。联动监管机制主要包括四个方面内容:

一是建立联席会议制度。既有部际,也有派出机构之间。定期召开联席会议,通报年度履行审计、监督工作情况,研究和协调开展联动监管事宜,沟通交流各自在审计、监督、廉政建设、业务培训等方面的工作经验和工作方法。

二是建立信息通报制度。在制度允许范围内适时通报年度审计、监督工作计划或相关备查单位(企业)名单,对部分单位预算执行日常检查情况等信息,以加强业务互动,避免重复检查。

三是建立案件移送制度。在联动监管机制框架内，在日常监督中发现的有关单位违规违纪问题或接报的群众来信来访问题，如对方已开展检查，应及时移交对方进行检查处理。

四是建立调研分析制度。在联动监管机制框架内，积极发挥各自专业优势，结合经济发展和政策形势，针对共同关注的问题，加强联合调研和分析，为制定和完善财经政策提供建议。同时，在制度允许范围内，相关子部门可尝试分享工作成果，互相借鉴，以促进审计监督成果的深化和利用。

经过数年的实践，针对地方债的审计监督工作成效显著，审计线索直接推动地方债问责程序的启动，发挥了震慑效力，审计机关提出的建议逐步落实于地方债管理的规范性文件中，审计队伍得到了历练，相关业务能力也得到了提升。面向未来，面向问题，审计机关将在加强地方债审计的基础上，与各主管部门密切协作，在防范和化解债务风险方面发挥更大的作用。

（学术编辑：沈朝晖）

（技术编辑：刘　爽）

《清华金融法律评论》
第2卷第2辑
第114～129页

债券违约处置中政府角色的央地配置*

段丙华**

目　次

摘　要：债券违约处置本身立足于政府，为化解市场风险、解决市场纠纷和促进市场建设而发挥作用。在地方债务治理和系统性、区域性市场风险防控的背景下，债券违约处置中的中央政府和地方政府需要进行角色区分，以寻找政府对于市场发展的共同着力点，并克服地方政府的选择性行动，以实现和完成政府在经济发展中的统一目标和任务。中央政府在债券违约处置中承担指导与协调的角色，主要包括宏观引导金融监管的协作与配合，指导和协调各个地方政府的具体行动及处置职责。地方政府承担属地处置角色，一方面应严格执行中央政

---

* 本文系中国法学会2018年度部级法学研究课题“政府参与债券违约处置法律机制研究”[课题编号：CLS(2018)D92]阶段性成果；本文同时受“中南财经政法大学引进人才启动金”项目资助。

** 段丙华，法学博士，中南财经政法大学法学院讲师，研究方向为商法、公司法、证券法。

府的政策和规范要求,站在风险监管的第一线属地处置债券违约风险;另一方面也需要发挥主观能动性,积极探索符合自身的多样化处置机制,确保实现债券违约处置目的。

关键词:债券违约处置;系统性风险;属地处置;政府角色

自2014年以来,债券市场违约事件频频发生,当前在规模和数量上皆呈增长之势。债券违约的不断涌现,造成市场风险的积聚和扩散,对市场信用体系形成强烈冲击。2017年7月,第五次全国金融工作会议决定设立金融发展稳定委员会,防范和化解系统性风险成为当前金融监管活动中的当务之急。然而,地方政府在债务风险的处置中,长期以来存在政策执行不到位、地方保护主义及政治竞争等问题。如何在确保地方政府发挥主观能动性的同时克服地方政府的选择性行动,以实现央地政府在债券违约处置中的统一市场目标和任务,是一项具有重要现实意义的课题。为此,本文针对债券违约处置这一具体的市场监管治理活动,尝试在央地金融监管职能的宏观架构下,为矫正权力博弈对中央政府和地方政府的角色进行理论上的配置,以进一步推进构建科学有效的债券违约处置机制。

一、债券违约处置立足于政府的风险监管职能

债券违约事件的爆发之势已经表明,债券违约所形成的风险具有积聚性和扩散性。这种市场传导性乃是市场危机爆发的根源。具体而言,债券违约事件的发生,不仅对债券市场本身产生一定的负面影响,还可能对股票市场或资本市场的其他部分产生不利影响,[1]形成风险的跨市场扩散。同时,某一主体的债券违约事件,还可能同时产生区域性负面影响和行业的负面影响。像川煤集团这些债券发行主体不仅连续多次发生违约,造成自身的风险不断积累,还与煤炭行业的其他违约主体形成横向的产业崩溃风险。如辽宁地区由于多次大规模的钢铁行业债券违约,导致区域性的市场风险,辽宁地区的债券发行一度停滞以控制风险继续累积。此外,债券违约导致的主体信用风险可能发生破产等事件,将

〔1〕 参见陈燕青:《债券违约频发波及股市》,载《深圳商报》2016年4月23日,B01版。

导致债券发行主体的其他一系列资金信用活动产生风险,特别是当发行人属于市场中的重要性主体(如政府和重要金融机构)时,其风险的市场扩散性和传导性是非常广泛的。因此,如何处置违约风险将会直接影响市场预期和反应,对债券市场的发展会起到一定的示范效应。

单个债券违约事件所积聚和扩散而引发的债券市场甚至整个资本市场的系统性风险隐患,是政府需要发挥风险控制作用的根本原因。市场的系统性风险,往往是市场所无法避免和及时消化的,这一点毋庸置疑。各国政府无一例外地都对系统性风险严加防范和监管,政府对系统性风险的处置责无旁贷。基于风险的积聚性和传导性,在债券违约事件的处置中,对每一次单个事件或者区域性事件如何有效处理,是政府防范和控制系统性风险的重要任务。

尽管债券市场存在多种不同种类的产品和主体,但债券的基本法律属性为契约和证券。世界银行组织发布的2017年《国际债务统计报告》中指出,债券是一项由公共部门担保并公开承诺,或者由私人部门发行的持续一年或更长时间的债务融资工具,债券通常给予持有者无条件的固定货币收入或通过合同确定的可变货币收入。[2] 根据关于各类债券的法律法规定义,[3]债券皆应依照法定程序发行,其共同的内涵为“发行主体约定在一定期限内还本付息的有价证券”。一般而言,债券本质上是一种资金借贷的证明,是发行人为融资需求向投资者发行并按条件以约定的利息偿付资金的债权债务凭证,[4]是一种有价证券。债券发行人与债券投资者产生债权债务法律关系,[5]投资者获得相对比较

---

〔2〕 World Bank. 2017. International Debt Statistics 2017, p. 171. https://openknowledge. worldbank. org.

〔3〕 《地方政府一般债券发行管理暂行办法》第2条第1款规定,地方政府一般债券,是指省、自治区、直辖市政府为没有收益的公益性项目发行的、约定一定期限内主要以一般公共预算收入还本付息的政府债券。《企业债券管理条例》第5条规定,“企业债券,是指企业依照法定程序发行、约定在一定期限内还本付息的有价证券”。《公司债券发行与交易管理办法》第2条规定,“公司债券,是指公司依照法定程序发行、约定在一定期限还本付息的有价证券”。《全国银行间债券市场金融债券发行管理办法》第2条第1款规定,“金融债券,是指依法在中华人民共和国境内设立的金融机构法人在全国银行间债券市场发行的、按约定还本付息的有价证券”。《银行间债券市场非金融企业债务融资工具管理办法》第2条规定,非金融企业债务融资工具是指具有法人资格的非金融企业在银行间债券市场发行的,约定在一定期限内还本付息的有价证券。

〔4〕 参见冯果:《债券的证券本质与债券市场法制化——〈证券法〉修订背景下的债券法律体系重构与完善》,载黄红元、徐明主编:《证券法苑》(第17卷),法律出版社2016年版,第1~14页、第8页。

〔5〕 参见冯果:《证券法》,武汉大学出版社2015年版,第10页。

确定和稳定的回报。因此,无论何种债券,其违约处置的主要内容都应当包括契约目的实现及基于市场维护的证券监管。

严格意义上讲,"债券违约处置"一词并非成熟的法律术语,但其运用在解决债券违约产生的问题中,具有一定合理性和重要意义。一方面,在多种法律法规中,政府职能存在危机处置、应急处置等描述。如2014年修正的《预算法》第35条、2014年9月发布的《国务院关于加强地方政府性债务管理的意见》、2016年10月发布的《地方政府性债务风险应急处置预案》中皆对风险事件适用"处置"一词。另一方面,债券违约事件作为债券市场的风险之一,对其监管规范多用"处置"描述。比如,在证监会公司债券监管部的职能介绍中,有"负责债券市场风险处置工作";[6] 2014年5月发布的《国务院关于进一步促进资本市场健康发展的若干意见》指出要"健全债券违约监测和处置机制";2017年3月发布的《深圳证券交易所公司债券存续期信用风险管理指引(试行)》第2条即使用"化解信用风险和处置违约事件"用语。又如,2015年10月发布的《中国证监会派出机构监管职责规定》第3条、第22条等多条规定使用"风险处置、债券违约事件处置";2016年3月16日第十二届全国人民代表大会第四次会议批准的《中华人民共和国国民经济和社会发展第十三个五年规划纲要》在第十六章中多次提到"风险防范处置、评估处置"。总而言之,用"债券违约处置"来描述债券违约的纠纷化解与风险规制的问题,在当前法律规范语境下约定俗成,并且具有政府监管基于市场风险的共同关注内容。

从债券违约监管和规范的内容不难得知,"债券违约处置"在一般意义上是站在市场事后监管的角度,旨在对发生债券违约的事件,稳步有序地解决债券发行与交易各方主体利益平衡、债券市场风险控制以及债券市场信用调整等问题。具体而言,债券违约处置是指针对发生的债券违约事件,综合运用政府力量、市场手段等各种合法合理措施,以债券契约目的的实现为基础,以市场主体利益平衡为核心,以投资者保护和市场建设为基本要求,引导债券投资纠纷市场化、法治化解决的总体过程。实质上,债券违约的处置活动是一个法律治理过程,即运用法律的思维和手段化解市场矛盾,需要政府综合运用各种手段和力量,按照一定

---

〔6〕 参见证监会官网:http://www.csrc.gov.cn/pub/newsite/gszqjgb/。

的标准和条件,化解债券违约导致的市场风险,并促进市场长期健康发展。

以发挥政府风险监管职能为核心的债券违约处置活动具有宏观性和全局性。在政府的经济职能上,包含经济调节、公共服务、市场监管和社会管理等职能。[7] 政府职能在国家治理体系的视角下,更多的是一种责任而不再是权力,性质上也由管制转向服务。[8] 政府职能的这种消极性界定,目的在于为市场让步,给予市场自主决定资源配置的充分空间,是实现"市场自主性"的体现。党的十八届三中全会在《中共中央关于全面深化改革若干重大问题的决定》中描述"让市场在资源配置中起决定性作用"时,用"两个凡是"诠释了政府应如何定位,即凡是市场自己可以调节的政府退出,凡是可以事后解决的不在事前干预。因此,政府职能应从积极介入向事后管理和间接管理转变,扮演市场服务和监督的角色。

但是,风险政策的执行要求政府在服务市场的同时,也应体现出一定的积极性。这种积极性界定的目的在于,贯彻国家宏观的产业调控政策,实现国家层面的经济发展目的。政府执行产业政策,需要在具体的领域实现一定的引导性。债券违约处置作为产业调整或淘汰的一个重要路径,政府在执行如清理"僵尸企业"、地区产业升级等政策时,不可避免地要发挥一定作用。在供给侧结构性制度改革的政策背景下,化解产能过剩问题已经成为当务之急,产业结构调整成为当前改革工作重心,这与债券违约事件所体现出的产能问题和产业结构失衡问题相契合。

总结而言,债券违约处置是一项政府发挥作用解决市场问题的法律治理活动,其中以市场全局性风险监管为核心的政府功能的发挥,需要依靠政府以不同的形式和方式去实施,这就要求对债券违约处置中的政府角色进行不同层次的界定。

二、债券违约处置中政府角色央地配置的必要性和意义

由于与中央政府存在直接联系的主要是省级或直辖市政府,县市级及以下

[7] 参见燕继荣:《中国政府改革的定位与定向》,载《政治学研究》2013年第6期,第31~32页。

[8] 参见蒋银华:《政府角色型塑与公共法律服务体系构建——从"统治行政"到"服务行政"》,载《法学评论》2016年第3期,第10页。

政府通过省级政府间接与中央产生联系,因此此处讨论的中央政府与地方政府集中于中央政府与省级政府之间的关系。

长期以来,作为实际行动主体,地方政府对我国经济建设和发展起到了重要作用,在市场改革中始终处于一线地位。然而,由于地方政府与中央政府存在固有的矛盾关系,地方政府角色一直处于中央政府的调整之中。单一制背景下,中央对地方的政治集权要求地方与中央保持利益一致和目标一致。社会主义市场经济背景下,且我国幅员辽阔,地方各异,地方政府需要在具体市场中充分发挥自主性和能动性,地方政府与中央政府在经济上处于一定程度的分权状态。在政绩考核的要求下,地方政府在区域治理中不可避免地会重点关注本区域的经济发展,追求本地区利益最大化。同时,地方政府也存在自身的利益,比如政治资源和个人政治利益等,在地方之间形成政治竞争格局。[9] 因此,地方政府在利益诉求上,相对于中央政府对社会公共利益和整体利益的统一化、最大化而言,具有独立性。也因此,地方政府在客观上确实推动经济发展的同时,也逐渐产生了政策执行不到位、地方保护以及重复低水平建设等负面影响。[10] 实践表明,地方政府有时甚至会联合市场来规避中央政府的管制,以实现自身利益。[11] 对"央地政府"区分和规范的必要性,由此显见。

1995 年分税制改革以来,地方政府逐渐拥有更多的自主性。随着财权自主的进一步加强,地方政府具有一定的自治权限,央地关系的发展处于不稳定和不平衡的状态。有学者甚至指出,我国中央政府与地方政府已形成事实上的"行为联邦制"。[12] 无论在政治上还是经济上,地方政府与中央政府之间,逐渐形成博

---

〔9〕 参见周黎安:《中国地方官员的晋升锦标赛模式研究》,载《经济研究》2007 年第 7 期,第 43 页。

〔10〕 参见周黎安:《晋升博弈中政府官员的激励与合作——兼论我国地方保护主义和重复建设长期存在的原因》,载《经济研究》2004 年第 6 期,第 37 页。

〔11〕 参见朱红军等:《中央政府、地方政府和国有企业利益分歧下的多重博弈与管制失效——宇通客车管理层收购案例研究》,载《管理世界》2006 年第 4 期,第 115 页。

〔12〕 参见郑永年:《中国的"行为联邦制":中央——地方关系的变革与动力》,邱道隆译,东方出版社 2013 年版,第 27 页以下。

弈状态,[13]中央对地方的宏观调控及其限度呈现出一种动态协调。学者们将中央政府对地方政府规制的状态称为“治乱循环”,即所谓的“一放就乱”“一乱就收”“一管就死”。[14] 如此看来,中央政府与地方政府之间,无论是在政治上还是经济上,都存在定位差异。正是因为中央政府与地方政府在国家不同的建设时期呈现的不同关系特征,中央政府与地方政府的关系定位,一直以来都是国家政策的重心,也是政治学、经济学等学科的重点关注问题。

党的十八大和十八届三中全会提出,要加快转变政府职能,包括政府职能调整和政府之间的关系定位。2013 年,《中共中央国务院关于地方政府职能转变和机构改革的意见》对政府改革提出明确要求,提出权力清单制度。2015 年 3 月,《关于推行地方各级人民政府工作部门权力清单制度的指导意见》制定了政府权力清单制度的具体内容。至此,中央政府与地方政府之间的职能定位有了明确的清单规制。中央政府指导地方政府行政有了一个明确的方向,但也仅仅是行政审批这一事前执法环节。[15] 对于事后监管的定位,中央政府与地方政府之间,还需要进一步探索和研究。

既然中央政府与地方政府本就扮演着国家建设中的不同角色,而且事实上也形成了动态博弈和分权监督的格局,那么,地方政府与中央政府在具体的市场监管活动中,也必定存在不同的政治逻辑和利益逻辑而存在角色区分。在政府债务治理的问题上,政府间财政失衡导致地方债务膨胀,而基于地方政府的财政

---

〔13〕 参见聂方红:《转型时期地方政府与上级及中央政府的博弈行为分析》,载《重庆社会科学》2007 年第 9 期,第 95 页;李名峰等:《中央政府与地方政府在土地垂直管理制度改革中的利益博弈分析》,载《中国土地科学》2010 年第 6 期,第 9 页;何风隽:《中央政府与地方政府的金融资源配置权博弈》,载《重庆大学学报》(社会科学版)2005 年第 11 期,第 42 页;孙雁冰:《宏观调控下中央政府与地方政府的演化博弈分析》,载《山东理工大学学报》(社会科学版)2016 年第 2 期,第 32 页。

〔14〕 体现为中央政府与地方政府之间定位的不稳定性和机械性。参见潘小娟:《中央与地方关系的若干思考》,载《政治学研究》1997 年第 3 期,第 19 页;冯继康、蒋正明:《论我国转型期中央政府与地方政府的职能界定及其耦合》,载《东岳论丛》1998 年第 2 期,第 18 页;谢庆奎:《中国政府的府际关系研究》,载《北京大学学报》(哲学社会科学版)2000 年第 1 期,第 28 页;刘华:《中国地方政府职能的理性回归——中央与地方利益关系的视角》,载《武汉大学学报》(哲学社会科学版)2009 年第 4 期,第 506 页;皮建才:《中国经济发展中的中央与地方政府边界研究——基于不完全契约理论的视角》,载《财经问题研究》2008 年第 5 期,第 22 页;于健慧:《中央与地方关系的现实模式及其发展路径》,载《中国行政管理》2015 年第 12 期,第 44 页。

〔15〕 参见汝绪华、汪怀君:《政府权力清单制度:内涵、结构与功能》,载《海南大学学报》(人文社会科学版)2017 年第 2 期,第 58 页。

自主性缺陷,地方政府与中央政府之间该如何分配政府债券责任则成为亟待解决的重大现实问题。[16]

因此,有必要界分中央与地方政府的科学定位,来寻找政府对于市场发展的共同着力点,并克服地方政府在经济活动中的选择性行动,以实现和完成政府在经济发展中的统一目标和任务。在地方债券制度的视角下,根据现行分税制财政体制的内容,地方政府在财政上并不是独立主体,而只是中央政府在地方的派出机构,如果地方政府没有能力还债,为了保护债权人的利益,维护政府的信用,中央政府只能承担最后的付款责任。[17] 就债券违约处置这一法律治理活动而言,区分中央政府与地方政府定位,不仅符合中央政府与地方政府整体职能差异的事实,也是迎合了政府职能转变的变革要求,同时,也是科学处置债券违约风险的必然路径。

长期以来,地方政府通过城投公司等融资平台举借债务,形成大量的地方隐性债务。规模庞大的地方性债务造成了严重的地方政府信用风险和金融风险隐患,地方债务治理问题一直是多学科的研究重点和难点问题,也是经济市场化改革工作的重心。2015 年我国《预算法》修改实施后,地方政府(省级政府)获得债券融资权限。地方政府的债务治理问题得到进一步推进。地方政府债券作为重要的地方政府举债途径,将逐渐成为地方政府债务治理的中心。尽管如此,对历史遗留的 30 余种政府隐性债务的治理,也不是一夜之间能够彻底了断的。且不说隐性担保如银行贷款中的担保函、国企债务中的承诺函等非债券形式的债务,中央政府对除了政府债券之外的其他债券处置,比如城投债券、国有企业债券等,也并不能甩手了之。地方政府信用在市场中的复杂性决定了中央政府在这些债券违约处置中无法急于求成地不管了之。在中央政府对待地方政府债务清理的问题上,政府定位显得意义重大而且必要。[18] 此外,毫无疑问,在地方政府债券违约中,中央政府应当如何控制风险和维护政府信用也是违约处置的重要

---

〔16〕 参见熊伟:《地方债与国家治理:基于法治财政的分析径路》,载《法学评论》2014 年第 2 期,第 64 页。

〔17〕 熊伟:《地方债券制度中的政府间财政关系》,载《新视野》2012 年第 3 期,第 107 页。

〔18〕 参见张婉苏:《中央政府不救助地方政府债务的纠结、困惑与解决之道》,载《苏州大学学报》(哲学社会科学版)2016 年第 5 期,第 53 页。

内容。财税分权与地方政府的经济分权背景下,中央政府与地方政府的作用区分,成为认识市场活动中政府治理的基本路径。因此,债券违约处置中的政府作用,不仅必要而且必须界定中央政府和地方政府的不同角色。

2017年7月14~15日,第五次全国金融工作会议在北京召开。会议指出,应发挥市场在金融资源配置中的决定性作用,要坚持社会主义市场经济改革方向,处理好政府和市场关系,完善市场约束机制;加强和改善政府宏观调控,健全市场规则,强化纪律性。这是国家对政府与市场关系在此前定位基础上的进一步深入解读,防控金融风险和深化金融改革成为当前金融市场建设的重要任务,对政府在市场中的角色定位,则更加明确和具体。

对于政府的整体监管,会议指出市场监管有效、投资者合法权益得到有效保护等几个方面的要求。会议强调防范和化解系统性金融风险的主动性,指出要早处置风险,并完善风险应急处置机制。会议同时强调,要强化金融机构防范风险主体责任,加强社会信用体系建设,建立健全符合我国国情的金融法治体系。

本次会议确定的一个重要内容是,中央政府与地方政府在金融风险防范和处置中的分工与配合。会议决定设立国务院金融稳定发展委员会,强化人民银行宏观审慎管理和系统性风险防范职责,落实金融监管部门监管职责,并强化监管问责。会议要求,地方政府要在坚持金融管理主要是中央事权的前提下,按照中央统一规则,强化属地风险处置责任。

三、债券违约处置中中央政府的指导与协调角色

由于政府的多部门以及部门的纵向关系,可以对中央政府角色从横向和纵向两个方面来进行解读。根据本文前部分确定的债券违约处置及其内容,中央政府在债券违约处置中的指导与协调角色,主要包括宏观引导金融监管的协作与配合、指导和协调各个地方政府的具体行动及处置职责。

横向上来看,金融监管部门之间存在分工配合。同时,金融监管体系独立于地方政府,因此,中央政府对金融监管的横向协调,也间接实现了地方金融监管的协调,是央地政府角色配置的一个体现。显而易见,债券违约处置属于金融风险处置事项,故债券违约处置受到新设立国务院金融稳定发展委员会的监管。从组织结构上来看,金融稳定发展委员会的前缀为国务院,即属于中央政府。可

将其与2013年金融监管协调部际联席会议制度做一对比：根据2013年8月15日《国务院关于同意建立金融监管协调部际联席会议制度的批复》（国函〔2013〕91号），金融监管协调部际联席会议制度职责包括"维护金融稳定和防范化解区域性系统性金融风险的协调"。国务院金融稳定发展委员会作为国务院统筹协调金融稳定和改革发展重大问题的议事协调机构，其主要职责包含"分析研判国际国内金融形势，做好国际金融风险应对，研究系统性金融风险防范处置和维护金融稳定重大政策；指导地方金融改革发展与监管，对金融管理部门和地方政府进行业务监督和履职问责等"。可以看出，新成立的金融稳定发展委员会是部际协调机制的一次大升级，从职责上已经全面超出了金融监管协调的范围。

此外，2018年3月13日，第十三届全国人民代表大会第一次会议审议通过《国务院机构改革方案》，我国的金融监管机构由"一行三行"变为"一行两会"，即央行履行特殊的职能，由中国人民银行以及中国银行保险监督管理委员会、中国证券监督管理委员会分别对银行保险市场和证券市场实施监督管理。可见，金融稳定发展委员会因需要统合管理金融市场，其级别至少要高于"一行两会"，对"一行两会"具有统筹协调作用。从中央政府的组成和机构来看，〔19〕中国人民银行属于中央政府的组成部门，"两会"属于国务院直属事业单位，形式上都属于正部级行政单位。此前，中国人民银行设有金融稳定局（Financial Stability Bureau），〔20〕负责"综合分析和评估系统性金融风险，提出防范和化解系统性金融风险的政策建议；评估重大金融并购活动对国家金融安全的影响并提出政策建议；承担会同有关方面研究拟定金融控股公司的监管规则和交叉性金融业务的标准、规范的工作；负责金融控股公司和交叉性金融工具的监测；承办涉及运用中央银行最终支付手段的金融企业重组方案的论证和审查工作；管理中国人民银行与金融风险处置或金融重组有关的资产；承担对因化解金融风险而使用中央银行资金机构的行为的检查监督工作，参与有关机构市场退出的清算或机构重组工作"。可以看出，原有的金融稳定局只是由央行牵头设立，只具有几个金融监管机构的议事沟通功能，并不具备在具体行政监管活动中的处罚

〔19〕 资料来源国务院官网：http://www.gov.cn/guowuyuan/zuzhi.htm，最后访问日期：2019年3月18日。

〔20〕 参见中国人民银行官网：http://www.pbc.gov.cn/jinrongwendingju/146766/146778/index.html，最后访问日期：2019年3月18日。

问责等功能。所以,金融稳定发展委员会必然将在金融稳定局的基础上,拥有更多监管权限和执行更为广泛的监管任务。

从名称上来看,“金融稳定”表明该机构需要负责金融风险的监测预防以及化解处置等与金融稳定相关的事项,会议将其职责表述为“强化人民银行宏观审慎管理和系统性风险防范职责,落实金融监管部门监管职责,并强化监管问责”。同时,从国务院机构设置的惯例来看,“委员会”还不同于“部门”,前者比后者的职能更具有综合性,更加注重宏观协调;前者实行组织化的行政负责制,而后者通常为部长负责制,前者在议事决策方面往往针对多个对象,强调具体部门或者成员的协作和配合。如此看来,此次成立的国务院金融稳定发展委员会,不仅享有决策权限,而且对具体的金融监管活动享有处罚权,具有高度的行政执法权威性。同时,该机构的主要对象是金融风险,主要监管手段为协调,对“一行两会”的行政进行指导和协调,协同防范和统筹协调将会是最重要的角色。〔21〕

由于债券市场涉及各种金融产品,包括各类资产管理产品、投资计划、基金等,投资者也跨越各个市场。对于中央政府在债券市场监管的横向定位,中央政府在债券违约处置这一市场风险处置中扮演着重要的统合监管作用,对跨部门的债券风险实施功能监管和行为监管。从“央地配置”的角度看,中央政府对债券违约处置实施统筹监管,负责金融监管体系的协作,宏观上指导债券违约处置的行政分工与配合。

除了监管统筹与横向市场协调外,中央政府在债券违约处置中还扮演纵向指导与协调的角色。原因在于,“一行两会”不仅在横向关系上受中央的统一部署,在各自的纵向体系中,也是中央指导地方的模式。以中国证券监督管理委员会为例,根据2015年10月发布的《中国证监会派出机构监管职责规定》,各级派出机构负责辖区内的证券风险处置,其中明确指出债券违约事件处置。因此,地方政府同级的相应监管机构,实际上接受中央政府的指导与监督。更为重要的是,就市场宏观调控和加强纪律性的角度而言,中央政府也与地方政府存在一定的角色配置。相对而言,中央政府在债券违约处置中,需要宏观上把握不同债券违约的市场影响,特别是在地方政府债券违约中,地方政府本身受到预算限额管

〔21〕　参见王观:《国务院金稳会　做什么怎么做》,载《人民日报》2017年7月18日,第2版。

理的约束,中央政府需要对其事后的处置责任进行指导,还需要平衡各个地方政府之间的处置责任和分配处置资源。地方政府在债券违约处置中,接受中央的指导与协调,负责在区域内处置债券违约风险,同时也在一定程度内享有自主权。

中央政府对地方政府的指导与协调,一方面是基于债券违约处置的现实层次,另一方面是基于中央与地方本身的财政关系和权力关系。前文已经指出,债券违约处置需要充分考虑违约事件的规模、市场影响及其风险扩散性。对于单一违约事件而言,往往表现出跨市场、跨区域的特征,违约主体有时涉及多个企业甚至多个行业,地方政府无论是在区域上还是在规模上,都无法充分考虑其宏观风险控制。因此,对于债券违约事件处置的宏观定位和基本路径的选择,都需要中央政府作为实施主体。同时,在国有企业直至大型央企、地方政府隐性债务主体等具有政府关联性的主体的债券违约处置中,往往交织着一定的政治性因素,国有资产作为公共财产又极为特殊。中央政府的政治集权和对国有资产的高度监管决定了在这类债券违约处置中须扮演决策者的角色,须对地方政府在具体行动中实施指导和政策掌控,同时严肃市场纪律和政府纪律。中央政府角色的这种协调属性,还体现在中央一般不需实际参与债券违约处置,其作用通过政策制定和常设市场行为机制等规范性制定或从组织规制上来实现。例如,当发生某一全国性债券违约事件(大型央企债券违约)时,涉及全国性的投资者保护和市场风险控制,中央政府则需要指导和协调各级监管主体履行相应的监测、引导与处置职责。

需要明确的是,中央政府对横向部门的控制与纵向的政府指导,需要通过明确的制度规范来完成。[22] 先定制度对于债券违约处置的权限划分和责任配置,不仅是政府之间关系厘定的法制化,更是市场规范权威性和统一性的体现。具体而言,中央政府应当设置地方政府在债券违约处置中的具体行为机制,不仅为市场监管提供明确统一的依据,也对政府本身行为实施监管,实现政府的自我约束,同时矫正市场失灵和政府失灵。政策和规范上,中央政府需要事先明确债券

---

〔22〕 熊伟教授提出,针对政府间财政关系的规范,至少需要制定《财政收支划分法》和《财政转移支付法》。参见熊伟:《地方债券制度中的政府间财政关系》,载《新视野》2012 年第 3 期,第 109 页。

违约处置的各级权限和责任框架,包括中央行政监管的范围、对象、方式等及相对应的各级主体的职责范围和内容等。比如,对于债券违约处置中的信息处理机制,可以规定中央政府提供数据信息支持,负责市场数据的统一管理与分配,地方各级根据处置职责履行申请报告义务。又如,中央政府的监管机构可以常设投资者先行赔付的行政保障基金,统一管理和运营,地方各级负责具体的赔付与纠纷处置。再如,针对债券违约处置的方案制定,可以规定由下至上层层上报,地方向中央履行报告义务,由中央以行政指令的形式实施指导,反馈地方政府执行处置方案。

总而言之,在债券违约处置中,中央政府应基于效率和权力控制等因素,对市场实施基础统筹和实现互联互通,通过组织规制和规范引导,指导和协调各级政府或具体金融监管部门实施处置行为,为债券契约执行和市场发展提供宏观制度支持,把控系统性风险底线并监管"监管者",承担最终的组织协调与行为指导角色。

四、债券违约处置中地方政府的属地处置角色

根据第五次全国金融工作会议指示,各级地方党委和政府要树立正确政绩观,严控地方政府债务增量,终身问责,倒查责任;地方政府要在坚持金融管理主要是中央事权的前提下,按照中央统一规则,强化属地风险处置责任;金融管理部门要努力培育恪尽职守、敢于监管、精于监管、严格问责的监管精神,形成有风险没有及时发现就是失职、发现风险没有及时提示和处置就是渎职的严肃监管氛围。可以看出,在债券违约处置中,基于市场风险控制,地方政府的角色已经比较明确:属地处置。在中央与地方的双层金融监管体制之下,地方政府需要承担监管和处置地方债券风险的职责。[23] 地方政府的属地处置角色,具有以下几层内涵:

首先,会议明确,金融管理主要是中央事权,地方在金融监管特别是事后风险处置中,自主性有限。这层含义的主要内容是,地方政府应当严格执行中央基于金融风险调控的政策指令,不允许违背宏观中央宏观调控的旨意。笔者认为,

---

〔23〕 参见阳建勋:《论我国地方债务风险的金融法规制》,载《法学评论》2016年第6期,第39页。

债券违约处置中对地方政府角色的这层要求,具有重要的现实意义。债券违约处置作为市场监管的重要事后环节,当前承载着清除市场积垢和肃清市场秩序的重要意义。由于我国一直以来严重的地方保护主义现象,地方企业受到当地政府的庇护或不正当、不公平对待的现实一直存在。完全市场化的债券违约处置,必然将会导致部分企业破产乃至被市场淘汰。如果地方政府基于各种个人利益原因或者对政绩的片面追求等短期行为,不当干预债券违约处置,将会影响中央政府对市场肃清的整体进度和市场长期发展的改革效果。因此,中央政府基于宏观调控对市场长期利益的追求以及对金融公平等社会目标的追求,可能会与地方政府的短期利益行为相冲突,此时,地方政府就应当严格贯彻执行中央政策与统一的市场规则,没有太多的自行决定的余地。在以风险防控为主要任务之一的金融深化改革中,为实现市场的长远发展,地方政府的各种理性或非理性的对中央政策的违背,都需要得到严肃矫正。也因此,会议明确指出要各级地方党委和政府树立正确政绩观,摆正自身心态。看来,地方政府不仅要消除以往在债券违约处置中的随意性,还要加强自我约束,提高政策执行力和对中央金融监管的服从性。

其次,“属地”二字为债券违约处置中的地方政府参与指明了范围。本文认为,地方政府的“属地”角色包含三层含义:其一,地方政府(主要指省级政府)应当对本辖区的债券违约事件,充分管理和统一处置,只要在政府管辖范围内的市场主体,发生债券违约,当地政府就应当发挥处置作用。以辽宁省为例,对于东北特钢的违约处置,当地政府应当充分发挥属地作用,根据政府的具体职能定位对其风险控制和处置承担责任。而对于一般民营企业发生的违约事件,当地政府也不应事不关己,也需要发挥必要的处置作用。其二,对于辖区之外的债券违约事件,地方政府原则上不得干预。这是对地方政府之间关系的一般要求。这层含义又体现出,不同地方政府在各地的债券违约处置中,发挥各自应有的作用,体现了一定的相对独立性。这层含义实际上为中央政府配置地方处置资源和责任预留了一定的调整空间,即各个地方政府之间的债券违约处置职能和资源有可能不同。其三,属地还意味着,地方政府对本地债券违约风险的控制,还要承担相应的责任。会议中反复强调地方政府的问责要求,甚至提出终身问责制。如同“门前三包”责任制一样,只要发生在辖区之内,所有风险事件都应当由当地政府承担风险治理责任。

最后,"处置"二字明确了地方政府应当负责实施具体的风险监管行为。相对于中央政府的组织规制和规范调整而言,地方政府则是中央政府监管意旨的具体履行者和执行者。试举一例,某一国有企业发生违约事件,如果需要政府力量协调引导各方达成处置方案,或者需要政府提供一定的公共支持来保障投资者权益,则地方政府需要通过具体部门实施斡旋或奔走游说。又如,某一债券违约事件中,涉及金融机构、中介服务结构等多方主体,在辖区内造成一定的社会矛盾,则当地政府需要出面采取各种手段安抚市场情绪,或者对市场主体施加履约压力等。这些具体行为都是由地方政府来具体实施完成,而非中央政府。政府对于市场风险治理,不仅包括地方政府信访、设立行政保障基金、首长信箱等公共管理途径,也可以通过设立便捷的司法通道如金融专项仲裁、调解等手段,因地制宜采取多元化的债券违约纠纷解决机制来实现处置目的。在此意义上,地方政府在债券违约处置中又具有一定的自主性和灵活性。也就是说,地方政府可以在中央政府的处置指导下和限度内,充分发挥能动性,积极探索多样化债券违约处置手段和措施。

总而言之,地方政府需要约束自我,对于应当通过债券违约处置程序淘汰的企业坚决实施清理,对于利好经济和市场的企业则应当提供必要的支持;在树立正确的政绩观的基础上,破除地方保护主义和个人利益寻租等道德风险行为;追求市场化处置流程和利益平衡的实质正义,引导市场主体对纠纷的自我协商和促进市场风险自我化解;提供必要的行政支持和维护市场的健康秩序,打击和惩罚恶意违约、不公平契约条款、拖延履行法定义务等违法违规甚至违反市场道德的行为;积极探索市场化债券违约处置手段,完善市场约束机制、培育健康的投资理念和市场信用体系。

五、余论

中央政府与地方政府角色的配置框架表明,在债券违约处置这一事后监管环节中,中央政府居于主导和指导地位,地方政府需要严格履行中央的宏观市场调控政策,克服地方保护主义、消除短视行为,在自身利益追求上应力求与中央保持一致,共同实现债券市场的长远发展和经济繁荣的长期目标。作为风险处置的具体执行者，地方政府一方面应严格执行中央政府的政策和规范要求，站在风险监管的第一线属地处置债券违约风险；另一方面也需要发挥主观能动性，积极探索符合自身的多样化处置机制，确保实现债券违约处置目的。尽管本文所论政府角色的央地配置能够为债券违约风险的法律治理提供央地配合的路径，但囿于主题和篇幅，对债券违约处置中政府的具体角色和职能界定尚不全面，对“政府应当如何做”未作出很好回答。对债券违约处置法律机制构建的此另一核心问题，笔者将撰文另述。

（学术编辑：沈朝晖）

《清华金融法律评论》
第2卷第2辑
第130～183页

破产之州

小戴维·斯基尔*/著　翁小川　倪如冰**/译

目　次

在过去的几年里,许多州的财政状况变得如此的紧张以至于一些观察家预测:其中的一个或多个州可能会无法偿付到期债务。在危机期间,一个陌生的词跃入了对这些州财务状况的讨论中:破产。国会应该给这些州提供破产的选择吗?或者,破产方案本身就是错的?本文的目的就是利用现存的理论、实证和历史的工具来仔细审视这个问题。本文将以抛砖引玉的方式,而不是教条式定性的方式来展开探讨,进而希望寻求道德上的公平,并得出几个能令关注本问题的

* 作者David A. Skeel,Jr.是S. Samuel Arsht 宾夕法尼亚大学公司法教授。本文原载于《芝加哥大学法学评论》(The University of Chicago Law Review)2012年第79期。

** 翁小川,澳大利亚新南威尔士大学(UNSW)法学院副教授;倪如冰,上海银行职员。

大众和学者惊讶的结论。

本文展开讨论的形式如下:第一部分简要阐述州破产的理论基础;第二部分分析了州破产制度的六个关键优势;第三部分转而讨论针对前述优势的六种反对理论;在分析了纽约市对1975年危机的应对措施和一些州颁布的市监督委员会的规则后;第四部分聚焦于以类似联邦监督的方式来替代较原则性的破产法的可能性。尽管破产看上去是总体最优的选择,但是考虑到国会无法在各州危机到来之前颁布相关破产法律,监督机制可能起到和立法同样的效果。最后,简要地在结论环节归纳分析要点。

引 言

在共和国建国之初的几十年里,美国州政府无法支付到期债务的威胁是真实而且随时可能发生的。而在1837年的恐慌危机和内战之后,州政府正是出现了这样的情况。[1] 彼时的州政府是如此的臭名昭著,以至于在小说和诗歌中都可以找到对他们的嘲讽。对查尔斯·狄更斯笔下《圣诞颂歌》(*A Christmas Carol*)中的略显吝啬的英雄斯哥鲁奇(Scrooge)来说,付款延迟的汇票才是"纯粹的美国证券"。[2] 威廉·沃德沃斯(William Wordsworth)甚至根据这个主题做了首短诗。"至所有宾夕法尼亚人民"的发言人总结到:

因为政府不守信用,
黑暗从空中财神肮脏的府邸降临,
所有敬畏彭恩记忆的人,
都为这以彭恩命名并被盲目地赋予高尚目标的土地感到悲伤,

---

〔1〕 在John Orth描述的州主权豁免的(明晰而有定性的)历史中不难发现债务违约和债权人为了实现债权而奔忙的故事。John V. Orth, *The Judicial Power of the United States: The Eleventh Amendment in American History*, Oxford, 1987, pp. 3–5.

〔2〕 查尔斯狄更斯,圣诞颂歌,Cromwell,1924,p. 36。[表达的是斯哥鲁奇(Scrooge)解脱的原因:当这些债券像到期的美国债券一样一文不值,世界也还不会完全被黑暗笼罩。]简要的探讨参见John V. Orth, *The Judicial Power of the United States: The Eleventh Amendment in American History*, Oxford, 1987, p. 3。

这高尚的目标最终被堕落的人所抛弃、遗弃。[3]

这首诗攻击的目标是什么呢？正是在 1841 年宾夕法尼亚州对州债的债务违约。[4]

现今，这些往事都像是遥远的传说。这些引起公愤的 19 世纪州政府违约都发生在美国市场和工业充分发展之前，并且许多的违约事件与独立战争的财政状况和战后的经济余波都有联系。[5] 在 20 世纪，只有一个州发生过偿债不能的情况，[6] 此外几乎没有州存在发生违约的可能。[7]

但是，在过去的几年里，州违约的可能性好像开始脱离想象层面了。在了解到上一年的赤字高达 250 亿美元时，加利福尼亚州州长阿诺德·施瓦辛格（Arnold Schwarzenegger）建议将旧金山的市政中心及其他的一些州资产变卖以弥补漏洞。[8] 伊利诺伊州面对自身巨大赤字和公职雇员养老金巨大的缺口时，也通过了大额的增税计划。[9] 两州都处于危险的财政境地，并且存在很多的"追随者"。[10]

随着危机的加剧，当谈论到各州的财政窘境时，一个非常陌生的词的使用频率悄然上升：破产。从 2010 年年末开始，几个政客和评论家坚持认为，已经是时

---

〔3〕 William Wordsworth, "To the Pennsylvanians" (1845), in *The Poetical Works of William Wordsworth* 164, William Paterson, William Knight ed, 1885, p. 164.

〔4〕 See Michael Waibel, *Sovereign Defaults before International Courts and Tribunals*, Cambridge, 2011, pp. 3 – 4.

〔5〕 比如参见 John V. Orth, *The Judicial Power of the United States: The Eleventh Amendment in American History*, Oxford, 1987, p. 5。

〔6〕 阿肯色州在大萧条期间的债务违约。参见 Monica Davey, The State That Went Bust, NY Times WK3 Jan 23, 2011。（分析了阿肯色州 1933 年的违约。）

〔7〕 在国际金融危机之前，关于州违约可能性的认真讨论可能要追溯到 1975 年纽约市的危机期间。许多人认为，如果纽约市崩溃，州也会违约。针对纽约危机，在本文第四部分第二点有所讨论。

〔8〕 比如参见 Elizabeth Lesly Stevens, *States Poised to Sell Trophy Buildings to Unidentified Investors*, NY. Times A33A (Dec 26, 2010)。（为了卖出办公室大楼而换取 13 亿美元。）州长 Jerry Brown 后来取消了这个计划。参见 Shane Goldmacher, *State's Sale of Buildings is Canceled; Brown Says the Deal, Meant to Help Plug the Budget Gap, Would Have Been Far Too Costly in the Long Run*, LA. Times AA1 (Feb 10, 2011)。

〔9〕 See Monica Davey, *Questions Persisting as Illinois Raises Taxes*, NY. Times A16 (Jan 13, 2011).

〔10〕 See Dave McKinney, *Watchdog Group: State Deficit to Grow to $5 Billion*, Chi Sun-Times 26 (Sept 26, 2011); Adam Nagourney, *Budget Crisis Is Worse, California Legislators Are Told*, NY. Times A29 (Dec 9, 2010).

候考虑州破产了。[11] 他们甚至建议,只要法律的设置是完全自愿性的,并且不干涉州政府的决策,州破产没有观念上和宪法性障碍。毕竟只要前述条件被满足,并且授予州禁止其所属的市采用市破产法的权利,市政府破产长久以来都被认为是合宪的。[12] 州破产拥护者们甚至认为,现存解决州财政问题的两大措施——完全违约和联邦救助,都要劣于州破产这一解决方案。[13]

但是,并不是所有人都同意这一观点。预算与政策优先中心(the Center on Budget and Policy Priorities)赶出的一份报告认为,州的危机只是因为经济大衰退导致州和市收入减少,这只是个暂时问题。该报告的作者还进一步强调:"危机是一个周期性问题,并且最终将会因为经济状况的好转而缓解,而州和各级地方却仍需努力维持必要的服务。"[14]一位来自全国州长协会的代表警告参议院预算委员会(Senate Budget Committee),"没有州长和州要求这种权利,且这项权利可能会提高利率、增加州政府的成本和使金融市场的波动加剧"。[15]

国会应该给这些州提供破产的选择吗?或者,破产方案本身就是一个错误?本文的目的就是利用现存的理论、经验的和历史的工具来仔细审视这个问题。本文将以抛砖引玉的方式,而不是教条式的定性的方式来展开探讨,同时希望寻求道德上的公平,并得出若干能够使关注本问题的大众和学者惊讶的结论。比如,类似于在1975年纽约市所采纳的个案重组(ad hoc restructuring)就是一个可

---

〔11〕 比如参见 Jeb Bush and Newt Gingrich, *Better Off Bankrupt: States Should Have the Option of Bankruptcy Protection to Deal with Their Budget Crises*, LA. Times A19(Jan 27,2011); David Skeel, *Give States a Way to Go Bankrupt*, Weekly Standard 11(Nov 29,2010); David Skeel, *A Bankruptcy Law—Not Bailouts—for the States*, Wall St. J. A17(Jan 18,2011)。

〔12〕 参见 United States v. Bekins, 304 US 27, 51 - 54(1938)。由于市和其他自治市是州的分支,市的联邦破产与州破产存在同样的问题。市破产目前在破产法第9章。参见 11 USC § 901 et seq。

〔13〕 比如参见 David Skeel, *A Bankruptcy Law—Not Bailouts—for the States*, Wall St. J. A17(Jan 18, 2011); Jeb Bush and Newt Gingrich, *Better Off Bankrupt: States Should Have the Option of Bankruptcy Protection to Deal with Their Budget Crises*, LA. Times A19(Jan 27,2011)。

〔14〕 Iris J. Lav. and Elizabeth McNichol, "Misunderstandings Regarding State Debt, Pensions, and Retiree Health Costs Create Unnecessary Alarm 1" (Center on Budget and Policy Priorities Jan 20, 2011), http://www.cbpp.org/cms/index.cfm? fa = view&id = 3372, last visited Nov 26, 2011.

〔15〕 See Barrie Tabin Berger, "Telling the Truth about State and Local Finance", 27 *Gov. Fin. Rev.* 79, 80(2011), quoting Senate Budget Committee, The Fiscal Situation 9(Feb 3, 2011), http://budget.senate.gov/democratic/index.cfm/files/serve? File_id = e3f68489 - 487f - 4489 - 98e6 - 8e61fa20cae8, last visited Nov 24, 2011.

行的方案,尽管该方案不是破产方案的十全十美替代品。

许多人,特别是在州破产的语境下,非常忌讳"破产"这个词。目前也正在试图通过使用其他的术语来避免负面的联想,如"州债务调整方案"(State Debt Adjustment Framework)。[16] 改变术语可能能突出州破产和其他人们所熟识的破产方式的不同,也有助于纠正人们对破产单一化理解的偏见,让人们知道破产是一系列备选的重组机制而并非是不可分割的方案。尽管有前述优点,但是本文还是会使用"破产"一词。除了熟识度的因素外,美国宪法也使用"破产"一词,这样对照性也会更强。[17]

使用传统术语"破产"能够回避解释什么是破产的问题。最高法院从来没有清楚地解释过它的范围,并且评论者们也从来没有特意试图给出它的概念外延。[18] 在最重要的早期案件 Sturges v. Crowninshield[19]中,最高法院解释认为宪法中的破产条款赋予国会以下权力(power):(1)征集债务人部分或全部财产向债权人履行;(2)免除债务人部分或全部的债务。[20] 有趣的是,最高法院自从本案之后就没有正面提出过资不抵债(insolvency)是破产的前提。至此,破产几乎囊括了以下所有的情况:(1)任何合理完整的方案来调整债务人的债务;(2)拨付债务人部分或全部财产(若有)向债权人履行;(3)免除债务人债务。[21]

---

〔16〕 但是没有人可以保证改变术语的方式会奏效。第九章的官方名称是"市债务的调整",但其实就是普遍认为的市破产。See 11 USC § 901 et seq.

〔17〕 US Const Art I, § 8,cl 4 赋予了国会"在美国制定关于破产的全国性的法律"的权利。

〔18〕 专家有时甚至自己也会在术语上犯错误。例如,破产律师 James Spiotto 谴责州破产的想法,他的2011年的立法专家意见中错误地认为"将会制造实践的问题、面临法律障碍"。但是紧接着,他建议国会考虑采取类似于主权债务重组机制[SDRM,21世纪初的国际货币基金(IMF)提出的主权债务的框架]。*Role of Public Employee Pensions in Contributing to State Insolvency and the Possibility of a State Bankruptcy Chapter, Hearing before the Subcommittee on Courts, Commercial, and Administrative Law of the House Committee on the Judiciary*, 112th Cong, 1st Sess 57, 69(2011).(James Spiotto 的声明)("州破产听证会"。)在破产的任何普通的定义下,SDRM 都是一个破产的方案。

〔19〕 17 US(4 Wheat)122(1819).

〔20〕 17 US(4 Wheat)122(1819), at 192 – 96. 在 Sturges 中,法院定义的破产包括破产法也包括支付不能的法律。破产法指的是在债务人财产被全部分配给债权人后,债务人解除债务责任。支付不能的法律指的是解放债务人的法律。

〔21〕 关于最高法院对破产条款的扩大解释的讨论(简短但是有效),参见 Frank R. Kennedy, Bankruptcy and the Constitution, in Blessings of Liberty 131, 137 – 38(ALI/ABI 1988)。(认为判例法几乎"将要许可国会制定破产法的彻底的自由"了。)国会破产权限的最彻底的讨论参见 Jonathan C. Lipson, "Debt and Democracy: Towards a Constitutional Theory of Bankruptcy", 83 *Notre. Dame. L. Rev.* 605, 612 – 614(2008)。

因此,在法律授权重组特定一类债权人时,或者宽限他们的债务偿付时,该法律就不是破产法。当本文提及州破产,即意味着一个针对全体的调整方案。

尽管国会根据宪法赋予的商业条款(Commerce Clause)有权颁布法律,规定诸如宽限债务人延期偿债等规定,但问题是一部具体的法律是否属于破产法并不是简单的文字游戏。比如,如果法律不是根据宪法破产条款制定的话,那些改变涉事方非破产权益的法律可能会因宪法中的合同与征收条款(Contracts and Takings Clause)受到更多的严格审查。[22] 同时,若制定依据是宪法破产条款而非商业条款,最高法院也会授予国会更多的灵活性来否定州的主权豁免。[23] 本文的重心将侧重于一个充分完整并属于破产法范畴内的方案。[24]

因为州破产的概念如此之新,所以本文将首先着力证明:为什么从理论层面上州破产是可行的。在过去的三十几年里,感谢道格拉斯·比拉尔德(Douglas Baird)和托马斯·杰克逊(Thomas Jackson)的贡献,大多数美国破产法学者将破产理解为是对集体行动问题的回应。[25] 由于债权人不能够被有效地组织起来,如果破产制度不阻止众债权人争相实现债权,那么债权人的争相挤兑将肢解存在复苏可能性的破产公司。[26] 该理论对州破产是缺乏说明力的,原因是债权人很难逼迫州来还债。[27] 那么州面临的集体行动问题则是非常有限的。

要理解州破产的逻辑,我们首先需要改变分类。不能将州破产比作公司破

〔22〕 比如参见 James S. Rogers, "The Impairment of Secured Creditors' Rights in Reorganization: A Study of the Relationship between the Fifth Amendment and the Bankruptcy Clause", 96 *Harv. L. Rev.* 973, 997 - 98(1983)。

〔23〕 比如参见 Central Virginia Community College v. Katz, 546 US 356, 378(2006)。

〔24〕 在其他的研究成果中,我已经在更加技术性的细节上概括提出了这一法律形式的具体条款。David A. Skeel Jr, "State Bankruptcy from the Ground Up", in Peter Conti-Brown and David A. Skeel Jr, eds, *When States Go Broke: Origins, Context, and Solutions for the American States in Fiscal Crisis* pp. 4 - 8, Cambridge, forthcoming, 2012.

〔25〕 比如参见 Thomas H. Jackson, "Bankruptcy, Non-bankruptcy Entitlements, and the Creditors' Bargain", 91 *Yale. L. J.* 857, 859 - 71(1982); Douglas G. Baird and Thomas H. Jackson, "Reorganizations and the Treatment of Diverse Ownership Interests: A Comment on Adequate Protection of Secured Creditors in Bankruptcy", 51 *U. Chi. L. Rev.* 97, 106(1984)。

〔26〕 Thomas H. Jackson, "Bankruptcy, Non-bankruptcy Entitlements, and the Creditors' Bargain", 91 *Yale. L. J.* 857, 862(1982).

〔27〕 州往往受第十一修正案的主权豁免保护,而免受大多数债权人诉讼。See US Const Amend XI. See, for example, Magnolia Venture Capital Corp v. Prudential Securities, Inc, 151 F3d 439, 443 (5th Cir 1998).

产,而是应比作自然人破产。[28] 州可以类比为自然人。州所面临的不能解决的财务困境,常常是由决策的系统性扭曲造成的。州政客和其他人倾向于过分关注现在而对未来潜在的结果缺乏注意。[29] 正如自然人而非公司,在破产中决策者不能够更换。而且,破产制度可以重组难以承受的债务负担,这些负担如果不重组对债务人和债权人都不利。从这个角度出发,州破产和通常的臆想相当不一样。

打下一些理论基础之后,本文总结了六个州破产的收益。这些收益既包括那些破产制度之外的方案(如增加州在债务重组中的谈判筹码)也能带来的,又包括那些只有采取破产手段才能产生的。通过在各种手段中减少对借款的补贴,破产可以制约州政客忽略财政浪费远期成本的倾向。同时,也能够更加公平地分摊金融危机所产生的损失。目前也存在个案针对性的方案,如最近威斯康星州、俄亥俄州和其他一些州所采用的,常常以牺牲一到两个相关利益群体为代价。[30] 这些群体经常是州雇员和社会服务产品的接受者。破产方案将把更多的利益群体带到谈判桌前。

尽管州破产的优点众多,批评者们还是提出了许多合理的反对意见。其中一些需要认真对待。其中最有说服力的两点反对意见是:(1)州已经有足够的工具来解决他们的财政危机,这点已经被威斯康星州和其他州采取的方法所证明了;(2)破产可能大面积影响债券市场。这将使财务健康的州借款也产生困难。本文将逐个证明这两点有些言过其实。大多数州可能会在违约危机中蒙混过关,即使这种可能性并不是很大,但是这并不能证明忽视灾难性违约是合理的。并且,对债市影响的实证研究表明,对州债券危机不必过度恐慌。事实上,这些反对意见都是对20世纪30年代首次提出市破产的恐慌性警告的重复,并

---

〔28〕 我不是第一个注意到,就破产而言,州可以类比为自然人。关于主权债务的这个理论参见 Robert K. Rasmussen,"Integrating a Theory of the State into Sovereign Debt Restructuring",53 *Emory. L. J.* 1159,1163 – 64(2004)。

〔29〕 自然人和州的决策偏见当然是不同的。它们相对于自然人而言非常明显的区别在于,因为州政客不太可能承担未来的成本,所以即使他们充分认识到对未来的影响,也有足够的动力先享受而后承担责任。See Clayton P. Gillette,"Fiscal Home Rule",86 *Denver. U. L. Rev.* 1241,1256(2009).

〔30〕 比如参见 Monica Davey and Richard A. Oppel Jr, *Wisconsin Budget Would Slash School and Municipal Aid*,NY. Times A16(Mar 2,2011);Amy Merrick and Kris Maher, *Ohio Governor Poses Steep Budget Cuts*,Wall St. J. A4(Mar 16,2011)。

且它们通常也都是那些可能受到新规制约的债权人提出的。[31]

在灾难性财务危机中,传统的破产机制并不是唯一的州财政重整的选择。在本文的最后将考察一个重要的替代方案。1975 年当纽约市陷入财政危机的时候,纽约州成立了财务控制委员会,并启动了一系列改革方案。另外,国会也提供了 23 亿美元的贷款担保。随后,许多州都立法授权自己介入危机处置,通过成立市政控制委员会(municipal-control board)来监督存在财务问题的市。尽管因为联邦制的原因,国会对市一级没有像州政府那样大的介入权,但是只要州同意联邦的介入以换取联邦的财政支持,立法者也能采取相似的方法。这就是国会和纽约州之间采取的模式,并且诸如公共医疗补助(Medicaid)和福利(Welfare)等一些其他的项目也有相类似的特征。正如其他预设的解决方案,该模式也存在一些风险,但这并不影响它的可行性。要研究这些风险,同时全方位地讨论州破产制度,本文也将全面考虑国会的策略性动机和寻求联邦支持的州的策略性动机。

一、理论基础

我们就首先从破产法理论和一个突出的难题入手。根据破产制度通说,破产制度是用来解决集体行动问题的。[32] 尽管一个商业实体的存在相对于破产可能更有价值,但是如果实体遇到财务困难,破坏性的"挤兑"还是会让它解体。[33] 即使这样是低效率的,债权人争相实现债权也是完全合理的,因为如果

---

〔31〕 当第一部市破产法在 1934 年制定时,批评者们声称"这个新生事物将会影响市债券市场",并且"将会影响市债券的正常销售,也可能会进一步提高市债券的利率"。Jonathan S. Henes and Stephen E. Hessler, "Deja Vu, All over Again", 245 *NY. L. J.* S6 (June 27, 2011), quoting Amend the Bankruptcy Act—Municipal Indebtedness, HR. Rep. No. 207, 73d Cong, 2d Sess 4, 6 (1933) (少数派观点) and To Amend the Bankruptcy Act—Municipal Indebtedness, S. Rep. No. 407, 73d Cong, 2d Sess 4, 4 (1934) (少数派观点)。

〔32〕 Thomas H. Jackson, "Bankruptcy, Non-bankruptcy Entitlements, and the Creditors' Bargain", 91 *Yale. L. J.* 857, 859 – 71 (1982); Douglas G. Baird and Thomas H. Jackson, "Reorganizations and the Treatment of Diverse Ownership Interests: A Comment on Adequate Protection of Secured Creditors in Bankruptcy", 51 *U. Chi. L. Rev.* 97, 106 (1984).

〔33〕 "竞相去法院"的危险在 19 世纪末已经是破产领域讨论的主题,但是 Jackson 第一个将其合并到一个破产的通用理论中去。See Davis v. Schwartz, 155 US 631, 636 (1895).

其他债权人这样做而你不这样做,结果只会更糟糕。[34] 通过制止哄抢般的挤兑并给财务困难的公司提供一个解决方案,破产制度解决了债权人各自挤兑的动机和整体利益最大化的冲突。[35] 现代金融领域的文献提出了一个大同小异的观点:因为如果债务人处于财务困境,债权人会坚持执行刚性的合同条款并最终导致低效率的清算,所以破产制度是可行的。[36]

破产制度的难题是:如果正如上述理论提及的那样,破产制度的标志性意义是避免低效和决策性错误的清算,那么这些理由并不能在州破产的情况下成立。因为有了主权豁免的保护,州并没有面临公司同样的清算风险:如果加利福尼亚州或者伊利诺伊州违约,债权人并不能查封在萨克拉门托(Sacramento)或者斯普林菲尔德(Springfield)的州政府大楼,或者取得在山脉中州的财产。[37] 因为这样是行不通的。州对财务危机的应对方式非常接近公司清算。加利福尼亚州先后变卖了13亿美元的公共资产,直到州长杰瑞 · 布朗(Jerry Brown)取消变卖;[38] 许多的州大幅减少公众图书馆和社会项目。[39] 这些削减行为会破坏社会综合治理的效果(如与扶贫或囚犯释放计划相关而发展出来的社会服务体系),这或多或少的和商业实体清算的低效率是相同的。

上述州应对方式和传统破产制度中的挤兑现象之间明显的区别是什么资产

---

[34] 比如参见 Thomas H. Jackson, *The Logic and Limits of Bankruptcy Law* 10, Harvard, 1986。(破产法在规范和实证两个层面所要解决的根本问题是:当没有足够财产进行分配时,个别债权人的救济体制对债权人整体而言是糟糕的。)

[35] 随后的一些学者质疑集体行动问题的范围。比如参见 Randal C. Picker, "Security Interests, Misbehavior, and Common Pools", 59 *U. Chi. L. Rev.* 645, 678 – 79 (1992)。(认为集体行动问题可以通过担保物权的灵活使用得到解决。)并且提出了对于第11章重组条款的其他可选方案,比如参见 Lucian Arye Bebchuk, "A New Approach to Corporate Reorganizations", 101 *Harv. L. Rev.* 775, 785 (1988)。除了强调集体行动问题并不是破产的唯一理由外,这些争议对于目前的讨论而言是间接相关的。

[36] 比如参见 Javier Suarez and Oren Sussman, "Financial Distress, Bankruptcy Law and the Business Cycle", 3 *Annals. Fin.* 5, 6 – 7 (2007)。

[37] 参见 US Const Amend XI。理论上,债权人在一些情况下确实有救济的方法。但是正如下文所讨论的,这些救济方法一般可被规避。

[38] 参见注释8的相关说明。

[39] 比如参见 Michael Kelley, In California, All State Funding for Public Libraries Remains in Jeopardy, Library J (July 5, 2011), http://www.libraryjournal.com/lj/home/891201 – 264/in_california _all_ state _ funding.html.csp, last visited Nov 26, 2011; Michael Kelley and Lynn Blumenstein, Newsdesk, Library J (Mar 15, 2011), http://www.libraryjournal.com/lj/ljinprintcurrentissue/890115 – 403/newsdesk_may_15_ 2011.html.csp, last visited Nov 24, 2011c; Erik Eckholm, States Slashing Social Programs For Vulnerable, NY Times A1 (Apr 12, 2009)。

将被变卖和哪个项目将被取消都是由州来决定而非债权人。州债持有人和公司债权人相比,掌控州的财产的能力是微乎其微的。州在发行债券的时候一般不像其他的主权债务人那样会放弃主权豁免,而且即使州放弃了主权豁免,在债务违约时,在法院追诉州或者其财产还是很困难的。[40] 同时,尽管债权人并没有被剥夺依据公权力实现债权的权利,但是和公司债权人相比,他们很难顺利起诉、获得判决和控制债务人财产。宪法第十一修正案禁止债权人在联邦法院起诉州债务人。尽管债权人可以以起诉州的官员个人的方式绕开这个制度障碍,但是如果最终赔偿的款项是来自州财政的话,债权人是无权获得该笔赔偿的。另外,被起诉官员也可以通过简单的辞职行为来避免执行法院要求执行合同的指令。[41] 考虑到行使过程中的不便,支持普通破产制度的理由可能并不是非常适合用来支持州破产。

然而,避免低效的清算并不是破产制度唯一存在的理由。但是这个理由揭示了一个破产法关键的部分:公权力禁止债权人各自行使债权。破产制度可能对解决债务积压问题是非常必要的。[42] 如果已经存在了大额的债务,债务人(无论是个人、公司还是州)可能会面临无法借款的情况。除非新的债权人能够获得优先的地位,否则新的贷款很快就会被现存的债务吸收而补贴旧债权人。[43] 如果这种假设成立,那么债务人将无法获得贷款。破产制度可以通过降低已有债务的受偿顺序来保证资金能流向未来优质的项目,从而打破此僵局。

低效清算和债务积压问题是破产制度存在的两个不同的理由。低效清算问题在某些情况下会变得很严重(如对农场和金融机构),而债务积压问题对其他

---

〔40〕 比如参见 Steven L. Schwarcz,"A Minimalist Approach to State 'Bankruptcy'",59 *UCLA. L. Rev.* 322,344 n. 68(2011)。("一份关于随机选择州债券契约和州法律的调查显示,在联邦法院,州并没有有效的对于其主权豁免权作出放弃。")

〔41〕 比如参见 Robert S. Amdursky and Clayton P. Gillette, *Municipal Debt Finance Law: Theory and Practice* § 5.4.1,Little,Brown,1992。(描述了州和市政府能够逃避甚至操纵诉讼的能力。)See also City of Grass Valley v. Walkinshaw,212 P2d 894,898(Cal 1949).

〔42〕 事实上,美国公司重组可以说就发展成了回应这个问题的举措。以下是关于研究全国第一个公司重组框架下铁路业托管的经典文章。就此问题参见 Peter Tufano,"Business Failure, Judicial Intervention, and Financial Innovation: Restructuring U. S. Railroads in the Nineteenth Century",71 *Bus. Hist. Rev.* 1,8 -9(1997)。

〔43〕 The classic analysis is Stewart C. Myers,"Determinants of Corporate Borrowing",5 J *Fin. Econ.* 147,154(1977).

一些情况是中心问题(如19世纪的铁路)。[44] 这就是为什么不同的国家在财务危机的时候会采取不同的方案,或者一个国家里不同的行业会采取不同的方案。[45] 如果对州破产没有清算这个选项,这将会放大债务积压的情况。就此而言,州更像自然人而非公司组织。如果没有人向汽车公司购买车辆,因为其他处能买到更便宜的车辆,那么就可以让公司倒闭。但是,州和自然人并不是这样。州主权和相对应的人的自治权表明这样一个可能近乎结论的假设:为了保持债务人未来的希望,债务积压问题必须解决。[46]

州的债务积压显然不像自然人的债务积压那样容易发生和无法挽回。因为有税和其他收入的保证,州与自然人的不同在于州有着源源不断的财源。这些财源可以解决起初非常紧迫的债务问题。[47] 但是州的税收并不是无限的。居民可以通过迁徙到其他的州来避免高税收,同时也可能通过非法手段来逃避高税收。[48] 过去州财务危机的历史表明债务积压是一个现实的问题,[49] 并且若不解决将带来毁灭性的结果。[50]

另外,州也类似自然人。几乎在所有的情况下,系统性决策偏见在财务危机中常常表现突出,而其功能性失灵的特点也惊人的相似。消费者债务人倾向于

---

〔44〕 低效清算与19世纪铁路的情形不太相似,因为每个利益相关者都同意,经营企业要比清算企业更有价值。比如参见 David A. Skeel Jr, *Debt' s Dominion: A History of Bankruptcy Law in America*, Princeton, 2001, pp. 60 - 63。(认为这是促使建立铁路托管制度的一个主要因素。)

〔45〕 参见 David A. Skeel Jr., "The Law and Finance of Bank and Insurance Insolvency Regulation", 76 *Tex. L. Rev.* 723, 725(1998)(将用于解决银行和保险公司破产的程序和第11章下的企业重组的程序相比较)。

〔46〕 Anna Gelpern 认为这个假设是正确的,即使"一般合同和债务合同只专门定义了任何州的一部分成员(constituents)"。Anna Gelpern, "Bankruptcy, Backwards: The Problem of Quasi-Sovereign Debt", 121 *Yale. L. J.* 888, 907(2012).

〔47〕 比如参见 Conor Dougherty, *Higher Taxes Lift State Collections*, Wall St. J. A4(June 29, 2011)。(提议税收增加将会在一定程度上缓解州的财政危机。)

〔48〕 比如参见 Andrew Haughwout, et al, "Local Revenue Hills: Evidence from Four U. S. Cities", 86 *Rev. Econ. & Stat.* 570, 570 - 71(2004)。

〔49〕 Michael Waibel, *Sovereign Defaults before International Courts and Tribunals*, Cambridge, 2011, pp. 3 - 4.

〔50〕 希腊是一个明显的时例。当我刚开始写这篇文章时,主要报纸的头版都是关于雅典街头被抗议者的火焰吞没的照片,这些抗议者的暴动是为了回应欧洲和国际货币基金组织提出的财政紧缩方案。比如参见 Alkman Granitsas, *Greece Erupts over Austerity*, Wall St. J. A1(June 29, 2011)。(反映了暴力抗议和罢工是为了回应400亿美元的财政紧缩方案的国会辩论。)

低估未来成本的发生可能性和强度;[51]政客们有很强的动机在现在支出并将偿还推迟到以后。[52] 破产制度好像并没有解决这两个问题。在公司破产中,决定权从股东的手中转向债权人并且管理团队常常发生变化。[53] 然而,个人破产和州破产制度并没有直接地替换造成功能性失灵的决策者。我们所了解的破产制度在以下两个方面起到了矫正作用:(1)使债权人有动机去消解决策者的决策偏见;(2)通过解决决策偏见导致的债务积压问题,避免决策偏见的不良后果。[54]

二、州破产能带来什么?

到目前为止,讨论集中在支持州破产制度的两个重大理由:其一,它能够减少债务积压造成的不良影响;其二,它对失灵的决策的效果。这些讨论都建立在一个未必完全确切的类比的前提上:州和消费者债务人的相似性。这个部分将讨论由宏观引向微观,具体分析这种重组方案的收益。其中最突出的可能是州尚未进入破产程序就能获得的收益。本部分总共讨论六个具体的收益。以大致的时间顺序为主线推进讨论,从在破产程序外能获得几个收益谈到那些进入破产程序后能带来的收益。

(一)州破产制度"引而不发"的荫庇

第一个收益是重组的框架(restructuring framework)将会带来回馈效应。即使在破产程序外,它也会增加州谈判的筹码。比如,如果州在破产中能够更容易地重组工会化雇员们的集体合同,那么这个威胁将会影响双方在破产程序开始前的谈判。原本在没有破产制度时几乎不可能的谈判,因为有了破产制度而变

---

〔51〕 Tom Jackson 是第一个将决策偏见作为自然人破产的关键原因的学者。Thomas H. Jackson, "The Fresh-Start Policy in Bankruptcy Law",98 *Harv. L. Rev.* 1393,1404-05(1985).(认为消费者"在做决策时,不能全盘的追求自己的长远利益")。

〔52〕 See Clayton P. Gillette,"Fiscal Home Rule",86 *Denver. U. L. Rev.* 1241,1256(2009).

〔53〕 对于破产之后债权人在公司治理中角色强化的研究,参见 David A. Skeel Jr.,"Corporate Anatomy Lessons",113 *Yale. L. J.* 1519,1552-58(2004)。(论证企业破产的主要功能是控制权的转变)。

〔54〕 讨论破产中的债务免除政策的优势,参见 Thomas H. Jackson, *The Logic and Limits of Bankruptcy Law* 10,Harvard,1986,p.249。(通过提供免除所余债务的权利,社会让债权人去监督个人借贷的决策。)又见 Richard Hynes and Eric A. Posner,"The Law and Economics of Consumer Finance",4 *Am. L. &Econ. Rev.* 168,187-88(2002)(强调保险理由)。

得可能。同理,进入破产程序的威胁可能也会使债券债务重组变得简单。效果将取决于破产法的规定和州威胁进入该程序的可信度。与一部附条件的行使重组权利的法律相比,一部给予州完整权限(sweeping authority)来重组某项债务的破产法能提供州更多破产程序前的谈判筹码。同样地,如果州官员愿意去启动破产程序的话,这对州破产法会更加有效。任何增加重组选项的州破产法都会增强州破产前谈判的筹码。正如大多数法律一样,破产制度也产生外部效应。[55]

这种"引而不发"的阴影效应(shadow effect)还有一个重要并惊人的蕴意:它表明即使破产法从来不会被使用,它也能提供收益。在其他的情况下,被束之高阁的法律常常被认为是不合适的或是存在错误的。[56] 可能基于这种直觉,持批评意见的学者认为,因为破产法第九章(最接近州破产制度的一章)很少被适用,并且事实上很少被任何规模的城市所申请援引,所以它的效率低下。[57] 尽管第九章可能存在其他的缺陷,[58]但是缺少大案并不能作为立法失败的证据。恰恰相反,外部效应可能是非常巨大的。事实上,如果州破产的框架能够帮助几个州解决债务积压而不用实际进入程序,那么我们就有足够的理由来支持州破产制度的建立。

(二)约束政治代理成本

几乎每个州的财政危机都与政治决策者的代理问题或多或少有关系。代理问题指的是决策者的利益动机和被决策者所代表的其他利益相关人的利益动机

---

〔55〕"荫庇"的比喻在下文中也可找到 Robert Mnookin and Lewis Kornhauser,"Bargaining in the Shadow of the Law:The Case of Divorce",88 *Yale. L. J.* 950,997(1979)。

〔56〕该观点甚至还有支持的理论和名称:"废弃之法"(Desuetude)。比如参见 William J. Stuntz,"The Pathological Politics of Criminal Law",100 *Mich. L. Rev.* 505,591 -94(2001)(描述了废弃之法的含义,并且提倡它在刑法领域的进一步适用)。

〔57〕比如参见 Omer Kimhi,Chapter 9 of"The Bankruptcy Code:A Solution in Search of a Problem",27 *Yale. J. Reg.* 351,359(2010)。("这一章事实上很少使用,同时它几乎从未被重要的大城市所使用"。)

〔58〕最明显的是在第九章被申请采用前必须跨越的层层险阻。比如参见 Michael W. McConnell and Randal C. Picker,"When Cities Go Broke:A Conceptual Introduction to Municipal Bankruptcy",60 *U. Chi. L. Rev.* 425,455 -61(1993)。(描述和批评了准入要求,诸如破产前与债权人的谈判和偿债不能的证明。)

存在冲突。[59] 最近,两个相关的扭曲现象引起了公众的注意。首先是立法者通过借款来支持眼前的开支,从而享受花费却将成本留给继任者。[60] 第二个扭曲现象是公职雇员的退休金是由表面上没有利益冲突的雇员代表去协商的,但立法者却要依靠公职雇员的投票。[61] 尽管州破产制度不能去除这些扭曲现象,但是可以起到限制作用。

让我先从立法者通过借款以支持眼前开支的这个问题入手。州债券的价格是被一个隐含的承诺所支持的(或者说是因为这个承诺,州债券的借款成本才得以降低):如果州陷入财政困境,债券持有者还是会得到救助。[62] 通过降低借贷成本,这样的一种"补贴"增加了债务融资的吸引力,进而加大了立法者对债务融资的渴望。通过在危机情况下重组州债务的机制,破产制度能够缩减这项"补贴"。如果说破产制度可能降低了联邦救助的压力,[63] 那么它也能够确保债券的价格更加准确地反映它们产生的真实社会成本,同时也将给予债券持有人动力来监督州的金融状况。虽然立法者可能仍会考虑借债来支持现今的消费,但是这样会使借贷的成本更高。

第二个扭曲现象是关于退休金的。州的退休金债务是对州财政稳定最大的威胁。许多州都对他们的雇员做出了冲动而又慷慨的承诺,并且州的退休基金

---

〔59〕 代理成本的术语起源于作为一种描述企业管理者与股东之间的利益冲突的公司治理经济分析。See Michael C. Jensen and William H. Meckling,"Theory of the Firm:Managerial Behavior,Agency Costs and Ownership Structure",3 *J. Fin. Econ.* 303,308 -09(1976).

〔60〕 See Clayton P. Gillette,"Fiscal Home Rule",86 *Denver. U. L. Rev.* 1241,1256(2009).(描述了过度借贷的动机,给未来的居民增加临时外部成本的动机)。

〔61〕 比如参见 Richard Epstein, The Wisconsin Shoot Out on Public Unions, Defining Ideas(Hoover Institution Feb 22,2011),http://www. hoover. org/publications/defining-ideas/article/67771,last visited Nov 25,2011。

〔62〕 这就和花旗集团和美国银行的债券持有人在 2008 年享有的补贴相类似,因为大众普遍认为(最后证明也是这样)这类金融机构将会被保护以防止违约。See Dean Baker and Travis McArthur, The Value of the"Too Big to Fail"Big Bank Subsidy, Issue Brief 2(Center for Economic and Policy Research Sept 2009).

〔63〕 Clay Gillette 认为破产法的存在实际上可以被作为争取联邦救助的筹码来使用。See Clayton P. Gillette,"Fiscal Federalism, Political Will, and Strategic Use of Municipal Bankruptcy",79 *U. Chi. L. Rev.* 281,302 -08(2011).(指出州违约的相互影响效应会导致联邦政府更愿意进行紧急救助而不是采取破产的方式。)虽然 Gillette 关于策略考量的观点很重要,但是一个州仅仅是威胁违约的能力,已经提供给这个州相当大的谈判筹码。破产制度似乎能够在整体上减轻紧急救助的压力,这个问题会在本文的后面进行论述。

一般都存在严重不足的问题。根据最近的评估,这个缺口在3万亿美元左右。[64] 政治代理成本是退休基金问题的主要成因。一方面,退休金是由立法者和州雇员工会协商决定的,而立法者的当选取决于雇员们的投票;另一方面,立法者本身也是该州退休基金计划的受益者(有时其他情形下他们会更加慷慨)。[65] 结果导致退休金的谈判和真正的无利害关系的谈判非常不同。由于退休基金的审计非常复杂,并且预测退休基金的最终成本非常困难,这为立法者尝试克扣为支付退休基金所预留的款项提供了可能性。[66] 事实上,虽然州法要求立法者平衡开支,但是不足额地提留退休基金已经成了规避州法的主要手段。正如乔希·劳(Joshua Rauh)所总结的,"正如公司有办法擦掉资产负债表上的债务(想想安然,或者美林公司的相关事件),州和各级政府也能规避资产负债的法律。最普遍的做法是通过许诺更多的退休金来增加公务雇员的报酬"。[67] 理解了退休金的义务之后,立法者们就能隐瞒掉实质的赤字。[68]

当然,破产制度也能够降低加剧退休金问题的政治代理成本。正如后文会详细提到的,在破产中,退休金受益人能够获得的破产请求权不能超过州为支付退休基金所实际预留的金额。[69] 如果是这样的话,没有足够资金支持的那部分退休金承诺只能是一般无担保破产债权,并可能无法足额受偿。在破产程序之

---

〔64〕 The high-end $3 trillion estimate comes from Robert Novy-Max and Joshua D. Rauh, "The Liabilities and Risks of State-Sponsored Pension Plans", 23 *J. Econ. Persp.* 191, 204(2009).

〔65〕 根据关于退休金的权威观点,1992年有报道称,德州参议院的高级职员在退休时可以得到超过最终薪金的660%的退休金。俄克拉何马州的高级参议员有权获得最终薪金的172%的退休金。John H. Langbein, David A. Pratt, and Susan J. Stabile, Pension and Employee Benefit Law 105-06(Foundation 5th ed 2010), quoting Christine Philip and Rodd Zolkos, Legislators' Benefits Can Exceed Pay, Pensions & Investments 3(Aug 3, 1992).

〔66〕 大部分的问题都是因为用来确定退休金支付受益人数额的"最后平均公式"引起的。除非一个分析师既有精算技能又有关于计划受益人的详细的数据,否则她甚至不能对计划之下未来可能的负债做出有根据的猜测。

〔67〕 Joshua Rauh, "The Pension Bomb", *Milken. Inst. Rev.* 26, 28(First Quarter 2011).

〔68〕 即使"预算与政策优先中心"(这样一个狂热的批评州破产的机构)也承认在伊利诺伊州该问题的程度。Iris J. Lav and Elizabeth McNichol, Misunderstandings Regarding State Debt, Pensions, and Retiree Health Costs Create Unnecessary Alarm 1(Center on Budget and Policy Priorities Jan 20, 2011), http://www.cbpp.org/cms/index.cfm? fa=view&id=3372, last visited Nov 26, 2011. 因为伊利诺伊州的长期财政短缺(它需要收入以支付费用),所以多年来从事的财政实践非常糟糕:该州推迟向供应商的付款,没有缴足退休金预留份额或借款来支付退休金预留份额,把资产资产证券化或变卖,采取了其他存在风险的做法。

〔69〕 参见第二部分第三点。

外,许多因素都会影响实际重组的数额。比如,工会代表可以以未缴纳资金的退休金承诺的法律性质不确定为理由去谈判,寻求部分的保护。[70] 在破产程序中,未缴纳资金的退休金承诺更有被调整的可能性;破产程序之外,州通常无视是否有足够的资金支持,而保护当初对退休金的承诺。[71] 关于调整的可能性并不是主观臆断的。在市破产制度下,阿拉巴马州(Alabama)的普理查德市(Pritchard)根据破产法第九章重组了已退休和未退休雇员的退休金债务,并且罗德岛州(Rohde Island)的中心瀑布市(Central Fall)随时准备着采取这种做法。[72]

因为在破产中没有资金支持的退休金慷慨承诺会被缩减,引入破产制度带来的这个威胁就会鼓励州雇员自行监督以确保预留了足够的退休基金,那么不足额缴金的问题也就受到限制。当然,这并不能完全纠正扭曲的谈判动机。但是至少其中有一方将要承受不足额缴金带来的后果,那么一旦州申请破产并且需要重组债务时,公职雇员的谈判者就会被指责。这样的前景会迫使他们考虑承诺的稳定性,特别是当州财政正在恶化的时候。随着对预留足够资金的重视程度不断增加,过分慷慨承诺的真实成本将会显现,进而向立法者施加更多的限制性压力。[73]

要注意的是,上文提及的这些诸如对债券价格去补贴化的效果优势都属于

---

〔70〕 破产制度中的"债权人的最佳利益"原则可能具有同样的效果。在第11章,该规定要求:每个债权人能获得至少等同于他们将在清算中得到的份额的份额。参见 11 USC § 1129(a)(7);Bank of America National Trust and Savings Association v. 203 North LaSalle Street Partnership,526 US 434,441 - 44 (1999)。因为市政当局不能被清算,在第9章的该条要求债权人获得的超过他们将在合理的其他相应方案下获得的。See 11 USC § 943(b)(7);6 Collier on Bankruptcy § 943. 03[7][a] at 943 - 27(Matthew Bender 15th ed rev 2005).州破产制度将(并且应当)包括类似规定。根据这一规定,退休金受益人认为,最合理的其他相应方案是在州法律定下得到全部的偿付。合乎情理的反驳观点是,在缺乏破产的情况下,州将会违约,退休金受益者将不会获得超出实际预留的资金总量中的退休金。

〔71〕 某退休金学者认为,在实践中,甚至当政府面临严重的财政压力时,公职人员的退休金福利也没有降低。Andrew G. Biggs, The Market Value of Public-Sector Pension Deficits 4 (American Enterprise Institute Apr 2010), http://www. aei. org/outlook/economics/retirement/the-market-value-of-public-sector-pension-deficits/, last visited on Nov 26,2011.

〔72〕 两者都没有公开给出相关解决受益人在不足额缴纳退休金情况下的法律权益问题决定。关于 Pritchard 的讨论参见 Jeffrey B. Ellman & Daniel J. Merrett,"Pensions and Chapter 9:Can Municipalities Use Bankruptcy to Solve Their Pension Woes?",27 *Emory. Bankr. Dev. J.* 365,411(2011)。

〔73〕 See Robert Novy-Max and Joshua D. Rauh,"The Liabilities and Risks of State-Sponsored Pension Plans",23 *J. Econ. Persp.* 191,204(2009).

破产法的外部效应,并不需要任何的州提出破产申请。如果某个州在破产中不得不调整无法实现的退休金,那么传达给其他州的信号将会更强。在这种情况下,破产还会带来另一种收益:大多数涉及州退休金计划的案件是由州法官决定的,而这些法官也是这些退休金计划的受益者。[74] 在破产中,这些决定将会由联邦法官作出,这些和慷慨的退休金承诺没有任何个人利害关系的法官将确保更加公正的判决。

破产并不是个“万能药”。立法者可能仍然存在借款的想法,这样他们就可以享受当下的资金支持而把归还问题留给继任者。州退休金计划扭曲的问题可能不会就这么消失。但是破产制度能帮助披露出借款的真实成本并且弱化扭曲。

(三)建立更加协调的受偿顺序(coherent priorities)

破产制度也会给州的偿债带来更加直接和协调的顺位机制。部分可能是因为州没有预计到违约的情况,所以尽管许多州可能会有意识地提高一些债权人的位阶,但是各州并没有建立任何完善的偿债顺序体系。尽管联邦破产制度框架可能会填补位序上的空白,但是州债的受偿顺序仍是非常紧迫的问题。通过明晰顺序,破产制度能增加债权市场的效率,抑制破坏性的借贷并且降低州的借贷成本。

为了了解州受偿顺序地框架和破产制度所带来的潜在利益,下面考察加利福尼亚州宪法中相对强有力的制度。[75] 条文规定:只要涉及公立学校系统的,他们对州财政收入享有第一顺位的请求权。[76] 加利福尼亚州宪法也被解释来保护加利福尼亚州的“一般性债券债务”(general obligation bond debt)。该种

〔74〕 比如参见 Sidley Austin LLP, Illinois' Authority to Reduce the Pension Benefits That Current Employees Will Earn from Future Service pp. 1 - 2,28(Apr 27,2010),http://civiccommittee.org/initiatives/StateFinance/Final%20 Pension%20Rebuttal%20Memorandum_4_27_10.pdf, last visited on Nov 25,2011。(认为法官的退休金不同于其他公职雇员的退休金,是被州宪法所保护且不能够调整的。)

〔75〕 笔者认为,Anna Gelpern 是法学界首先注意到这个问题的学者。Anna Gelpern,“Building a Better Seating Chart for Sovereign Restructurings”,53 *Emory. L. J.* 1115,1126 - 28(2006).(以主权国家的优先权有无的情况作对比。)

〔76〕 Cal Const Art XVI, § 8(a).(来自于州的全部收入中首先应当将收入留出,用于支持公立学校系统和公共高等教育机构。)

债务将用全部加利福尼亚州的收入来归还而不是来源于某项特殊的抵押物。[77] 养老金的受益也获得了特殊的待遇。[78] 尽管并没有规定得那么详细,其他州的宪法也提供了相似的保护。[79]

尽管顺位表面上非常直接,但是从效果方面看有两个模糊的问题。第一个问题是,如果州违约的话,债权人能够做的很少。如果州能够留出某个具体的抵押物或者指定某些收入来偿还债务的话,那么在任何情况下优先的债权人都能受到保护。但如果承诺只是停留在承诺层面上的话,那么在危机中,承诺就会被颠覆。比如在20世纪90年代,当厄瓜多尔陷入经济危机时,尽管许下过将保护债券的承诺,厄瓜多尔通过确定那些债券先行重组来规避表面的偿债顺序。[80] 州也能通过这样激烈的方式来颠覆受偿顺序,即停止所有优先债务的偿付,并支付某些特殊的债权人。这种受偿顺序的模糊源于州所具有地主权地位。这种模糊性使得州事先许诺的受偿先后顺序很难使人相信,同时这样的主权地位也向州提供了事后简单拒绝而不履行义务的选项。[81]

第二个模糊性是州财务操纵的直接结果,对待退休金债务的态度就是其主要的证据。两个众所周知的例子。在伊利诺伊州(Illinois)和纽约州(New York)的宪法中,退休基金对公职雇员的承诺是不可改变的。[82] 这些条款不仅仅保护了已经赚得的利益,同时无论未来利益方案是多么的慷慨,雇员未来的利

---

[77] See State Administrative Manual(Department of General Services July 10,2007),资料来源http://sam. dgs. ca. gov/TOC/6000/6871. htm,last visited Apr 11,2012。(强调了根据加利福尼亚州的宪法解释所规定的对于总括性债券债务提供的保护。)

[78] Cal Const Art XVI, § 17.

[79] 在伊利诺伊州,在宪法条款"任何退休金或者退休系统的受益人关系……应当是一个可执行的合同关系,其受益不得减少或受损"之下,退休金是受到特殊对待的。Ill Const Art XIII, § 5.

[80] 同样,巴基斯坦在2000年的债务重组打破了欧洲债券持有人比其他债券持有人地位优先的前提条件。See Jeromin Zettelmeyer, *The Case for an Explicit Seniority Structure in Sovereign Debt* pp. 18 – 20(IMF Working Paper, Sept 29,2003).

[81] 加利福尼亚州债券持有人有最强法律支持的保护,但是州宪法条文承诺州债券债务的优先性,这是否能阻止债券被重组,还不甚明确。更可能的是,它只要求先支付债券,而不是保证债券的本金金额不变。

[82] Ill Const Art XIII, § 5;NY Const Art V, § 7. See also Jennifer Staman, State and Local Pension Plans and Fiscal Distress:A Legal Overview 5(Congressional Research Service Mar 31,2011),http://www.nasra. org/resources/CRS%20state%20and%20local%20legal %20framework%201104. pdf, last visited Nov 25,2011. [伊利诺伊、纽约、阿拉斯加、亚利桑那、夏威夷、密歇根的宪法条款一般都明确规定,州及其雇员之间的合同(得利益或者份额权利)不能被影响。]

益也不能减少。[83] 如果伊利诺伊州每年为此承诺留出足够的资金,那就不会有什么问题。这样的债务就像是常规的有抵押的债权。但是,伊利诺伊州只为履行该义务留出一小部分资金(根据最近最高估计也只有51%)。[84] 这样做的结果则是不可能确定保证的具体范围。退休金债权应该被全额保护,还是只限于留出的资金部分,抑或是其他的数额?

在每个相关的领域中,破产的解决方式都可以明晰和增强优先顺位的机制。虽然破产制度不能阻止州在破产程序外扭曲优先顺序的企图,但优先顺位会在实际的破产程序中被遵守,并且这种被遵守的可能性带来的回馈效应也会改变破产程序之外的债权人预期。有了对破产顺位的保护,债权人会有更多的筹码来拒绝破坏优先顺序的重组方案。[85] 如果州建议重组一部分可能受偿顺位较低的债务而忽略另外一些较高顺位的债权人,后者可以拒绝这样的方案,并且坚

---

〔83〕 然而关于该承诺的确切的内容是有争论的。盛德国际律师事务所认为只有退休基金本身负有支付责任;州对不足的部分没有补足的义务。Sidley Austin LLP, Illinois' Authority to Reduce the Pension Benefits That Current Employees Will Earn from Future Service pp. 1 - 2, 28 (Apr 27, 2010), http://civiccommittee.org/initiatives/StateFinance/Final%20 Pension%20Rebuttal%20Memorandum_4_27_10.pdf, last visited on Nov 25, 2011. For an example of the larger dispute over the legal status of Illinois pension benefits, compare Eric M. Madiar, Is Welching on Public Pension Promises an Option for Illinois? An Analysis of Article XIII, Section 5 of the Illinois Constitution 2, http://www.senatedem.ilga.gov/images/pensions/D/Pension% 20Clause%20 Article%20Final.pdf, last visited Nov 26, 2011.(认为伊利诺伊州的议会不能改变目前受益人的退休金。) with Sidley Austin LLP, The General Assembly's Authority to Enact Comprehensive Pension Reform Legislation: A Response to Eric Madiar 1 (Apr 11, 2011), http://www.illinoisisbroke.com/files/PensionReform Memo041 111.pdf, last visited Nov 25, 2011.(在此证明国会能减少尚未赚得的利益。)最近,一些州的决议允许有限调整现有的退休金。科罗拉多州和明尼苏达州的法院在诸多争议事项中支持了对生活费调整的新限制。比如参见 Mary Walsh, Two Rulings Find Cuts in Public Pensions Permissible, NY Times B1 (June 30, 2011)。

〔84〕 Doug Elliot 指出,"伊利诺伊州的退休金……目前退休金计划中只有51%有资金支持,即使使用的是州自己的报告数据。如果使用最保守的贴现率,州只有向退休金计划注入了28%的资金。" Douglas J. Elliot, *Potential Federal Roles in Dealing with State and Local Pension Problems*, Brookings May 12, 2011, p. 3. 该数字上的差异源于州自身对于未来资产收益的大胆假设。这个观点已经被纳入 Pew 的退休金报告, Rauh 使用的假设更可信,参见注释67。

〔85〕 如果非自愿的州破产制度成为可能,那么债权人将有更多的谈判筹码,因为如果州启动歧视性的重组,债权人可以威胁让州进入破产程序。但是非自愿的州破产制度不合宪,正如我们在第三部分的第一点中将讨论的那样。

持提供更加公平合理的方案或者直接进入破产程序。[86] 无歧视的可选机制(如破产)的存在会在危机中使州的无视受偿顺序明显地变得更加困难。

在目前的法律框架下的第二个问题中,破产制度对不明晰的分配顺序有着更加突出的贡献。如果没有破产法律制度,在近乎错乱的分配顺序下债权人几乎完全靠运气。我们再次回到不足缴纳退休金的情况。比如,伊利诺伊州的宪法意图全方位地保护对雇员的退休金承诺。[87] 如果一方面州决定继续偿付所有的退休金利益(尽管存在资金的差额),这样的决策依据是州宪法对退休金的安全担保。而另一方面,如果政客提出继续给付是不可能的,考虑到州宪法的安全担保与支持资金的不足之间的矛盾,那么一旦进入诉讼,结果可能是非常不确定的。

破产制度会从两个方面解决这个难题(Gordian knot)。破产制度完全尊重州法保护的财产权(作为破产制度首要目的),[88]同时对照一般无担保债权的处理方式对其他债权进行重组。因为州破产制度是联邦法律,根据法律位阶的原则,该法将优于与之相冲突的州法。[89] 不足额缴纳养老金的问题在于:部分甚至所有的州的承诺是否能为请求权人创设第一顺位的财产权。法官非常可能支持养老金受益人有请求权,但是最终受偿份额视州实际缴纳的而定。没有实际金额支持的部分,将会被当作一般无担保债权来对待。这是一般的财产权利在破产程序中受到的待遇。比如,一个有担保的债权人拥有与抵押物价值相仿的价值保证的请求权,同时超出担保物价值的部分成为无担保债权。[90] 法学界存

---

〔86〕 如果债券持有人广泛分散,集体行动问题可能使他们的协作变得复杂。但债券的所有权通常是集中的。同时,如果州对不同意股权置换的债券持有人进行惩罚,债券持有人可能无法拒绝。讨论公司债券问题的文献参见 Marcel Kahan,"Rethinking Corporate Bonds:The Trade-Off between Individual and Collective Rights",77 *NYU. L. Rev.* 1040,1055 -56(2002)。

〔87〕 笔者重点关注的利益是:现有受益人已获得的账面收益,而不是收益计算公式(关于还没有被当前和未来的雇员取得的收益的计算公式)是否可以被改变。这个问题以及州其他的做法都在 Monahan 的文中充分的分析了,参见 Amy B. Monahan,"Public Pension Plan Reform:The Legal Framework",5 *Educ. Fin &Policy* 617,643 -45(2010)。(注意合同、产权和年金计算方式的不同后果。)

〔88〕 比如参见 Butner v. United States,440 US 48,54(1979)。(认为破产应遵循州法律对于财产权利的处理。)

〔89〕 US Const Art VI,cl 2.

〔90〕 根据 11 USC § 506(a)(同时适用于第 9 章和第 11 章),财产利益可分为有担保的和无担保的利益。参见 11 USC § 506(a);11 USC § 901(a)。

在很有力的论点认为养老金的请求权也应当如此处理。实际上,这种观点的根据是既得养老金的历史重要性。这种既得权防止退休基金改变或者撤回对受益人的承诺。但它并不能保证一定有足够的资金来支付受益人,它实际所保护的是承诺而不是受偿的优先性。[91]

根据美国宪法,此论证可能会因为两点被质疑。第一,受益人会主张将他们的财产利益限制在实际留存的限额内违反了宪法的征收条款(Takings Clause)。[92] 将除实际缴纳外的部分作为无担保债权来对待,干涉了他们收回投资的预期。除非受益人被全额偿付,否则这在宪法上是难以被接受的。[93] 第二,这也违反了宪法的合同条款(Contracts Clause)。原因是它破坏了在州法下作出的承诺。尽管这样的论证有一定的说服力,但是两者都不能撼动普通破产分配的方式。征收条款(Takings Clause)理由的弱点在于财产权利通常以实际价值为基准来保护,同时受益人对收回投资的预期受到包括州是否能够给付未足额缴纳的退休金等在内的许多不确定因素的影响。考虑养老金受到的对待与其他财产权长久以来的在破产程序中受到的对待相似,根据前述论证,也不存在违反宪法合同条款(Contracts Clause)的情况。[94] 在这个基础上,未足额缴纳的退休金计划,其地位在破产程序中要比其他情形下明晰得多。

破产制度对州的其他债务也有澄清作用。许多州的债务(或者说仅具有债的表象的请求权)是由州对所属的市和一些法律上独立于州的项目所作出的承诺而构成的。特别区(special districts)的兴盛,部分是因为州有意规避债务上限

[91] 正如某评论员所说,"在1974年的ERISA通过之前,事先对退休金的注资义务对雇员而言几乎完全是自愿性质的。缺乏抵押物使员工在雇主破产或终止该养老金计划的情况下面临违约风险"。Eric D. Chason, "Outlawing Pension-Funding Shortfalls", 26 *Va. Tax. Rev.* 519, 523 (2007). 在1963年Studebaker的倒闭引起公众对不足额缴纳问题关注,并且最终导致了ERISA的颁布。Id, citing John H. Langbein and Bruce A. Wolk, Pension and Employee Benefit Law 355 (Foundation 3d ed 2000).

[92] US Const Amend V.

[93] Penn Central Transportation Co v. City of New York, 438 US 104, 124 (1978).

[94] 为了分析宪法的合同条款,法院有可能会区分州宪法和州法律规定。根据这种观点,否定州的宪法关于保护财产权的规定会更加困难,因为州以其自身去改变州宪法是很困难的,但是在宪法破产条款的支持下的重组似乎更有可能被法院支持。

和预算平衡的要求,[95]结果就变成了复杂的义务交织。尼可·杰里纳斯(Nicole Gelinas)认为纽约州只有35亿美元的州债。纽约州所欠的剩下的785亿美元的债权人都是所谓的特殊"机关",包括过渡金融局(the Transitional Finance Authority)、城市交运局(Metropolitan Transportation Authority)、宿舍管理局(the Dormitory Authority)等其他机构,[96]破产制度有很清晰的方法来理清这些债权。[97] 破产程序能够使州厘清债的实际限额,并且即使在破产程序外,破产程序也能使债务更加明晰。

最后的问题源于受偿顺序能够通过改变到期还款日来间接地变更。需要很快还款的债务实际上就具有优先顺位,即使实质上并不具有优先权。[98] 假设大量的州债是由十年到十五年期债券组成,这些债券相对后发的债券具有优先受偿的权利。为了创造一个事实上的优先权,州只需要缩短它的还款期限即可。在危机中,这种规避优先顺序的情况对增加债务人借款成本和鼓励过度借款都起到了推波助澜的作用。[99]

---

〔95〕 比如参见 Richard Briffault, "The Disfavored Constitution: State Fiscal Limits and State Constitutional Law",34 *Rutgers. L. J.* 907,920 – 27(2003)。(描述了这些特殊项目的采用以及它将产生的成本。)

〔96〕 Hearing on State and Municipal Debt: The Coming Crisis? Before the Subcommittee on TARP, Financial Services, and Bailouts of Public and Private Programs of the House Committee on Oversight and Government Reform,112th Cong 1st Sess 1 – 2(2011)(statement of Nicole Gelinas, Manhattan Institute), http://oversight. house. gov/images/stories/Testimony/gelinas_testimony_edit_2MH. pdf, last visited on Nov 25,2011. ("Gelinas Statement"). Gelinas 认为,这种结构的复杂性使州破产站不住脚。事实上,这种观念是一种倒退,在接下来的文中会讨论。破产制度将会解决不确定义务的状态,这是其他方案所做不到的。

〔97〕 一般情况下,每个组织都单独处理。如果相应组织的债权人同意整合,那么复杂的案件往往会被实质的合并。比如参见 William H. Widen, "Report to the American Bankruptcy Institute: Prevalence of Substantive Consolidation in Large Public Company Bankruptcies from 2000 to 2005",16 *Am. Bankr. Inst. L. Rev.* 1,6,8(2008)(对315个大型上市公司的破产进行调查,实质上有178个发生了合并)最著名的案例是 In re Owens Corning, Inc,419 F3d 195,211(3d Cir 2005)(就实质合并提出了一个非常具有限制性的原则)。最近的判例如 In re Worldcom, Inc,2003 WL 23861928(Bankr SDNY Oct 31)和 In re Enron Corp,419 F3d 115,119(2d Cir 2005),涉及了许多的组织,很类似州破产的情况。

〔98〕 州使用短期税收预期债券(TANs)来筹集资金已经是司空见惯的了。当这种借贷作为预期收益实现之前的过桥资金时,它是没有问题的。但它也可以用来变相增加州的整体债务。参见 Stewart E. Sterk and Elizabeth S. Goldman, "Controlling Legislative Shortsightedness: The Effectiveness of Constitutional Debt Limitations",1991 *Wis. L. Rev.* 1301,1314 – 15(1991)。

〔99〕 这种借新债冲淡旧债的效果被 Patrick Bolton 和 Olivier Jeanne 在下文中模式化了。Patrick Bolto & Olivier Jeanne, "Structuring and Restructuring Sovereign Debt: The Role of Seniority",76 *Rev. Econ. Stud.* 879,890 – 91(2009).

破产制度也能在顺位规避上有所作为。州能否钻受偿顺位的空子取决于是否能使新债权人相信他的债务会被偿还。因为新的债权在破产程序中常常会丧失这种事实上的优先权，所以破产制度破灭了隐形的优先权。[100] 投资者们会考虑州在偿还短期债务前就已经申请破产的可能性。通过干预事实的优先权，破产制度阻吓在金融危机中具有破坏作用的最后一刻借贷。[101]

这是优先顺位问题中的一个常见问题。在破产制度下申请破产会厘清各方的优先顺位并且减少破坏公平偿债的可能性。即使各州申请破产的可能性是非常小的，但破产制度的存在对破产程序之外的优先权产生影响。当然，破产制度也不能够完全使偿债达到公平。州还是能够尝试改变受偿顺位或者做出无资金支持的养老金承诺。但是，破产制度的存在本身会改变各方的预期，并且预期的内容会更加接近正式的、合理的优先权安排。

（四）额外的重组工具

破产制度也使一些在破产外不可能的重组变得可能。在前文我们见到了一个此类优点的重要例子：破产制度为重组未足额缴纳的养老金问题提供了更多的解决方案。市破产的经验表明，政治压力会对降低此类受偿的顺位造成限制。[102] 但是，如果有了破产制度，州会有法律手段来重组过分慷慨并不足额缴纳的养老金。正如前述讨论的，他们的顺位在没有破产制度时是非常模糊的。[103]

加利福尼亚州瓦列霍市（Vallejo，CA）的经验告诉我们破产制度还从其他几

---

〔100〕 该论点在下文中从主权债的角度被更具体的被阐述了，参见 Patrick Bolton & David A. Skeel Jr, "Inside the Black Box: How Should a Sovereign Bankruptcy Framework Be Structured?", 53 *Emory. L. J.* 763, 788 - 800 (2004)。

〔101〕 Patrick Bolton & David A. Skeel Jr, "Inside the Black Box: How Should a Sovereign Bankruptcy Framework Be Structured?", 53 *Emory. L. J.* 763, 788 - 93 (2004). 通过采用"在先债务规则"（first-in-time priority rule），破产制度带来的好处能够被进一步放大。在此规则下，早期的一般债务优先于后发行的债务，Ibid., at 799。

〔102〕 例如，瓦列霍市的破产案中，该城市并没有重组其退休金债务。与律师协商后认为，其与 CalPERS 在退休金计划修改的诉讼（针对当前的退休人员和在职人员）将非常昂贵并且将旷日持久。参见访谈 Robert V. Stout，前瓦列霍市财务主管和破产联络人（June 15, 2011）（作者留存，尚未发表）。

〔103〕 参见注释 87 ~ 94 的相应说明。

个方面加强了重组的效率。[104] 因为州法的限制,瓦列霍无法以破产以外的手段关闭不必要的消防站,并且也不能中止和其雇员的公职雇员合同。[105] 破产让该市同时处理了上述两个问题。破产让债务人有一个更大灵活度来解除在破产之外无法解决或者解除成本过高的合同。

这些功能对公司来说是多么的重要以至于有时一些公司申请破产主要就是为了获得这些功能来进行重组。[106] 同样地,如果财务无法为继,这些功能同样也会很大地加强州重组自身财务的能力。

(五)公平的损失分配

当然,州也并不只是懒散地等着财务世界末日的到来。他们缩减成本,有时提高税收,并且试图将利益相关人的利益重组。这就是最近危机当中州所做的事情。在这方面,威斯康星州(Wisconsin)做得特别积极:重新和他的公职雇员商谈集体合同,并且通过有争议的立法,限制以后关于集体商谈的权利。[107] 伊利诺伊州、加利福尼亚州、纽约州和新泽西州(New Jersey)也已相似的方式回应财务窘境。[108]

对于财政重整的优先顺序有这样的一种理解:正如汽车业和航空业,许多州对他们的雇员都做了不切实际的承诺。[109] 这些不切实际的承诺所造成的高额

---

〔104〕 2008年瓦列霍市申请了第九章的破产,这成为了第九章讨论的焦点问题。参见 In re City of Vallejo,408 BR 280(9th Cir BAP 2009)。

〔105〕 See In re City of Vallejo,403 BR 72,79(Bankr ED Cal 2009),affd 432 BR 262,275 - 76(ED Cal 2010).

〔106〕 终止租约和把违约赔偿作为一般无担保债权是Kmart和许多其他零售商申请破产的一个主要原因。参见 In re Kmart Corp,362 BR 361,384(Bankr ND Ill 2007)。通用汽车和克莱斯勒也享受同样的制度保护,11 USC § 365(a),来结束不良的汽车销售代理关系。参见 Lawrence A. Young et al,"Some Critical Issues in Automobile Dealer Bankruptcies",64 *Consumer Fin. L. Q. Rep.* 368,369(2010)。

〔107〕 关于威斯康星州所作出的限制和在宪法上的矛盾,参见 Paul M. Secunda, Constitutional Contracts Clause Challenges in Public Pension Litigation pp. 28 - 48(尚未发表,Apr 2011),http://papers.ssrn.com/sol3/papers.cfm? abstract_id = 1806018,last visited Nov 26,2011。

〔108〕 比如参见 Vauhini Vara and Jacob Gershman, *Why Cuomo Is Sailing and Brown Becalmed—The New Governors of New York and California Have Quite a Few Things in Common;So Far,Success Isn't One of Them*,Wall St. J. A5(June 30,2011)(对比了在处理州财政危机时,纽约州州长Andrew Cuomo的成功和加利福尼亚州州长Jerry Brown的困境)。

〔109〕 比如参见 John Hood, The States in Crisis, 6 Natl Affrs 49, 55 - 56(2011), http://www.nationalaffairs.com/publications/detail/the-states-in-crisis,last visited Nov 26,2011。(不计后果的支出和承诺没有资金支持的政府退休金程度非常高。)

成本被认为是州财政危机的主要诱因。所以州拿劳动力成本和退休金计划成本开刀也是合理的和可以理解的。

但是,在州对财务困境的回应手段中令人吃惊且较不合理的是:那些重组手段并没有相应以不懈的努力来减少其他的债务。在最近的危机中,有两个利益相关的权益被要求承担了不成比例的牺牲:州的公职雇员和公共服务产品的获得者(特别是穷人和中下的社会阶级)。其他相同情况的债权人(如债券持有人)并没有被期望承担任何的财务负担。

最近对于州限制州雇员集体协商权利的举措引起了强烈反响,而这或许是工人和那些同情者们因"二战"以后一直享有的权利被严重剥夺后进行的抵抗。但是这也反映了许多人(不一定都是劳工)认为不公的观点。

在这方面,破产制度能提供一个重要的收益。很像海事法中的共同海损(general average principle):每个利益相关者都必须一同承担航程危机中施救手段的成本,破产制度也要求所有的人都分担损失,而不是一两个不重要的利益相关群体。[110] 这并不意味受偿顺序可以不管三七二十一地乱排,恰恰相反,正如前述讨论的,遵循协调的受偿顺序规则是破产制度的标志性收益。但是,所有的一般债权人(包括公众雇员合同和大多数的债券利益相关人)都能被调整。[111] 伊丽莎白·沃伦(Elisabeth Warren)许多年前在一篇经典的文章中也曾提出过相应的观点,她认为,破产是一个联邦设计的在存在风险的群体中分配成本的方案。[112]

在破产实践中,确保公平对待原则做得并不完美。对重要供应商原则(critical vendor doctrine,在该原则下债务人全额支付主要供应商)和债务人选择性履行合同(可以继续履行一些合同而不履行另一些)的扩大适用会导致扭

---

〔110〕 Bob Scott 第一个将"共同海损"运用到破产领域。比如参见 Robert E. Scott, "Through Bankruptcy with the Creditors' Bargain Heuristic", 53 *U Chi. L. Rev.* 690, 700 - 07(1986)。

〔111〕 即使担保债权人也可能受到一些调整,如若抵押物不大于债权,则在破产期间停止支付债的利息。See Thomas H. Jackson and Robert E. Scott, "On the Nature of Bankruptcy: An Essay on Bankruptcy Sharing and the Creditors' Bargain", 75 *Va. L. Rev.* 155, 178 - 90(1989).

〔112〕 Elizabeth Warren, "Bankruptcy Policy", 54 *U. Chi. L. Rev.* 775, 790(1987).

曲。[113] 但是公平对待原则的效力是非常强的，同时破产法被设计来确保债权人之间的成本分摊。

着重强调公平是非常重要的。尽管破产法学者常常犹豫是否需要考虑公平的诉求，但是公平在政治发生变化的州和市的财务救助中起到了主要的作用。同时它的重要性在金融危机中被放大了。在瓦列霍(Vallejo，CA)的破产法第九章的案例中，法院有条件地同意该市终止集体协商合同。法院要求该市必须考虑将重组的成本公平地在一般债权人之间合理分配。[114] 公平的重组要求在广大的利益相关人之间分摊损失。这是州破产框架非常重要的收益。公平重组也是在最近关于州财政窘境的辩论中几乎被忘记的。公平并不是一直都能够通过破产方式获得的，[115] 但是破产要比其他个案的处理方法都更能够确保公平。

(六)更优的灾难预案

在2008年国际金融危机之前，最大的商业和投资银行赚着破纪录的利润，同时衍生品表面上好像使金融市场的风险更低了。[116] “黑天鹅”(Black Swan，一种完全崩溃的预测)因为看起来好像不太可能发生所以不需要准备。[117] 2008年给我们的一个教训就是：不能忽视看上去不可能但是存在颠覆性可能的风险。

考虑下现存的应对居安忘危的危机(州的财务危机完全失控)的备选预案。如果州发生违约的话，目前有两种主要的方式。[118] 第一种是向联邦政府求助，

---

〔113〕 对关键供应商的处理在Kmart案[the Matter of Kmart Corporation，359 F3d 866(7th Cir 2004)]受到了质疑，但对它的采用仍在很大程度上有增无减。债务人对合同的承认和拒绝的权利的具体规定在11 USC § 365(a)中可以找到。

〔114〕 Vallejo，403 BR at 77－78，affd，432 BR at 273－75.

〔115〕 克莱斯勒和通用汽车的破产案使大多数人感觉已经不公平了，工会化雇员和交易债权人享有特权而减少了优先债权人(克莱斯勒案)和侵权索赔者的权益。比如参见Mike Spector，Car Bailouts Left Behind Crash Victims，Wall St. J. A1(May 27，2011)。(分析关于无法偿付被侵权人的批评观点。)

〔116〕 See Corporate Profits by Industry，table 6. 16D(Bureau of Economic Analysis 2011)，资料来源http://www. bea. gov/national/nipaweb/TableView. asp? SelectedTable = 239&Freq = Qtr&FirstYear = 2001&lastyear = 2011，last visited Nov 25，2011。

〔117〕 “黑天鹅”的隐喻在最近金融危机讨论中的盛行可以追溯到一部较受欢迎的著作的问世。Nassim Nicholas Taleb，*The Black Swan*：*The Impact of the Highly Improbable*，Random House，2007，xvii－xviii.(将“黑天鹅”定义为一个可能产生极端影响的不可能事件。该事件容易受虚构解释性描述的诱发而发生。)

〔118〕 在第四部分，我讨论了第三种可能性，在州内市监督委员会模式下发展出的更个案的联邦委员会介入模式。

就像2008年诸多银行的选择,他们以银行系统的整体崩溃为威胁。政府对州确实提供了直接(如国会通过明确的立法或者加大对医疗补助的投入)或者间接的(如通过美联储的项目来担保州机构的债务)援助。[119]

联邦特别介入的标准预案在州的情况下不太适用。如果问题是流动性(临时资金问题)而不是偿债不能的话,救助是有理由的。[120] 在2008年,银行的困境可以被看作流动性危机:这些银行对短期资金的依赖造成了挤兑的风险,同时因为互相联系的金融网络让人也担心任何一个环节出现问题就会变成全局问题。[121] 尽管流动性问题确实在最近州经济的恢复中有所表现(州的收入因为经济危机略为减少,并且可能因为经济恢复而反弹),但是许多出现问题的州并不仅仅是流动性问题。[122] 州不依赖把银行业变得异常脆弱的短期资金,[123] 同时,正如下文讨论的,州之间的联系也并不像大型金融机构之间的牵一发而动全身的联系。无论如何,这种介入的方法并不是太靠谱。

有人可能会说联邦和州财政如此的互相交织,以至于额外的、一次性的联邦救助方案也无可厚非。这种预案只关乎钱,实际上联邦已经实在地资助了州的项目,救助只是再增加一些钱而已。[124] 但是,联邦的资助渠道是不能互相替代的。每个项目都有自己的价值。比如,在笔者看来,医疗补助计划(Midicaid)的联邦资助和对州经济援助这两个项目的考虑是完全不同的。在许多的手段中,

---

〔119〕 国会近期刚完成的2009年的经济刺激计划中,大约20%是资助州和州的项目。参见 Katherine Bradbury, State Government Budgets and the Recovery Act p. 12(Federal Reserve Bank of Boston Public Policy Brief, Feb 2010), http://www.bos.frb.org/economic/ppb/2010/ppb101.pdf, last visited Nov 25, 2011. 参见 American Recovery and Reinvestment Act of 2009, Pub L No 111 – 5, 123 *Stat* 115。

〔120〕 这一观点至少可以追溯到19世纪英国经济学家 Walter Bagehot。参见 Walter Bagehot, *Lombard Street: A Description of the Money Market* 173, C. Kegan Paul, 7th ed, 1878。

〔121〕 有人认为,TARP立法基于流动性的担忧是合理的,但贝尔斯登和其他主要金融机构的特别紧急援助没有正当化基础, See David A. Skeel Jr, *The New Financial Deal: Understanding the Dodd-Frank Act and Its(Unintended) Consequences*, Wiley 2011, 132 – 35。

〔122〕 比如参见 Conor Dougherty, Higher Taxes Lift State Collections, Wall St. J. A4(June 29, 2011)。(指出在经济衰退的减慢时期税收虽然增加了,但严重的财政问题依然存在。)

〔123〕 最接近金融机构借助回购协议(Repo)融资的是,州短期收入或者税收预期债券(RANS or TANS)的使用来解决临时融资问题。但是回购通常是一天的债务,而 RANs and TANs 要更长些并且在州的资金来源中占的份额更小。

〔124〕 Richard Schragger 在下文批评了在本文中的破产建议。Richard C. Schragger, "Democracy and Debt", 121 *Yale. L. J.* 860, 877(2012), http://ssrn.com/abstract=1943529, last visited on Nov 26, 2011.(政府间的交易的数量是如此的大,以至于使对一次性救助的担心变的多余。)

直接的经济援助等同于向其他州外化了经济恶化州肆意挥霍的成本。[125]

即使规范层面的障碍不能排除经济救助,现实的障碍也可能可以。考虑到尚存对2008年救助的负面情绪,联邦大规模地介入问题州的干涉行动并没有多少政治可行性。[126] 另外,联邦是不是有能力对陷入困境的州采取足够程度的救助也是一个问题。这样的难题并不是只发生在现在,州的危机每次都发生在联邦政府身陷危机之时。[127]

另外一个主要的备选预案是违约。但州的违约将会带来金融海啸。首先,违约会使受影响的债权人面临巨大的突然损失。同时,由于其他的债务可能看上去更加紧急,债券持有人也会成为受害者。[128] 其次,州对先向谁偿债和不向谁偿债有着完全的控制,这样会导致高度的不确定性。这种不确定性会在州违约之前就搅乱市场。最后,违约也无法解除州的债务。如果州的债券违约,州还是有义务还这些债。这会导致激烈的诸如有关防止债券持有人实现债券的必要性的辩论。[129] 违约的负面影响会久久不散。

联邦的重组框架在灾难模式下将成为比现存的解决方式都更有效的选择。比起经济援助,这成本也更低,同时也能防止救助引起的债券市场的扭曲,而且经济救助的方式可能也不可行。比起违约,破产制度将会有序地回应州的财务危机,同时也能永久性地解除州的债务。

三、为什么反对州破产法律制度?

既然有这么多的收益,为什么州破产制度还是面临如此多顽强的反对声音?

---

〔125〕 我在这里关注的只是救助资助(rescure funding)。如果有限的财政支持再配上一个在重要方面州有重组义务的要求,那么最后的效果在很多方面就类似于破产制度了。这个纽约州曾使用于纽约市的解决方案,本文将会在第四部分进行讨论。

〔126〕 尽管茶党运动的起源是复杂的,但对于紧急援助的反感是起源因素之一。参见 Ross Douthat, *The Great Bailout Backlash*, NY. Times A27(Oct 25,2011)。

〔127〕 比如参见 Monica Davey, The State That Went Bust, NY Times WK3(Jan 23,2011)。

〔128〕 从历史上看,债券持有人已经是州违约的主要受害者。See John V. Orth, *The Judicial Power of the United States: The Eleventh Amendment in American History*, Oxford, 1987, pp. 44 - 46.(描述了债券持有人努力通过规避主权豁免的阻碍而寻求受偿。)尽管比起19世纪,债券持有人不太可能是外州的居民,但是州可能会在关闭核心政府职能之前违约。

〔129〕 阿根廷在2003年通过债务置换的方式重组了债券。不接受重组方案的债券持有人继续追讨,试图通过阿根廷在世界各地资产行使权利。让阿根廷一直头疼。参见 Settling Up, *Economist* 48(Oct 31, 2009)。

首先,答案可能部分存在于最近政治的风格。州破产方案几乎是一被提出就被拖入了党派和工会斗争的旋涡。[130] 其次,第二个反对的因素是,许多我们刚才讨论的破产制度的优点并没有被大众所理解。虽然破产制度较因案而设的重组方案能更好地分摊损失,但人们先入为主地认为破产制度会对公职雇员(他们是导致此政治僵局的主要原因)造成巨大损失,这一观点影响了人们的理解。

但是对州破产制度的反对却不仅仅事关误解和政治反对。即使这些障碍都被扫除,其他的问题还是存在的。本部分笔者将提出六个最重要的反对意见,包括那些虽然不完全反对州破产的论点但却使得州破产复杂化的观点。

(一)州破产制度违宪

一些批评者质疑州破产制度的合宪性。[131] 即使州破产制度是对州财务问题非常明智的解决方案,但也将会造成对州自治权的干涉,这是无法接受的。因为州破产制度会改变事先签订的合同(通常州没有这个权利),所以该制度在宪法的合同条款(Contract Clause)前也会产生问题。[132]

这些问题在两个市破产案件中被反复的讨论。这两个案件也是最高法院在20世纪30年代著名的"随时间改变"(Switch in Time)原则适用立场不清的具体表现。在 Ashton v. Cameron County Water Improvement District No 案中,[133] 法院根据第十条宪法修正案和合同条款否决了1934年城市破产法。[134] 在大多数意见中,法院认为"如果州或者州下属部门的义务可以受到本案中这样的干预,那么他们就没有管理自身事务的自由了……进而州的自治权在联邦体系中

---

[130] 正如 Doug Elliot 所指出的,"州破产制度被设计成惩罚公职雇员工会的工具。这个带来了一些共和党的支持,但是也确保国会的民主党人(反对破产)几乎一致"。Douglas J. Elliot, *Potential Federal Roles in Dealing with State and Local Pension Problems*, Brookings May 12, 2011, p. 12. 债券市场代表提出了进一步的反对,他们说服了许多共和党立法者不支持该方案。比如参见 Michael A. Fletcher, *No Bankruptcy Option for States, Cantor Says*, Wash Post A14(Jan 25, 2011)。

[131] 为了对这个问题做出细致入微的分析,可以通过最高法院1930的两个市破产案件来一窥端倪,参见 Anna Lund, State Bankruptcy: Lessons from Ashton and Bekins pp. 29 – 50(unpublished manuscript, 2011)(未公开发表,作者留存)。

[132] 宪法的合同条款规定,没有州可以"通过任何法律……改变合同责任。"US Const Art 1, § 10, cl 1.(列举了对于州权力的各种限制。)它通常禁止变更现有的合同,尽管在特殊情况下存在例外。参见第三部分第三个问题(讨论宪法合同条款对州重组法律的限制)。

[133] 298 US 513(1936).

[134] 298 US 531 – 32(1936).

就不复存在了”。[135] 尽管合同条款限制的是州而不是国会，但大多数意见仍然认为破产法不能够“通过授予国会任何的必要权利”间接授权州违反合同。[136]

两年后，最高法院支持了新的市破产制度，虽然较它不走运的上个版本，新的城市破产法只有很小的细节修改。[137] 在 United States v. Bekins 案中，[138] 最高法院以支持的态度援引了保证性措辞的国会报告。破产制度“避免了对州权力及其行政机关的限制”，并且“不允许非自愿的程序”。[139] 最高法院认为“本法是仔细起草以防止妨碍州的自治权利”，且该法是国会在宪法破产条款(Bankruptcy Clause)下授权完成的。[140]

在 70 年里，具有前述特点的城市破产法的合宪问题被很好地解决了。这也明确地表明州破产法只能由州本身来发动，并且州破产法会避免影响州的决策，也会为州的自治权提供足够的保护。只有在以下几种情况下，这样的州破产法会因为州自治权问题被最高法院否决：(1)自治权问题在州破产与城市破产中不同，并且前者比后者更重大；(2)Bekins 案本身已经不是那样具有说服力。

第一种可能是不成立的。城市和州当然不一样，但是最高法院对城市重组制度的分析是建立在市是州的产物这一基础之上的。[141] 联邦对市的干涉就是对州的干涉。当然，州破产制度会直接作用于州本身，但是或许可以类比城市自治权的保护方式以保护州自治权。

第二种情况并不能如此简单地反驳。最高法院的大多数法官对于州的自治权问题都是非常重视的。比如，在反强制征用案中，最高法院推翻了一项联邦立法，该立法要求州解决国会所关切的问题。[142] 需要州同意才能进入破产程序，

---

〔135〕 298 US 531(1936).

〔136〕 298 US 531(1936).

〔137〕 United States v. Bekins, 304 US 27(1938).

〔138〕 United States v. Bekins, 304 US 27(1938)[FC note 12 LJE].

〔139〕 United States v. Bekins, 304 US 27(1938), at 51.

〔140〕 United States v. Bekins, 304 US 27(1938). 尽管大量的州已经颁布了法律，授权他们的市申请第 9 章，仍然大约有一半的州没有这么做。See Alexander M. Laughlin, Municipal Insolvencies: A Primer on the Treatment of Municipalities under Chapter 9 of the US Bankruptcy Code 17 – 22(Wiley Rein & Fielding LLP Mar 2005), http://www.abiworld.org/pdfs/municipal_primer.pdf, last visited Nov 25, 2011.

〔141〕 法院在 Bekins. 304 US at 54. [FC note 12 LJE] 中写道：“当州允许市去申请破产，州在行使而不是减损它的主权权力。”“在州本身是无力救助的时候，它请求了破产法的帮助。”

〔142〕 比如参见 New York v. the United States, 505 US 144, 188(1992)。

这削弱了反对观点，但最高法院认为州自治权本身并不是唯一的考虑对象。州主权豁免终究是为了保护联邦制而被设计出来的。[143] 根据第十条宪法修正案的扩大解释，最高法院不仅可以重新审视 Bekins 案关于州自治权的问题，也可以以联邦决策者过多地渗透州事务为由，否决州破产制度和城市破产制度。

尽管存在被否决的可能性，但这种可能性非常小。联邦政府已经侵入性地涉足了其他领域的州的事务，如要求提供医疗补助（Medicaid）资金的义务、福利（Welfare）限制和其他很多约束性义务。[144] 因为在危机中，联邦政府需通过减免税赋的方式向州债务人提供大额补贴，此外，当州面临危机，联邦也面临着需要提供援助的压力，那么我们可以说联邦政府的利益在破产中也是息息相关的。[145] 除非最高法院同时否决其他的联邦介入项目，否则州破产可能不存在最先被否决的理由。州破产制度也会因为最高法院根据宪法的破产条款给予国会的广泛自由而受益。在其他的破产场合，最高法院最近判决宪法的破产条款优先于州自治权的问题。[146] 总之，这些因素都预示着即使在越发关注州自治权的时代，谨慎起草的州破产法也不会受到上述问题的困惑。

在之前的案例中，对于州自治权和宪法的合同条款的分析是并行的。这表明那些通过州自治权严酷考验的州破产法也会通过宪法合同条款的检验。[147] 但是这两个论证并不是完全一致的。宪法合同条款着重强调州只有在非常迫切

---

[143] In Bond v. United States, 131 S. Ct 2355, 2364 (2011)，法院强调，州不是联邦制的唯一有意的受益人。主权豁免的结构性范围的不确定影响在下文中得到了讨论，参见 Michael W. McConnell, Extending Bankruptcy Law to States: Is it Constitutional?, in David A. Skeel Jr., "State Bankruptcy from the Ground Up", in Peter Conti-Brown and David A. Skeel Jr, eds., *When States Go Broke: Origins, Context, and Solutions for the American States in Fiscal Crisis*, Cambridge, forthcoming, 2012, pp. 4–8。

[144] 关于联邦和州之间合作伙伴关系的问题将在第四部分第二点做出更加详细的论述。参见注释233和相关文本。

[145] 根据估计，州和市政债券的利息收入免税，价值在2010年和2014年大约达到1616亿美元。Joint Committee on Taxation, Estimates of Federal Tax Expenditures for Fiscal Years 2010–2014, JCS–3–10, 111th Cong, 2d Sess 51 (Dec 15, 2010), http://www.jct.gov/publicat ions.html? func = startdown &id = 3718c, last visited Nov 25, 2011.

[146] Central Virginia Community College v. Katz, 546 US 356, 378 (2006).

[147] 州授权合同重组（contractual restructuring）的案件已经预示着更加灵活的适用宪法的合同条款的趋势。比如参见 United Automobile v. Fortuna, 633 F3d 37, 39 (1st Cir 2011)。（支持了请求驳回波多黎各立法暂停公职雇员集体谈判协议的是违反宪法合同条款的主张。）即使最高法院限制下级法院对此先例的发展，鉴于国会基于宪法破产条款赋予的权力，似乎不太可能因为违反合同条款而废止联邦重组法律。

的情况下才能够影响合同,并且法院同时还需要考虑债权人的权利是否得到了足够的保护。比如,根据破产法第九章的“债权人利益最佳”原则,要求债权人受到的对待应当优于在合理的情况下所能得到的利益。[148] 如果州破产法没有这样的保护制度,那么它可能会因为违反合同条款而被否决。[149] 只要州破产法写入了这一制度,那么它就满足了宪法的合同条款。如果州破产法成功地经受住了州自治权的考验,那么它最终也不难通过合同条款的审查。

关于州破产法合宪性的质疑并不是空穴来风的。但是,很难想象最高法院会否决能确保州掌握主要决策权的破产立法。

(二)州已有足够的应对手段

第二个反对意见认为一些州已经陷入了深深的财务黑洞,但是他们最终还是能够熬过这场危机。有人认为州财政危机只是经济变差的不可避免的结果,当经济情况改善,财务危机就会解除。[150] 另外一些人认为目前的困境并不乐观,但是州有足够的手段来应付。主要聚焦在公职雇员工会的成本,城市金融学者麦克马洪(E. J. McMahon)认为“州官员决心降低成本已经是一个给工会施加压力的手段了”。[151] 他认为“除了解雇和休假,州还能够限制公职雇员的集体谈判权”。在麦克马洪文章发表之后几个州纷纷采取了这一手段。[152] 麦克马洪还

---

〔148〕 11 USC § 943(b)(7)虽然规定债权人最佳利益的原则,但是法律并没有作出进一步解释。有观点认为,法院应当适用该原则来要求市债务人做出合理的努力,这相比撤销案件而言对债权人是更好的解决方案。

〔149〕 有关宪法合同条款要求市破产制度包括“债权人最佳利益”保护的观点,参见 Michael W. McConnell and Randal C. Picker,“When Cities Go Broke:A Conceptual Introduction to Municipal Bankruptcy”, 60 *U. Chi. L. Rev.* 425,480(1993)。Faitoute 认为,如果州提供了和合同之下等同的救济,那么宪法的合同条款就没有被违反,这是从实用层面而不是技术层面出发的。实际上,宪法的合同条款也容忍包含“债权人最佳利益原则”的州市破产法,防止州采用有利于市债务人而牺牲债权人的债务调整计划。

〔150〕 这种观点常常引起争论:美国的财政问题并不像批评者说的那么严重。比如参见 Iris J. Lav and Elizabeth McNichol, Misunderstandings Regarding State Debt, Pensions, and Retiree Health Costs Create Unnecessary Alarm 1 (Center on Budget and Policy Priorities Jan 20, 2011), http://www.cbpp.org/cms/index.cfm?fa=view&id=3372, last visited Nov 26, 2011。(批评了“需要激进的措施来避免迫在眉睫的财政危机的错误观点”。)

〔151〕 E. J. McMahon, *State Bankruptcy Is a Bad Idea*, Wall St. J. A17(Jan 24, 2011).

〔152〕 比如参见 Kris Maher and Ilan Brat, *Wisconsin Curbs Unions—GOP Governor to Quickly Sign Limits on Bargaining Rights as Democrats Fume*, Wall St. J. A3(Mar 11, 2011)。

认为州在破产程序之外重组退休金计划要比在联邦州破产法下更加合适。[153]

上述的方法的确是处置无法维系的债务的重要手段,但是它们有很大的局限性。除了解雇和休假,州可以用来解决与公职雇员工会之间无法维系的合同的其他手段却只适用于未来的合同。限制集体谈判权只能给州带来对未来集体协商合同的砝码,但是宪法的合同条款限制了州修改已成立的合同的可能。[154]

就退休金问题而言,不同州的重组手段各有不同。在问题最严重的州,州立法者的灵活度很小。比如伊利诺伊州和纽约州都禁止州立法者改变在职雇员的退休金计划。[155] 该限制不仅对已得的退休金权益进行保护,还保护了将来的退休金权益。其他州没有如此得严格,但是即使是很小的调整都受到了激烈的挑战,并以失败告终。[156]

债券的情况也非常相近。州可以重组无法给付利息的债券之债,但是非常困难。大多数发行的债券没有集体行动条款——该条款一般规定大多数债权人可以投票决定重组方案。[157] 这就意味着不能强迫任何债券持有人接受减少受偿的金额,除非其本人明确表示接受减少。州可以提议债券持有人发动重组,同时规定该重组方案只有在高支持率下才能通过。这样的手段在其他领域被广泛

---

〔153〕 See Kris Maher and Ilan Brat, *Wisconsin Curbs Unions—GOP Governor to Quickly Sign Limits on Bargaining Rights as Democrats Fume*, Wall St. J. A3(Mar 11,2011).

〔154〕 限制并没有全被取消。在异常紧急的情况下,州有权力改变合同。典型案例是 Faitoute Iron & Steel Co v. City of Asbury Park,316 US 502(1942)。但是目前 Faitoute 案的判例法效力可能不稳定并且可能会被狭义解释,在本文第三部分第三点会做出进一步讨论。

〔155〕 参见注释82。

〔156〕 关于养老金多大程度可被调整的出色概述,参见 Amy B. Monahan,"Public Pension Plan Reform:The Legal Framework",5 *Educ. Fin &Policy* 617,643 -45(2010)。See also id at 638 -39.(提供了图表总结各州对退休金的保护。)

〔157〕 Steven L. Schwarcz,"A Minimalist Approach to State 'Bankruptcy'",59 *UCLA. L. Rev.* 329 -31 n.68(2011).(最近相对较少的州债券包括集体行动条款或相近的条款。)集体行动条款是如果特定多数决批准债券重组,票决结果对每一个债券持有人都有约束力。The Trust Indenture Act of 1939,Pub L No 111 -229,53 Stat 1149,在 15 USC § 77aaa et seq 被法典化,禁止在公司债务纠纷中援引集体行动条款,但是集体行动条款在州或者主权债务纠纷中是有效的。参见 The Trust Indenture Act of 1939 § 316,在 15 USC § 77ppp(b)被法典化;The Trust Indenture Act of 1939 § 304,在 15 USC § 77ddd(a)(4)(A),(a)(6)被法典化。

应用。[158] 这样的方式可以启动重组,但是必须说服高比例的债券持有人同意方案提出的一系列限制,同时州对那些不同意方案的债权人仍然负有偿付的义务。[159]

到目前为止,前述的分析表明,破产能够很好地增加州解决财务困境的手段。但是,这与州即使没有没有破产规则也能重组的论点并不冲突。有人担心,如果州有破产作为选项,州立法者就不会努力设法做出必要却困难的决策来减轻州的财务困境。[160]

这个担心是有一定合理性的。这个担心的另一个表达方式是:选择破产制度如此轻松,以至于它会扭曲决策者们在州破产前所做出的决策。[161] 但这是以州决策者会接受破产的重组方式为前提的,而事实上决策者们很可能把这看作最后的手段。几乎没有哪个州长愿意尝试给大众留下让州进入破产程序的行政长官的印象。州很可能仅仅以申请破产为威胁以获得联邦慷慨的经济援助(正如城市常常采用这样的方式向州发难)。[162] 但是这个威胁只有在满足以下条件时才奏效:(1)联邦官员相信州真的会申请破产;(2)同时联邦官员也相信如果州申请破产,那么其导致危险的溢出效应将会影响经济全局;(3)联邦在政治上、财政上都有援助的可能。此外,即使没有破产制度的情况下,州也可以提出相似威胁(比如以债务违约相威胁)。州破产制度更可能减少联邦救助的压力,

---

〔158〕 比如参见 John C. Coffee Jr and William A. Klein, "Bondholder Coercion: The Problem of Constrained Choice in Debt Tender Offers and Recapitalizations", 58 *U. Chi. L. Rev.* 1207, 1214 - 15 (1991)。(描述了施压让债券持有人参与的方法。) Lee C. Buchheit and G. Mitu Gulati, "Exit Consents in Sovereign Bond Exchanges", 48 *UCLA L. Rev.* 59, 65 - 66 (2000). (建议主权债务纠纷适用。)

〔159〕 在企业债券的情况下,债务置换通常要求有 90% 或 95% 的债权人参加。John C. Coffee Jr and William A. Klein, "Bondholder Coercion: The Problem of Constrained Choice in Debt Tender Offers and Recapitalizations", 58 *U. Chi. L. Rev.* 1207, 1215 n. 26.

〔160〕 比如参见 E. J. McMahon, State Bankruptcy Is a Bad Idea, Wall St. J. A17 (Jan 24, 2011); Adam Levitin, "Bankrupt Politics and the Politics of Bankruptcy", 97 *Cornell L. Rev.* 5, 38 - 43 (forthcoming 2012), http://ssrn.com/abstract = 1898775, last visited Nov 25, 2011。

〔161〕 比如参见 Barry E. Adler, "Bankruptcy and Risk Allocation", 77 *Cornell L. Rev.* 439, 473 - 76 (1992); Douglas G. Baird, "The Initiation Problem in Bankruptcy", 11 *Intl. Rev. L & Econ.* 223, 230 (1991)。

〔162〕 See Clayton P. Gillette, "Fiscal Federalism, Political Will, and Strategic Use of Municipal Bankruptcy", 79 *U. Chi. L. Rev.* 281, 302 - 08 (2011). Gillette 以新泽西州 Camden 市的第 9 章破产、Harrisburg 和宾夕法尼亚州的谈判和纽约州在 1975 年的救援为例,说明申请破产或者威胁申请破产影响州对市的干预。Id. at 324 - 26.

而不是增加。[163]

(三)州的重组替代手段

即便是州的现存手段不足以应付财务危机,州也会试图设计自己的重组手段。事实上,过去有时它们就是这样做的。在大萧条末期,新泽西州曾颁布法令授权在三分之二的持有人同意的情况下,市可以重组城市债券。该项立法的确挑战了宪法的合同条款,但在1942年的案例中,尽管原告提出该法案干扰了合同条款,最高法院还是支持了该立法。[164] 在该案例的指引下,州可以根据自身情况设计重组模式,一些州可以部分采用或放弃采用上述重组方案,其他的州也可以设计更加复杂的方法。[165]

笔者承认这个反对意见相当有说服力,这不仅仅因为作者之前提出过相似的建议。[166] 然而,这个意见有非常严重的局限性。首先第一个困难是州虽然有很小的操作空间来改变已有的义务,却不能改变尚未发生的义务。需要明确的是,虽然并没有禁止州改变既成合同的内容,但在目前的法律框架下,一系列州金融义务的修改必须是合宪的。合宪需要满足以下三个前提:(1)修改是为了服务于重要的公共目的,且是必要和合理的;(2)不存在其他影响更小的手段;(3)州的目的不能通过除影响合同义务以外的方式获得。[167] 在 Faitoute Iron & Steel Co v. City of Asbury Park 案中,[168] 最高法院支持了州法关于城市债券重组的具有约束力的有关规定。但是“重要的公共目的”并没有得到宽泛的解释,并且之后最高法院的案例也暗示了可能会缩减这一目的的适用范围。[169] 对于“目

[163] 参见第二部分第六点。关于联邦官员和州的策略互动将在第四部分第三点中进行更加详细的讨论。

[164] Faitoute,316 US at 508 – 09[FC note 154. MWS].

[165] George Triantis 重新撰文提出了这个观点,参见 George T. Triantis, Let the States Design Their Own Restructuring Process, in Peter Conti-Brown and David A. Skeel Jr, eds., *When States Go Broke: Origins, Context, and Solutions for the American States in Fiscal Crisis* 4 – 8, Cambridge, forthcoming, 2012, as does Richard Hynes, State Default and Synthetic Bankruptcy(2011)(未发表作品,作者留存)。

[166] See David A. Skeel Jr, “Rethinking the Line between Corporate Law and Corporate Bankruptcy”, 72 *Tex. L. Rev.* 471, 513 – 25(1994).(主张州应当有权制定企业破产规则,就像州有权制定公司法一样)。

[167] US Trust Co v. New Jersey, 431 US 1, 25, 30(1977).

[168] 316 US 502(1942).

[169] 在 Faitoute 案中,最高法院强调债券持有人的绝对多数支持重组,并且重组对于保护债券价值的必要性。Id. at 506. 在 *US Trust* 案,法院否决了州的法案。431 US at 32.

的"越来越狭窄的解释将令设计完整的重组方案变得困难重重。[170] 即使 Faitoute 继续保持有效(这点尚不确定),州也不能够提出更加完整的重组方案。这可能意味着在未来只有完全的、前瞻性的州立法才能通过宪法性审查。

第二个问题是政治本身,这也可能是更为重要的问题。根据最近的情况,如果一些州相信它们会受到经济援助,那这些州立法者几乎没有动力颁布重组法律,因为颁布这样的法律不仅会令州得到经济援助的可能性变小,还会增加眼前的借款成本。[171] 那些问题最严重的州(加利福尼亚州、伊利诺伊州、纽约州、新泽西州)一旦发生债务违约,它们正是联邦政府最可能会考虑经济援助的州。

需要注意的是,上述两大问题都不能说明州立法是个错误,特别是当它不仅可以解决未来的问题,同时也能解决宪法合同条款产生的问题的时候。然而,即使州立法方案的可行性不高也并不证明前述联邦破产立法是成立的。

(四)缺乏政治动力

第四个反对意见是认为妨碍州在破产程序外解决问题的政治阻力同样会在破产制度内发生作用。麦克马洪认为:"如果州长杰瑞·布朗(Jerry Brown)和加利福尼亚州的立法者不愿意修改集体谈判权,那么凭什么认为他们会向法院申请(破产)达到这样的效果?"[172] 如果州长拒绝做出这个艰难的选择,或者州立法者采取措施禁止州长这样做,破产制度就不会有效,因为申请破产最终需要政客们做出决定。

政治的确会使州破产制度比一般的公司破产更加敏感。但是这个政治动力的论点在两方面存在问题:第一,政治动力问题有时并不是问题。即使州有这个政治动力去解决债务问题,立法者也不能运用破产以外的机制完全解决州存在的问题。[173] 此时破产制度就顺理成章了,即使一些州可能没有政治动力来用尽破产制度外的所有工具。

---

〔170〕 至少,这个方案相比破产"债权人最佳利益"的要求,需要增加对债权人的保护,正如前面所讨论的那样。参见注释 148 ~ 149 以及相关的说明。

〔171〕 这想必是加利福尼亚州财长 Bill Lockyer 如此迅速和强烈地谴责州破产制度这一概念的原因之一。参见新闻,Treasurer Lockyer Criticizes Effort to Let States File for Bankruptcy(Jan 21,2011),http://www.treasurer.ca.gov/news/releases/2011/20110121.pdf,last visited Nov 25,2011。

〔172〕 E. J. McMahon, *State Bankruptcy Is a Bad Idea*, Wall St. J. A17(Jan 24,2011).

〔173〕 破产中可用到的其他工具在第二部分第四点有所讨论。

第二,破产制度也能够在几个方面改变政治关系。比如,那些反对在破产程序中牺牲一部分选民利益的立法者可能会考虑支持破产制度,因为这能平均分配损失。在破产程序外缺乏政治动力并不意味着在破产程序内也必然缺乏。另外,破产法本身也能被设计成减少政治障碍的有效机制。笔者认为,在本文中破产法会有一些基本的破产制度的共同特质,比如对债务人决策者提出的重组提议的债权人投票制度。〔174〕 国会可以从许多别的方面调整州破产制度的框架。以下两个设计供参考。〔175〕

其一,国会可以设计一部简单而严格的破产法,该法在申请破产之后,能够自动迅速地免除州所有的债务。〔176〕 在这种方式下,有担保的债权人能够实现担保物权,但是所有的合同都会被终止,并且对普通债权人的债务也会被取消。破产法第七章对消费者债务人也有相近的规定:破产制度提供立即的债务免除。〔177〕 在这样的系统之下,州唯一要考虑的问题是到底是否要提交破产申请。需要明确的是,州可能还是会要重新确认至少一部分债务,〔178〕但是免除制度能够确保处理大量债务,即使州的决策者最终面临僵局。〔179〕

其二,即使是在一个更加传统的重组框架下,破产制度也能够使决策程序变得简单。与要求州长和州立法两院提出重组计划不同,国会可以直接把进入破产的权限授予州长(可能同时要求州长必须咨询立法机关)。这样的方案可能不能让州采取某些行动,如增税需要立法机关在破产程序外许可,〔180〕但是,可以

---

〔174〕 参见11 USC § 1124(a)-(g)。

〔175〕 笔者在其他文章中更加详细的讨论了州破产法律机制(mechanics)。参见David A. Skeel Jr, "State Bankruptcy from the Ground Up", in Peter Conti-Brown and David A. Skeel Jr, eds., *When States Go Broke: Origins, Context, and Solutions for the American States in Fiscal Crisis*, Cambridge, forthcoming, 2012, pp. 4-8。

〔176〕 本段讨论的建议是Barry Adler在最近一次会议提出的。

〔177〕 理论上,申请了第7章破产,消费者债务人必须向破产管理人交出他所有的非豁免资产以换取破产的执行。但是绝大多数的消费者债务人没有非豁免资产。参见Michelle J. White, "Abuse or Protection? Economics of Bankruptcy Reform under BAPCPA", 2007 *U. Ill. L. Rev.* 275, 284。

〔178〕 在11 USC § 524(d)(2)中,消费者的再确认(reaffirmation)需要得到法院批准。

〔179〕 可以想象对这个方案的反对意见,比如担心它可能引发一时的大量适用。笔者的目的仅仅是想表明影响非破产方案的政治局限性,不一定会影响破产制度下的重组。笔者无意对破产制度就本问题作出调整。

〔180〕 比如参见Richard Hynes, State Default and Synthetic Bankruptcy p. 51 n. 201(2011)。(强调了上述担心。)

从其他方面重组州的债务(必要时,可附加条件要求事后向州立法者申请许可)。这样,国会在宪法破产条款下的授权破产债务免除的决策程序就非常简单。

简而言之,政治因素会使建立州的破产制度比普通破产制度更加困难,但是这些政治因素并不是反对州破产制度的理由,而是支持州破产的理由。

(五)债券相互影响(contagion)的问题

第五个反对的理由是破产制度对城市债券市场的影响。正如纽约州审计官所说,"仅凭破产的选择和潜在违约的可能就可以严重地破坏州的信用评级并破坏债券持有人的信任。我们的经济已经不能够再受一次信用危机的打击了"。[181] 其他的批评者警告说"如果创设了州破产的章节,我预见到所有的毒蛇都将从那里出洞,因为州的破产能、也会破坏债券市场"。[182] 担心债券市场受到影响使很多支持设立破产制度的人却步。[183]

首先,笔者将澄清一下债券术语的混乱问题。信用评级机构和其他的市场参与者常常宽泛地使用"城市债券"(municipal bond)这个概念来囊括州发行的债券和由真正的市和郡发行的债券。当最近评论者们以城市债券市场的动荡为证据证明互相影响的风险时,市场包括了州和市两个层面。但是,市债已经拥有了破产这个选项十几年了,而州却尚没有破产法。那么,城市和州债券价格的上下波动表明市场的变化并不完全源于破产制度的有无。事实上,破产制度能减少价格的波动而不是增加,因为它能提供一个有秩序的方案来应对可能的灾难性违约。这并不是要我们完全否定债市互相影响的论点,但是确实突出了仔细区分其诱因的必要性:究竟是由破产引发的还是其他因素引发的(如普通的违约风险)?

---

〔181〕 Thomas P. DiNapoli, Even Talk of Bankruptcy Is a Bad Solution for States, Wall St. J. A16 (Jan 24, 2011). (认为建立州破产制度甚至将影响财务健康的州进入资本市场。)

〔182〕 Jonathan S. Henes and Stephen E. Hessler, "Deja Vu, All over Again", 245 *NY. L. J.* S6 (June 27, 2011), quoting Role of Public Employee Pensions in Contributing to State Insolvency and the Possibility of a State Bankruptcy Chapter, Hearing before the Subcommittee on Courts, Commercial, and Administrative Law of the House Committee on the Judiciary, 112th Cong, 1st Sess 57, 69 (2011).

〔183〕 警告债券市场互相影响后果的批评人士明显带着自身利益的倾向来反对破产法,比如如果破产法通过了,陷入财务困境的州的官员可能会发现他们在联邦救助的谈判中的影响被减弱了。但也存在没有利害关系的反对观点。笔者关注这些反对观点,不讨论动机问题。

事实上,给什么是“互相影响”下定义更为重要。影响有三种形式:第一种是信息影响。当一个单元出现了问题,它传达了一个信息,那就是其他单元也存在类似问题。[184] 在2008年国际金融危机的时候,雷曼(Lehman)的违约引起了信息影响,因为其他银行也有着和雷曼同一类的资产(以房屋抵押为基础的)。雷曼的违约传达了这样一个信息:这些资产比原来理解的更加有风险。第二种是信心危机。[185] 如果一个机构的倒台导致同类机构的金融状况的不确定,这样的倒台会引发突然的、全市场的债权人集体退出,即使它们没有相似的资产或者财务结构。第三种是对手方影响。如果相对方(债权人)持有大量的该机构的债,该机构的偿债可能导致相对方自身的金融危机。[186]

对颁布州破产法会损害债券市场的忧虑属于第二种形式的相互影响。除非颁布州破产法与一个州的债务违约直接相关,否则它不会反映州财务的新信息。对州债券持有人潜在的影响也体现在二级市场。[187] 真正的忧虑是国会的行动会引发信心危机。

在前述的基础上,债券市场的相互影响的论点有两个关键的假设:第一个是债券市场不区分(或者粗浅地区分)财务健康的州和财务出现问题的州。财务出现问题的州将会以更高的成本来发行债券的行为是不存在问题的。在运转正常的市场里,风险更大的州就应该以更高的成本来融资。[188]

只有在市场惩罚财务健康的州的时候,互相影响问题才是一个我们需要忧虑的对象。第二个假设是这样的惩罚一直延续。因为州在发行债券时有相当的

---

[184] See Jean Helwege, “Financial Firm Bankruptcy and Systemic Risk”, 32 *Reg*. 24, 24 (Summer 2009).

[185] See Kenneth Ayotte and David A. Skeel Jr, “Bankruptcy or Bailouts?”, 35 *J. Corp. L.* 469, 472 (2010). (讨论2008年危机对对市场信心的影响。)

[186] See Jean Helwege, “Financial Firm Bankruptcy and Systemic Risk”, 32 *Reg*. 24, 24 (Summer 2009).

[187] 但并不是无关紧要的。对于债券持有人潜在的负面影响(和债券持有人的特质一起)会在下一节中有所讨论。参见本文第三部分第六点。

[188] 这正是我们所看到的。加利福尼亚州和伊利诺伊州的债权利息(并且因此成本)在最近的危机期间大幅度增加,反映了他们陷入金融困境的情形。参见Katy Burne, Some Banks See Profit in Muni Woes, Wall St. J. C1(Dec 21, 2010)(报告了信用违约掉期产品的增多,因为如果市政府不能够支付债券,那么信用违约掉期产品会赔偿买家)。又参见James M. Poterba and Kim S. Rueben, Fiscal News, “State Budget Rules, and Tax-Exempt Bond Yields”, 50 *J. Urb. Econ.* 537, 559 - 60(2001)。(认为债券收益率增加是对州赤字高于预期的信息的回应。)

自由度，在颁布州破产法时利率的暂时性上调是正常现象。那么，对于互相影响的担心就变成了这样一个主张：颁布破产法会给各州（并不只是财务出问题的州）增加持续性的成本。

因为州从来都没有申请过破产，我们无法检验互相影响的假设。但是我们却有许多来自相关领域的实证研究数据。一项经常被引作互相影响论点的研究揭示了在1994年桔子郡（Orange County）市政府申请破产的后果。[189] 让我们关注一下在桔子郡申请破产后一天的债券价格，研究表明整个市场的城市债券的价格都下降了。该研究在几个方面就破产制度对市场是否有整体影响提出了质疑：第一，桔子郡自20世纪30年代就有破产的选择，证券的价格应该反映的是桔子郡的违约的事件，而并不是反映有无破产法本身。只有当桔子郡之前在没有破产法时原本能够避免违约（这是非常不可能的），而因为有了破产法才发生了违约，此时我们才能认为破产制度引发了价格下降。第二，效果是短期的，一天的价格变化对于说明影响的延续性太短暂了。第三，关于桔子郡申请破产的另外一个研究发现了一个强有力的证据：桔子郡的债券价格下降程度同比要比其他的债券大得多。这说明市场会区分财务健康的市和存在问题的市。[190]

最后的一系列研究揭示了主权债务市场的变化。可能最直接的考察对象是：部分债券在主权债务市场中的反应。这些债券包括在美国强迫之下，墨西哥（Mexico）发行的债券和其他一些国家以"纽约"命名并且包括集体行动条款（Collective Action Clauses）的债券。[191] 集体行动条款与破产的某些特征相似，

---

〔189〕 John M. Halstead, Shantaram Hegde, and Linda Schmid Klein, "Orange County Bankruptcy: Financial Contagion in the Municipal Bond and Bank Equity Markets", 39 *Fin. Rev.* 293, 313 (2004).

〔190〕 参见 Dwight V. Denison, "Did Bond Fund Investors Anticipate the Financial Crisis of Orange County?", 21 *Mun. Fin. J.* 24, 32 (1999)。关于在纽约1975年危机后，城市债券市场开始辨识优质和劣质的城市债券的观点，参见 David L. Hoffland, "The 'New York City Effect' in the Municipal Bond Market", 33 *Fin. Anal. J.* 36, 36 (Mar-Apr 1977)。

〔191〕 在对主权财务危机的一系列方案（包括 IMF 的主权债务重构机制的方案）的讨论后，许多新债的发行才加入了集体行动条款。参见 Hal S. Scott, "A Bankruptcy Procedure for Sovereign Debtors?", 37 *Intl. Law.* 103, 123 – 24 (2003)。关于采用 CACs 讨论，参见 Stephen J. Choi, Mitu Gulati, and Eric A. Posner, Pricing Terms in Sovereign Debt Contracts: A Greek Case Study with Implications for the European Crisis Resolution Mechanism, pp. 10 – 11 (University of Chicago John M. Olin Law and Economics Working Paper No 541, Feb 1, 2011), http://papers.ssrn.com/sol3/papers.cfm?abstract_id=1713914, last visited Nov 26, 2011; Michael Bradley, James D. Cox, and Mitu Gulati, "The Market Reaction to Legal Shocks and Their Antidotes: Lessons from the Sovereign Debt Market", 39 *J. Legal. Stud* 289, 295 – 97 (2010)。

因为该条款使主权债务人通过多数决来重组债务。一项针对1986年到2007年具有集体行动条款的主权债务的研究表明,该条款对主权债务的价格并没有影响。[192] 因为主权国家和州不具有可比性,所以我们不能直观地运用该结果。[193] 同时,集体行动条款和破产制度相比形式非常有限。但是没有显著价格变化这一事实表明,增加一国的重组手段并不必然导致市场证券的相互影响。另外一个研究表明没有集体行动条款的希腊债券的溢价略微大于有这一条款的希腊债券。这可能说明市场更欢迎那些不可能被重组的债券,或者在希腊的解决方案下,并不会有很多机会被重组的债券。[194] 在其他的一些关于市场对国家违约的反应的研究中,发现违约的国家暂时性地被债券市场所排斥,但是最终还是可以回到市场中。[195] 这些研究并没有直接说明互相影响问题,但是它们确实提供了债券市场恢复力的进一步证据。

尽管现存的证据不能完全驳斥互相影响的论断,但是这些证据却表明我们过分担心互相影响问题了。几乎没有理由相信州破产法的颁布会动摇债券市场,并且直观的证据既表明了市场能够分辨良好的和具有风险的债券,同时表明破产法的颁布与否对价格没有影响。

如果上述结论成立,我们可以得出以下两个重要的推论:第一,债券市场的不完美应当通过债券市场的改革来解决。和公司债券相比,州和市债券市场几

---

〔192〕 Michael Bradley, James D. Cox, and Mitu Gulati, "The Market Reaction to Legal Shocks and Their Antidotes: Lessons from the Sovereign Debt Market", 39 *J. Legal. Stud* 289, 295 - 97 (2010). (认为 CACs 的引入"对主权债务的定价影响不大"。) Bradley 编辑的一书讨论了这样一个假设:"集体行动条款"实际上会通过减少债券持有人重组僵局的风险来增加主权债券的价格(降低成本)。在更近的研究中,Michael Bradley 和 Mitu Gulati 发现在2002年,"集体行动条款"与较弱国家的债券较低的利息相关。Michael Bradley and Mitu Gulati, Collective Action Clauses for the Eurozone: An Empirical Analysis 50 (Working Paper, Oct 24, 2011), http://ssrn.com/abstract=1948534, last visited Apr 13, 2012.

〔193〕 与大多数国家不同,州不能通过货币贬值以应对危机。有趣的是,希腊和其他欧元区成员国已经放弃这一特权而采用欧元作为通用货币,这表明许多州破产的观点也适用于欧洲。

〔194〕 Stephen J. Choi, Mitu Gulati, and Eric A. Posner, Pricing Terms in Sovereign Debt Contracts: A Greek Case Study with Implications for the European Crisis Resolution Mechanism, p. 25 (University of Chicago John M. Olin Law and Economics Working Paper No 541, Feb 1, 2011), http://papers.ssrn.com/sol3/papers.cfm?abstract_id=1713914, last visited Nov 26, 2011. [在希腊债务危机初期,发现有"集体行动条款"的希腊债券(适用英国法的)的收益率,低于没有"集体行动条款"的希腊债券收益率212.7个基点]

〔195〕 比如参见 R. Gaston Gelos, Ratna Sahay, and Guido Sandleris, "Sovereign Borrowing by Developing Countries: What Determines Market Access?", 83 *J. Intl. Econ.* 243, 250 (2011)。(发现了在其他事项之中,违约如果迅速得到解决,不会大幅减少再次打开市场的概率。)

乎不向债权人披露。[196] 不仅州和市的预算比公司的资产负债表(尽管大金融机构并不那么透明)更加不透明,而且投资者投资于市政债券和投资其他债券相比,也缺乏获得债券当前状况的手段。比起反对州破产法,提高债券市场的披露程度将会是对前述问题更有效的措施。[197]

第二,持"互相影响"观点的批评者们试图假设任何的改革都可能提高州的融资成本。这是非常致命的。正如我们之前谈到的,这些假设颠倒了是非。[198] 现在的州有太大的动力来发行债券以支持眼前的开支,经济援助补贴的可能性使得发行债券的成本过低。如果州破产制度除去了这种补贴,同时却提高了一些融资成本,这种结果应该被支持,而不是被谴责。

(六)州债券孱弱的持有人

最后的一个反对意见是关于互相影响的风险,但是这里对互相影响的担忧有一点不同。和州对债券市场融资的影响不同,这种反对意见担心的是相对方(关于债券持有人的困境)的互相影响。根据州和市治理学者尼可·杰里纳斯(Nicole Gelinas)的观点,"如果国会想要提出破产立法,大银行和货币市场基金将会承受州违约的大额损失。毕竟银行持有 2290 亿美元的州和地方债,货币市场基金也持有 3320 亿美元的类似债务"。州破产"会造成经济混乱并最终迫使国会救助州或者银行"。[199]

在考虑该反对意见时,不参考大西洋另一边的希腊的近期情况是不可能的。[200] 在辩论如何处理希腊债务危机时,债券持有者的身份被反复研究。许多

---

〔196〕 See Theresa A. Gabaldon, "Financial Federalism and the Short, Happy Life of Municipal Securities Regulation", 34 *J. Corp. L.* 739, 742 – 53 (2009); R. Penny Marquette and Earl R. Wilson, "The Case for Mandatory Municipal Disclosure: Do Seasoned Municipal Bond Yields Impound Publicly Available Information?", 11 *J. Acct & Pub. Pol.* 181, 184 (1992).

〔197〕 州对于其公共退休金相关信息的披露甚至比对其债券的披露更不透明。2010 年年底出台的法案则要求更多的披露。See generally Public Employee Pension Transparency Act, HR 6484, 111th Cong, 2d Sess (Dec 2, 2010).

〔198〕 参见本文第二部分第二点。

〔199〕 Gelinas Statement at 3, 见注释 96。

〔200〕 在最近的一次关于州财务困境的斯坦福会议上, Felix Salmon 明确地将两种情况联系起来,并得出结论,所有权的现状使州破产变得不可能。Felix Salmon, When States Go Broke: The Economics and Finance of State Default (The Arthur and Toni Rembe Rock Center for Corporate Governance and the Stanford Constitutional Law Center May 13, 2011), http://www.youtube.com/wat ch? v = ePxUCoR3bkQ#t = 29m 03s, last visited Nov 25, 2011.

债券都被法国和德国的银行持有。采取真正的重组可能会导致不稳定(至少欧洲的领导人有这样的恐惧),[201]因为银行持有很大份额的州的债券,欧洲的经验好像表明州破产可能会引起同样的担心。

正如表1的关于加利福尼亚州、伊利诺伊州和新泽西州债券的小样本数字所显示的,银行、共同基金和其他的金融机构确实是州债的主要持有人。比如范加尔(Vanguard)就是加利福尼亚州债券的最大持有人。同时伊利诺伊州债券被银行和保险公司持有,但是州债和希腊主权债的持有人的画像(profile)和意义却是非常不同的。

表1　州债的持有人

债券	持有人	市值(百万美元)
California St CUSIP:13063ACP	Vanguard Group Inc	34.39
California St CUSIP:13063AAY	Franklin Resources Inc	25.55
California St CUSIP:13063ACP Illinois St CUSIP:452151XL Illinois St CUSIP:452151XW	Blackrock Advisors	8.4
	American Century Co	6.48
	Blackrock Fund Advisers	6.03
	Wells Capital Management	1.47
	Spirit of America Management Corp	0.49
	Phoenix Investment Corp	0.24
	The Pennsylvania Trust Co	0.29
	Bank of New York Mellon	1.02
	Nationwide Indemnity	2.03

[201] 比如参见 Megan Murphy et al., Greek Contagion Fears Spread to Other EU Banks, Fin Times(June 15,2011), http://www.ft.com/intl/cms/s/0/ac918946-975a-11e0-9c9d-00144feab49a,s01=1.html, last visited Nov 25,2011。(报道了法国银行涉及530亿美元,德国银行涉及340亿美元。)欧洲中央银行宣布如果希腊违约,它将无法从其他银行处接受以希腊国债作为抵押品的条件。这把欧洲央行逼进了死胡同。在本文发表时,希腊债务最终得到了重组。重组是通过一系列手段,比如条件优惠的欧洲中央银行的资金援助,以保护其他银行。

续表

债券	持有人	市值（百万美元）
Illinois St CUSIP:452151XY	Grange Mutual Casualty Group	1.5
Illinois St CUSIP:4521514J	AGRI General Insurance	1
New Jersey St CUSIP:646039RB	National Public Finance Guarantee Corp	4.73
New Jersey St CUSIP:646039PS	QCC Insurance Co	1.18
New Jersey St CUSIP:646039QH	Putnam Investment Mutual Fund	1.8
New Jersey St CUSIP:646039QH	American Empire Surplus Lines Insurance Co	1.45

资料来源:彭博社(2011 年 7 月 11 日)。

第一个不同是持有希腊和其他欧洲债务问题债券的银行对于整个系统是非常重要的,并且他们涉足很深。根据最近的调查,单单希腊就欠德国和法国银行接近 530 亿~540 亿欧元的债务。[202] 类似的美国银行却没有如此集中的债务持有。[203] 第二,欧洲讨论的前提是国际金融危机已经实际发生。即使没有大规模的援助,希腊在最近的重组前也早就违约了。相比之下,如果国会通过州破产法律,州在短期也不太可能申请破产。仅仅具有破产作为备选方案和实际提出破

〔202〕 See Megan Murphy et al., Greek Contagion Fears Spread to Other EU Banks, Fin Times(June 15, 2011), http://www.ft.com/intl/cms/s/0/ac918946-975a-11e0-9c9d-00144feab49a, s01 = 1.html, last visited Nov 25, 2011.

〔203〕 例如,花旗集团持有的州和市的债券(可供出售的)的总公允价值去年为 130 亿美元,而持有的外国政府债券达到了近 1000 亿美元,资料来源:Citigroup, Annual Report 206 (2010), http://www.citigroup.com/citi/fin/data/ar10c_en.pdf, last visited Nov 25, 2011。

产申请相比,对价格的影响小得多。所以,州和希腊的比较是误导的。[204]

在美国,担心更集中于对货币市场基金的潜在影响。州破产法律的颁布可能会引发货币市场基金停止购买州债。但是这种可能性不大,毕竟,尽管市债务人已经有了破产这个选择,但是货币市场基金还是持有市债的。

不像希腊的债务,真正的州债持有者是富有的。他们要么直接持有,要么通过共同基金和货币市场基金间接持有,因为这样可以获得税务有利地位。[205] 特别对居住在州债发行地的富有的人,州债特别具有吸引力,这是因为持有者可以通过豁免州的所得税和联邦的所得税来获利。[206] 如果州破产法颁布,他们可能会不乐意,因为州破产法会降低他们债券的价值(尽管可能降低很少)。州破产法给富有的持有人带来的影响并不会给美国的市场带来不稳定。

笔者并没有夸大建立州破产制度的可行性。州的破产过程可能是混乱和复杂的。但是没有一个反对意见是笔者认为可以反对建立州破产制度的。相反地,这些意见表明,重组的选项会带来受到欢迎的收益。

四、城市控制模式:是否是联邦可选的方案?

到目前为止围绕州破产制度的分析都是严格的二元制的:要么颁布州破产法,要么像批评者们拥护的那样让州自己组织重组方案。但是这些并不是我们仅有的选择。我们已经看到了,州破产制度能采取许多的形式。传统的破产并不是国会可能在协助重组一个陷入困境的州所会采取的唯一的方案。

在这部分,笔者将探讨为帮助积重难返的州,联邦可选机制的可行性。体系

---

〔204〕 该分析重要并且令人吃惊的启示是:对欧洲而言,破产方案的效果与对美国的州相比要弱得多。由于存在的交易相对方的相互影响,欧洲破产方案可能是存在问题的。至少在某种程度上,欧洲银行间还是继续持有大量对方的债务。参见 Patrick Bolton and Olivier Jeanne, Sovereign Default Risk and Bank Fragility in Financially Integrated Economies (NBER Working Paper No. 16899, Mar 2011), http://www.nber.org/papers/w16899, last visited Nov 25, 2011。(该文建模,以展示政府债券价值的减少对于持有债券的银行放贷的影响。)

〔205〕 See Steven Maguire, State and Local Government Debt: An Analysis 4 (Congressional Research Service Mar 31, 2011), http://www.nasbo.org/LinkClick.aspx? fileticket = 4sLYo0HTYI8%3D&tabid...1, last visited Nov 25, 2011.

〔206〕 比如参见 Jonathan Rodden, Market Discipline and U.S. Federalism, in David A. Skeel Jr, "State Bankruptcy from the Ground Up", in Peter Conti-Brown and David A. Skeel Jr, eds., *When States Go Broke: Origins, Context, and Solutions for the American States in Fiscal Crisis*, Cambridge, forthcoming, 2012, pp. 4-8。

化的联邦扶助模式已经存在了:大量的州都成立了市监督委员会来介入财务恶化的市。本部分的讨论将从讨论这个模式的两个版本开始:1975 年纽约市的个案重组和之后许多州颁布的州法。然后在与破产制度比较优缺点之前,将讨论宪法对此类手段的限制。事实上此类限制比我们想的要少。

(一)市监督委员会和纽约市

在过去的几十年里,超过十二个州启动了市监督委员会,当该市面临危机时授权州的介入。[207] 在这些制度下,州官员能够取得市的账簿和记录并且有权制定一个计划(有时制定某些条款)来重组市的财务。[208]

这些法律的灵感来自在 1975 年和 1976 年当纽约市处在金融危机边缘时州和联邦对其的介入。本部分先分析纽约,然后转向最近颇受关注的密歇根州的"2011 年地方政府和学校区域财政责任法案"。[209]

1. 纽约市的危机

"福特给这个城市的:死定了。"[210] 对某个年龄段的美国人来说,这著名的纽约日报的新闻头条唤起了人们对纽约 70 年代危机的隐约记忆。随着 70 年代中期经济萧条的加剧,纽约的公众给付、延伸公众服务和其他的开支都无法为继的事实越来越清晰。正如纽约日报头条所写的,福特(Ford)当政时拒绝提供帮助,但是州突然之间的介入,提供了资金,建立了对城市预算的大范围

---

[207] 截至 1994 年,州已经采用普遍立法以应对财务存在问题的市,包括科罗拉多州、佛罗里达州、伊利诺伊州、肯塔基州、缅因州、密歇根州、内华达州、新泽西州、北卡罗来纳州,俄亥俄州、宾夕法尼亚州、罗德岛州、田纳西州和威斯康星州。See Anthony G. Cahill et al,"State Government Responses to Municipal Financial Distress: A Brave New World for State-Local Intergovernmental Relations", 17 *Pub Prod & Mgmt Rev.* 253,255(1994). 纽约、马塞诸塞州、康涅狄格州、亚利桑那州已经以个案对待的方式,颁布了针对财务问题市的特别法律。

[208] 正是因为这些权力,Omer Kimhi 认为市监督委员会制度要比破产法第 9 章更加有效。Omer Kimhi,"Reviving Cities: Legal Remedies to Municipal Financial Crises", 88 *BU. L. Rev.* 633,652 - 54 (2008).

[209] 2011 PA 4, codified at Mich Comp Laws § § 141.1501 to 141.1531(2011).

[210] 关于在纽约时报上该故事的讨论,参见 Seymour P. Lachman & Robert Polner, *The Man Who Saved New York: Hugh Carey and the Great Fiscal Crisis of* 1975, SUNY 2010, pp. 156 - 57。福特从来没有说过"死定了"的话。州长 Hugh Carey's 的自传提及,福特和州长的副手交谈时强调过这一事实。

的监督体系。[211]

州和地方的介入分为三个步骤:一是在1974年年底,在市长艾博比姆(Abe Beame)的鼓励下,一部分金融领袖成立了金融界联络会(Financial Community Liaison Group)。[212] 它的成立本意是为了整合金融界的意见,但金融界联络会没有实权并且没有民主的责任意识,最终被认为是不成功的。二是[213]在1975年年初,州立法者成立了城市援助公司(Municipal Assistant Corporation),成员包括:拉赛得·福莱瑞(Lazard Freres)、费莱克·斯罗哈廷(Felix Rohatyn)和哥伦比亚大学教育学院的教授当娜·夏拉拉(Donna Shalala,后在克林顿时代担任教育部长)。[214] 城市援助公司控制了纽约消费税和证券税的财政收入,该公司以此为支持进行债券的发行。这给了城市援助公司非常大的融资权利(和珍贵的诱发改革的筹码),但是相对来说没有监督权。[215] 第三个步骤是州颁布了财务紧急法案(Financial Emergency Act),[216]并根据该法案成立了紧急财务控制委员会(the Emergency Financial Control Board)。[217] 除此以外,立法还划拨出了7.5亿美元州内救市资金作为23亿美元救市"一揽子"计划的一部分。另外,还通过立法冻结了纽约市的工资,并成立了一个特别城市核查官,向州核查官亚瑟

---

〔211〕 关于这段故事最翔实的纪录,参见 Robert W. Bailey, *The Crisis Regime: The MAC, the EFCB, and the Political Impact of the New York City Financial Crisis*, SUNY 1984, 1 – 12; Martin Shefter, *Political Crisis/Fiscal Crisis: the Collapse and Revival of New York City*, Basic 1985, xxvii – xxx; Seymour P. Lachman & Robert Polner, *The Man Who Saved New York: Hugh Carey and the Great Fiscal Crisis of* 1975, SUNY 2010, pp. 156 – 57。

〔212〕 Robert W. Bailey, *The Crisis Regime: The MAC, the EFCB, and the Political Impact of the New York City Financial Crisis*, SUNY 1984, pp. 19 – 20.

〔213〕 Robert W. Bailey, *The Crisis Regime: The MAC, the EFCB, and the Political Impact of the New York City Financial Crisis*, SUNY 1984, p. 23。(注意到 FCLG 的"法律形式的缺失相对应的是一个狭隘的政治基础"。)

〔214〕 MAC 和它的权利的冗长的描述,参见 Robert W. Bailey, *The Crisis Regime: The MAC, the EFCB, and the Political Impact of the New York City Financial Crisis*, SUNY 1984, pp. 23 – 26。

〔215〕 Bailey 将 MAC 定义为"越发只有政治象征意义"和"若没有充分的政策制定程序的保障,将动摇稳定的局面"。Robert W. Bailey, *The Crisis Regime: The MAC, the EFCB, and the Political Impact of the New York City Financial Crisis*, SUNY 1984, p. 35.

〔216〕 New York State Financial Emergency Act for The City of New York, 1975 NY Sess Laws, 1408 – 44.

〔217〕 对 EFCB 和它的权力的综述,参见 Robert W. Bailey, *The Crisis Regime: The MAC, the EFCB, and the Political Impact of the New York City Financial Crisis*, SUNY 1984, pp. 36 – 43。(注意 EFCB 的权力甚至比 MAC 更大。)

勒·维特(Arthur Levitt)报告。在本法律的条款下,紧急财务控制委员会被授权修改和通过三年预算来使城市恢复财务健康,同时对市的借贷拥有否决权并监督城市收入的使用状况,也可以提出破产申请和重整计划,执行工资冻结。[218]

在1975年,福特当政时期拒绝了纽约州州长胡夫卡里(Hugh Carey,曾任期六届的国会议员)提出的联邦救助请求。福特的讲话很快就变成了"死定了"的报纸头条(但是福特的提法是"我准备否决任何请求援助纽约市的提案")。这个头条被州长胡夫·卡里在和费莱克斯·罗哈廷在晚餐时看到,并且立即引起了公众对纽约的同情。[219] 根据胡夫·卡里的自传,之后暂缓偿付法(迫使债券持有人将纽约的债券换成较低付款条件)的出台说服了福特:纽约市已经真正地违约了并且需要面临财务重组。[220] 在1975年11月底,国会通过了,在未来的三年里授权给纽约23亿美元的联邦贷款,并且在12月9日福特签署了立法。联邦贷款最终根据州的财务紧急法案(Financial Emergency Act)的内容执行了"一揽子"救助,同时这也使纽约市避免了申请城市破产。[221]

2. 2011年密歇根州的方案

密歇根州对市监督法的修订是非常近期的事,它也是除了许多州已经采用的法定监督框架以外最全面的(尽管有争议)相关规定。[222]

作为共和党州长和立法机构的杰作,该法授权"州财务机关"(相对应市的

---

[218] Robert W. Bailey, *The Crisis Regime: The MAC, the EFCB, and the Political Impact of the New York City Financial Crisis*, SUNY 1984, 41-43. 纽约市的公职雇员受到巨大压力。将获得市债券作为他们工会的退休金基金(作为整体计划的一部分)。他们最终只能同意。参见 Daniel Fischel and John H. Langbein, "ERISA's Fundamental Contradiction: The Exclusive Benefit Rule", 55 *U. Chi. L. Rev.* 1105, 1144-46(1988)。

[219] Seymour P. Lachman & Robert Polner, *The Man Who Saved New York: Hugh Carey and the Great Fiscal Crisis of* 1975, SUNY 2010, 156-57.(描述了著名的报纸头条的背景。)

[220] Seymour P. Lachman & Robert Polner, *The Man Who Saved New York: Hugh Carey and the Great Fiscal Crisis of* 1975, SUNY 2010, 162-164.(描述了暂缓偿付法案的制定、描述了对福特政府的不满。"暂缓偿付法案诱使主动违约发生,并补充说,州和市应当共同面对多年的财政责任"。)暂缓偿付法案被认为违反纽约宪法而被宣布无效,但此时纽约市的救援(rescue)正在进行中。参见 Flushing National Bank v. Municipal Assistance Corp for City of New York, 358 NE2d 848, 851-52(NY 1976).

[221] 在卡特政府时期,国会又在先前的援助计划中增加了15亿美元的贷款担保。Seymour P. Lachman & Robert Polner, *The Man Who Saved New York: Hugh Carey and the Great Fiscal Crisis of* 1975, SUNY 2010, 187.

[222] Local Government and School District Fiscal Accountability Act. Mich Comp Laws §§ 141.1501-141.1531(2011).

是州财务官)如果认为有事实和迹象表明市的财务状况恶化,可以对市或者地方进行初步的评估。[223] 如果财务官的结论是存在严重的财务状况恶化,并且州长也得出相同的结论,那么州长就需要宣布进入接管状态。然后州长会下令指定紧急管理人(Emergency Manager)。[224] 紧急管理人接替市的管理团队和其他的决策者,同时管理人有45天的时间来制定市财务和管理的计划。[225] 作为计划的一部分,管理人也可以拒绝履行、修改或者终止市的合同,其中包括集体协商合同。[226]

终止集体协商合同和其他合同的权利是本方案作出的最强力的介入。表面上,这一规定违反了宪法的合同条款(Contract Clause),是授权管理人解除了合同而不是未来的义务。正是预见到了这个问题,法律要求管理人在决定是否需拒绝履行合同时要考虑解除集体协商合同是不是合理地运用州的自治(管制)权。因为财务危机已经产生了州干涉的合理和必要的情况,并且对于广泛发生的经济问题,调整手段也是必要和合理的。[227] 介入是否满足了最高法院预设的条件,并能够经受宪法合同条款(Contract Clause)的挑战,还是未知数。[228] 但是州在制定和执行财务和运营的书面方案等方面拥有近乎全方位的权利,对于这一点并不存在争议。[229] 问题是国会是否能借鉴该方法的某些方面来为财务出现问题的州服务。

(二)联邦监督委员会(Federal Oversight Boards)是否合宪

城市控制委员会(Municipal-control Board)类似的机制提供了两种方案,国会可以借鉴来帮助州度过财务危机。在纽约州运用的个案中,国会是等危机出现才行动的,同时那个时间点也可以作为立法介入的时间点。根据密歇根州的

---

[223] Mich Comp Laws § 141.1512(1)(r).

[224] Mich Comp Laws § 141.1515(d)(4).

[225] Mich Comp Laws § § 141.1517 to 141.1518.

[226] Mich Comp Laws § 141.1519(j).

[227] Mich Comp Laws § 141.1519(k).

[228] 比如参见 Faitoute,316 US at 512。

[229] 存在争议但是并不大。该法案已经被质疑为违反密歇根州宪法,因为它篡夺地方的决策权。参见 Complaint for Declaratory and Injunctive Relief, Brown v. Snyder, No. 11 - 685 - CZ(Circuit Court of Ingham County, filed July 2011), http://www.sugarlaw.org/wp-content/uploads/2011/06/Sugar-Law-Complaint-Brown-v.-Snyder-PA4.pdf, last visited Nov 25, 2011。

方案,国会在危机发生前进行宏观的立法。[230] 正如前文说明的,根据密歇根模式设计的方案会最终被称为州破产法,当然州破产法也是前文讨论的焦点。因此,这里我们将把注意力放在纽约州个性化的方案来展开讨论。

当然,国会与州的关系和州与市的关系是不同的。很难想象最高法院会支持联邦学习密歇根州的方式:当危机管理人被指定后,可以禁止州的决策者行使政府权力,并且授权管理人为州设计并执行财务计划。这样会非常直接地冒犯州的自治权。正如法院在 New York v. United States 案[231]中提到的,“当国会一直以来都有权直接治理这个国家,这包括一些与州高度关切的领域。但宪法从来没有被解读为授予国会权能要求州根据国会的指示来治理”。[232]

但很明确的是,即使不撼动州的自治权,国会对于相当大范围的事项都有权干预。在国会制定的规则下,国会已经和州在许多领域合作许多年了,如失业保险、福利和医疗补助。[233] 尽管这些项目没有直接命令州的参与,但是一旦州选择参加就必须遵守项目所附加的诸多限制,同时这些项目财务结构的设计使州很难选择不参加(opt out)。同理(通过采取财务邀请而不是强迫),立法者可以采用纽约的个性化方案的立法模式或者更加原则的方案。

在实践中,特别是在个性化的干涉中,联邦监督委员会模式很接近于问题州的结构性的援助方案。为了回馈联邦的财务资助,州将会同意在国会的监督下重组财务。尽管国会不能替代州长和州立法者,但它可能会以结构性改变为条件,给予经济援助。[234] 只要预算不是由国会制定的,国会应当有权审阅州的预算提案并决定是否接受。介入主要是前瞻性的,正如纽约州的介入一样。但是,特别是在被定义为行使国会在宪法破产条款(Bankruptcy Clause)下的权利时

---

[230] 出于这个原因,以密歇根式的方案来处理市破产可能会被人从专属管辖权限(preemption)角度提出质疑(如果它也有以投票的方式来重组债券或其他债权人的债权的条款的话)。11 USC § 903 认定这类“处理”(composition)根据第 9 章是无效的。第九章的条文在第九章破产案外是否还有排除作用(preclusive effect)不是完全清楚的。参见 11 USC § 903。

[231] 505 US 144(1992).

[232] 505 US 144(1992),162.

[233] See generally Roderick M. Hills Jr,“The Political Economy of Cooperative Federalism: Why State Autonomy Makes Sense and ‘Dual Sovereignty’ Doesn’t”,96 *Mich. L. Rev.* 813(1998).(介绍和批判性地分析了联邦和州的合作伙伴关系。)

[234] See South Dakota v. Dole,483 US 203,207(1987).

候,国会也可以提供重组一些既成债务的方案。[235]

除了与医疗补助和福利的相似点外,国会在联邦监督委员会中的角色可以复制另一种做法:对照一般公司破产案中借贷人(破产中债务的融资者,Debtor-in-possession Financer)的地位。因为借贷人常常用融资协议来改造破产进程。[236] 而同样地,当国际货币基金组织(IMF)借款给经济存在问题的国家时,作为贷款的前提条件,IMF几乎都会提出一些要求。[237] 联邦监督委员会也可以参照此模式运作:以紧急救助资金来换取对州财务的结构性重组。尽管这个提议并非完美,但是应该是完全合乎宪法的。

(三)是不是比州破产制度更优?

如果假设联邦监督委员会是合宪性的,那么它和州破产制度比孰优孰劣?在某些方面,这两个制度有一定的重合,但是两者也存在重要的区别。

从资助入手,正如前文所分析的,要达到效果,国会不能违反州的自治权。联邦监督委员会的成立需要和经济援助挂钩,国会不能简单地要求州改进它的财政制度,因为这会构成对州违宪性的压迫。那么,委员会式的方案需要要求国会承诺经济资助。而在破产程序中,联邦政府非常有可能在破产中也以案中借贷人(破产中债务的融资者,Debtor-in-possession Financer)的角色提供资助,所以在这方面破产制度和委员会制度的区别可能不是很明显。[238] 但是在破产程序中,任何经济援助的力度都可能比较小。由于破产制度的重组能力更强,所以联邦的资金更有可能被用来支付当下的运作成本(如政府的运作成本——译者注),而非用来还债。

---

[235] 如果对特殊的州进行立法,那么将不满足宪法"全国性统一"的要求,进而不受宪法破产条款的保护。US Const Art I, § 8, cl 4. 立法者可以通过使用概括性的定义立法来避免这个问题,即使该法明显是针对某个州的。

[236] See Douglas G. Baird and Robert K. Rasmussen, "The End of Bankruptcy", 55 *Stan. L. Rev.* 751, 784-85 (2002); David A. Skeel Jr, "Creditors' Ball: The 'New' New Corporate Governance in Chapter 11", 152 *U. Pa. L. Rev.* 917, 923-26 (2003).

[237] 对于IMF使用限制性条件的讨论,参见 Nouriel Roubini and Brad Setser, Bailouts or Bail-ins? Responding to Financial Crises in Emerging Economies 305 (Institute for International Economics 2004)。参见 Factsheet, IMF Conditionality *1-2 (Sept 2011), http://www.imf.org/external/np/exr/facts/pdf/conditio.pdf, last visited Nov 25, 2011。

[238] 对破产债务人的融资是由11 USC § 364授权的。虽然由于税收和其他收入,州可能相比公司债务人而言不太需要新的融资,但是有时融资可能也是必要的。融资可能通过私人借贷或者联邦政府。

第二个不同是委员会制度对州的债权人可能存在更多的个案倾向性风险。联邦监督委员会不会过多地受到正式程序和同债同偿义务的束缚？如果委员会来选择谁多分、谁少分或者不分，这样的做法会扭曲市场且其负面影响将在未来的经济危机中显现。[239] 如果由此产生的成本由债券持有人承担，而其他的债权人受到了保护，那么州将会在发行长期债券的时候面临巨大的成本。这可能会使州倾向短期借贷。其他的破产制度收益在委员会的模式下也可能非常难获得。比如，重组制度未启动前的外部效应在委员会模式下就不会很明显。同时委员会制度在厘清债权人应得权益并帮助州建立明确的偿债顺序方面，可行性也很小。

但是，联邦委员会制度和州破产制度相比却有一些非常吸引人的优点。有了委员会制度，国会（更准确的是：委员会的成员）会成为主要的州外决策者。[240] 相比而言，在州破产制度下，"法官"扮演这个角色。从这个角度，联邦监督委员会制度提供了更多的民主合理性（至少成员包括政治上有责任的官员）。

另外，相比普通破产程序，委员会制度能够更快地应对财务危机。因为它不需要债权人或者破产法官的许可，委员会可以更快速地开展工作。

要对两个方案进行全方位的比较，我们需要考虑最后一个因素：在州以违约相要挟时，州与联邦官员谈判对两个方案在制度层面给我们带来了什么样的启示？如果破产方案成立，并且联邦政府确实担心一旦州提出破产申请可能会产生溢出效应（Spillover Effects），进而导致债券市场产生动荡，州的官员可能会以

---

〔239〕 一定程度上说，克莱斯勒和通用汽车的破产案都是在联邦监督委员的监督下进行的。这些破产条款由总统和他的汽车专责小组所制定，交易通过"变卖"而不是传统的重组程序完成。福特汽车破产案，参见 In re General Motors Corp, 407 BR 463, 476 – 79 (Bankr SDNY 2009)。在克莱斯勒破产案中，分给受到特殊照顾的相关人的利益是以牺牲优先债权人的利益为代价的。参见 Mark J. Roe and David Skeel, "Assessing the Chrysler Bankruptcy", 108 *Mich. L. Rev.* 727, 729 (2010)。

〔240〕 因为市监督委员会通常有直接的决策权，包括选举官员的权力，因此，市监督委员会的一个问题是是否违反三权分立。Actions Taken by Five Cities to Restore Their Financial Health, Subcommittee on the District of Columbia of the Committee on Government Reform and Oversight, 104th Cong, 1st Sess 17 (Mar 2, 1995) (statement of Jan B. Montgomery). 因为联邦监督委员会不会直接对州事务行使决策权，这似乎不太会产生宪法问题。州长 Hugh Carey 这样被选出的委员（当然进入委员会的还有纽约市长 Abe Beame 和州审计官）在 70 年代的纽约监督委员会里有突出的表现。参见 Robert W. Bailey, *The Crisis Regime: The MAC, the EFCB, and the Political Impact of the New York City Financial Crisis*, SUNY 1984, 43。

申请破产为威胁,要求联邦提供低条件或无条件的经济援助。[241] 尽管不同的因素在不同的州所产生的互动效果不同,但是市有时确实会以破产威胁为筹码来讨得州的援助。[242] 以个案为基础的监督委员会受到这些小伎俩的影响。而即使是没有破产制度,州官员仍然有牌可打:如果拿不到慷慨的联邦救助,他们仍可以以债务违约相威胁。这种威胁就像申请破产的威胁一样可信。

此外,个案处理的方法对立法者在危机已经到来时起草应对措施的能力是个巨大的考验。如果,因为和州官员谈判的僵局或者因为来自国会自身内部的反对,不能提供一个"资金加监督"的套餐给州,唯一的结果可能就是州的违约。1975年纽约市危机和更近一些为避免潜在巨大债务危机的谈判之间的比较可以得出十分令人担忧的结果。这说明在违约凸显前,事先的债务重组框架会带来收益。

当这些制度考虑都表明破产的选项比依靠个案重组制度更优的时候,有一点认识非常重要:即使没有破产制度,联邦监督委员会制度也是一个可选项。联邦监督委员会又好像很难和传统的州自治权的概念调和,但是这样的制度并没有比联邦的指令(在美国法律中非常普遍)更有侵略性。

结 论

尽管州破产制度辩论双方对己方的观点都非常自信,[243] 但是双方的观点都有一定合理性和局限性。本文分析了州破产制度的六个优点和六个针对该制度的主要反对意见。尽管其中的几个反对意见使州破产制度的运用变得更复杂,

---

[241] See Clayton P. Gillette, "Fiscal Federalism, Political Will, and Strategic Use of Municipal Bankruptcy", 79 *U. Chi. L. Rev.* 285 – 86, 295 (2011). 为了限制市用威胁破产来迫使州做出让步, Gillette提议国会修改第9章授权破产案的法官有权要求市提高税收。

[242] 参见注释162以及相关解释性文字(描述了策略性的使用破产法第九章)。例如,佐治亚州不允许所属的市申请破产。参见Ga Code Ann § 36 – 80 – 5,同时,最近加利福尼亚州立法使市申请第9章破产变得更困难。Act of Sept 9, 2011, 2011 Cal Stat 675,编纂入了Cal Gov Code § 53760 et seq。然而,这两个州的内部政治力量关系(political dynamics)非常不同。加利福尼亚州立法有公职雇员工会的推动,这是因为工会对于瓦列霍市通过第9章来重组集体破产协议的做法非常不满。

[243] 这样的倾向,笔者也不能幸免。参见Jeb Bush and Newt Gingrich, *Better Off Bankrupt: States Should Have the Option of Bankruptcy Protection to Deal with Their Budget Crises*, LA Times A19 (Jan 27, 2011); David Skeel, *Give States a Way to Go Bankrupt*, Weekly Standard 11 (Nov 29, 2010); David Skeel, *A Bankruptcy Law—Not Bailouts—for the States*, Wall St. J. A17 (Jan 18, 2011)。

但是分析表明州破产制度会显著地改进时下处理州财务危机的处理方式。本文也考虑了一些相类似的方案:诸多州为他们的下属市设立的市监督委员会方案。尽管州破产制度表面上是最优的,但如果在危机来临之前,国会不能颁布州破产法,采用监督委员会的方式能提供一些与州破产制度相同的收益。

(学术编辑:沈朝晖)

(技术编辑:党英伦)

金融商法

《清华金融法律评论》
第2卷第2辑
第187~235页

我国浮动抵押司法裁判实证研究

葛伟军　连秀兰*

目　　次

摘　要：浮动抵押的设立能够在企业正常经营过程中允许财产从抵押财产范围内流入流出，提高资源的利用效率，从而拓宽企业的融资渠道。但是，我国关于浮动抵押的法律法规并不完善，导致司法实务中对浮动抵押各个环节都存在不同的认识，甚至出现了同案不同判的结果。由于“浮动”的特性以及监管的缺失，在债务人到期无法偿还债务时，抵押物已经灭失导致优先受偿权根本无法实现，严重影响债权人利益的实现。因此有必要从立法上或者学理上对浮动抵押制度的各方面进行规定或解释，而此举的前提，便是对现有的裁判进行详尽的归类梳理。本文建议我国应当建立起与浮动抵押制度相配套的企业信用体系，完善浮动抵押的结晶条件，最大限度发挥浮动抵押制度的作用。

* 葛伟军，上海财经大学法学院教授；连秀兰，上海财经大学法学院2017级法学硕士研究生。

关键词:浮动抵押;司法裁判;结晶;优先受偿顺序;浮动质押

一、引言

自20世纪90年代末起,国内介绍浮动抵押的文献一直未曾中断,力挺浮动抵押的声音不绝于耳。〔1〕

浮动抵押在我国法上仅有《物权法》第181条、〔2〕第189条〔3〕以及第196条〔4〕三个专门性的法条。近些年来,涉及浮动抵押的纠纷越来越多,相关法律法规的不完善对各级法院审理浮动抵押纠纷案件造成了一定困扰,甚至出现了同案不同判的现象。本文通过对浮动抵押司法裁判的细致梳理,力图揭示我国浮动抵押制度的概貌及其问题,并为进一步的理论构建、对策性建议提供基础。

---

〔1〕 国内学者关于浮动抵押或相关的论文,可参见刘剑文:《国际借贷中的消极担保、浮动担保及其在中国之法律效力》,载《中外法学》1998年第3期,第40~43页;陈本寒:《财团抵押、浮动抵押与我国企业担保制度的完善》,载《现代法学》1998年第4期,第53~56页;徐冬根:《论英国判例法对浮动担保发展的贡献》,载《法学》2003年第7期,第105~113页;鲍为民:《Floating Charge—浮动抵押》,载《河北法学》2004年第22卷第11期,第41~44页;彭贵:《英国浮动抵押制度的理论基础探析》,载《重庆师范大学学报》(哲学社会科学版)2006年第2期,第26~39页;关涛:《浮动抵押刍议》,载《法学论坛》2007年第3期,第116~122页;彭贵:《中英浮动抵押制度之比较》,载《法律适用》2008年第1~2期,第52~56页;董学立:《浮动抵押的财产变动与效力限制》,载《法学研究》2010年第1期,第63~73页;王仰光:《动产浮动抵押抑或特别动产集合抵押?——对我国〈物权法〉第181~189及196条的理解》,载《法治研究》2012年第11期,第86~91页;高圣平:《动产抵押登记的法理——以〈动产抵押登记办法〉的修改为中心》,载《法学》2016年第2期,第15~27页;龙俊:《动产抵押对抗规则研究》,载《法学家》2016年第3期,第42~52页;庄加园:《动产抵押的登记对抗原理》,载《法学研究》2018年第5期,第76~94页。国内学者关于浮动抵押的专著,主要包括徐冬根:《浮动担保法律问题比较研究》,上海交通大学出版社2007年版;彭贵:《英国浮动抵押制度研究》,法律出版社2008年版;王仰光:《动产浮动抵押权制度研究》,法律出版社2012年版。

〔2〕 《物权法》第181条规定:"经当事人书面协议,企业、个体工商户、农业生产经营者可以将现有的以及将有的生产设备、原材料、半成品、产品抵押,债务人不履行到期债务或者发生当事人约定的实现抵押权的情形,债权人有权就实现抵押权时的动产优先受偿。"

〔3〕 《物权法》第189条规定:"企业、个体工商户、农业生产经营者以本法第一百八十一条规定的动产抵押的,应当向抵押人住所地的工商行政管理部门办理登记。抵押权自抵押合同生效时设立;未经登记,不得对抗善意第三人。依照本法第一百八十一条规定抵押的,不得对抗正常经营活动中已支付合理价款并取得抵押财产的买受人。"

〔4〕 《物权法》第196条规定:"依照本法第一百八十一条规定设定抵押的,抵押财产自下列情形之一发生时确定:(一)债务履行期届满,债权未实现;(二)抵押人被宣告破产或者被撤销;(三)当事人约定的实现抵押权的情形;(四)严重影响债权实现的其他情形。"

二、实证数据的统计分析

(一)研究方法

本文的案例数据来源于“无讼”(https://m.itslaw.com)。截至2018年3月16日,以“浮动抵押”为关键词进行全文检索,共得到1469条结果;以“浮动质押”为关键词进行全文检索,共有47条结果。对这些裁判文书进行逐一研读,筛选出涉及刑事、程序、非争点的案例之后,得到194份裁判文书(浮动抵押167份,浮动质押27份)。

综上,本文检索并研读的裁判文书共1516份,作为有效数据样本列入表格进行统计分析的裁判文书共194份。尽管研究这些案例在相当程度上能够揭示我国司法实践的面貌和特征,但是仍存在以下几个局限。第一,由于在筛选案例中,筛掉了其中法院认为浮动抵押成立、支持当事人的优先受偿权请求的,但是属于一笔带过、不构成案件争议焦点的案例。因此,样本数据并没有办法揭示在全国不同地区、不同法院层级中有关浮动抵押案件的总体数量以及相关比例。第二,由于某些判决书中相关信息揭示不充分,使浮动抵押项下抵押物的归类研究出现障碍。

(二)总体数据分析

表1　样本数据所涉省份

省份	浙江	四川	山东	广东	吉林	上海	云南	江苏	河北	重庆	天津	贵州
数量(份)	29	19	14	12	11	11	11	9	6	6	5	4
省份	湖北	湖南	福建	安徽	河南	黑龙江	江西	内蒙古	新疆	甘肃	广西	辽宁
数量(份)	4	4	3	2	2	2	2	2	2	1	1	1

数据样本中共167份裁判文书,其中4份裁判文书由最高人民法院作出,无法划定其涉及的地区。表1中数据共有163个,涉及24个省级行政区;样本案例来源具有相当的广泛性和代表性。案例来源地区,既有广东、福建等华南地区,也有新疆、甘肃等西北地区,江浙沪等华东地区,湖南、河南等中原地区,还有河北、天津等华北地区。有7个省级行政区的有效样本数据达到了两位数,其中浙江省有效样本数据达到了29个,其次为四川省19个,其他依次为山东省、广

东省、吉林省、上海市、云南省。

表2 样本数据所涉审级

审级	再审	二审	一审	执行	合计
数量(份)	10	35	107	15	167
比例	6%	21%	64%	9%	

表2给出的是筛选后的有效样本数据的审级数据分析。从判决书的审判层级来看,在167个案例中,一审裁判文书共有107份,约占总数的64%,二审裁判文书共有35份,约占总量的21%,再审裁判文书(以上均不包括执行程序中的裁定)共有10份,约占6%,执行程序中的裁判文书有15份,约占9%。这表明大部分浮动抵押纠纷案件由一审法院审结,但是还是有相当部分的案件通过二审或者再审结案,并且浮动抵押在执行过程中也存在一些问题。

表3 样本数据所来源法院

审级	最高人民法院	高级人民法院	中级人民法院	基层人民法院	合计
数量(份)	4	17	70	76	167
比例	2%	10%	42%	46%	

从表3可以看出,在有效的样本数据中,大多数浮动抵押纠纷案件由基层法院和中级法院审理,两者合计88%。其中,基层法院审理的案件最多,在有效数据样本中所占比例最大。

表4 样本数据所涉争点整理

争点		总数	比例
浮动抵押的成立及效力		95	56.89%
浮动抵押的对抗效力		13	7.78%
浮动抵押的结晶		14	8.38%
浮动抵押的执行		64	38.32%
优先受偿权的顺序		23	13.77%
其他	监管	6	3.59%
	浮动质押	2	1.20%
	其他	3	1.80%

表4给出的是有效样本案例争点的相关数据分析。由于每个案件可能存在一个以上的案件争议焦点,因此,不同争点所对应的案件有重复的可能。从裁判文书的争议焦点来看,在167个案例中,关于浮动抵押的成立及效力的案件数最多,共有95个,约占57%。由于在司法实践中,浮动抵押的定义、特征等有关浮动抵押界定的相关问题都与浮动抵押成立要件等密切相关,因此在此将有关浮动抵押的定义、特征等相关问题都归入浮动抵押的成立及效力部分加以统计叙述。关于浮动抵押执行的案件数位居第二,共有64个,约占27%;有关浮动抵押的优先受偿顺序次之,共23件,约占10%。根据该表可以看出,目前在我国司法实践中,关于浮动抵押的成立及效力的问题仍然是首要问题,其次即为浮动抵押在执行过程中碰到的问题居多。

三、浮动抵押制度的裁判梳理

本文根据浮动抵押的理论研究以及纠纷争点,大致作如下分类梳理。由于大多数裁判文书同时涉及多个问题,无法明确区分,因此可能存在重复的现象。

(一)浮动抵押的定义及界定

1.定义

部分司法裁判文书对浮动抵押的定义做出了界定。

浙江省宁波市鄞州区人民法院在(2009)甬鄞商初字第529号民事判决书中指出,动产浮动抵押,是指企业以其全部资产包括现在的和将来可以取得的全部资产为标的设定抵押的一项担保制度。在浮动抵押中,债务人将其财产作为一个集合整体抵押给债权人,使债权人因此而获得担保,与此同时,债务人并不丧失对其财产的管理处分之权能,使其日常业务经营并不因浮动抵押之设定而受到影响,使财产的价值得到最大化的利用,符合效率原则,也利于扩大企业的融资能力。[5] 最高人民法院在(2016)最高法民再275号民事判决书中指出,构成动产浮动抵押需具备三个要件:一是以不特定的动产作为担保标的物;二是在实现抵押权时仅以抵押人当时拥有的相应动产特定为抵押物,抵押权人只能对确

〔5〕 参见"宁波机械集团有限公司与中国建设银行股份有限公司鄞州支行纠纷案",浙江省宁波市鄞州区人民法院(2009)甬鄞商初字第529号民事判决书。

定时属于抵押人的财产享有优先受偿权;三是设立于抵押人当时所有的全部财产之上,但抵押人仍有权对设押财产在日常经营范围内行使所有权的占有、使用、收益、处分权能。[6]

山东省东营市东营区人民法院(2017)鲁0502民初609号民事判决书指出,所谓浮动抵押,指权利人以现有的和将有的全部财产或者部分财产为其债务提供担保。债务人不履行到期债务或者发生当事人约定的实现抵押权的情形,债权人有权就约定实现抵押权时的动产优先受偿。《物权法》第181条规定……动产浮动抵押,是以不断变化的动产作为担保标的物,只有因债务人违约、约定事件的发生而转换为特定担保,抵押权人才得以对固化的抵押物行使优先受偿权。但在浮动抵押设定以后,抵押人仍行使所有权的占有、使用、收益、处分四种权能。[7]

上述裁判文书对于"动产浮动抵押"的定义大致相同,都认定是"现有的及将有的""发生法定或者约定的情形,发生固化的效果"以及"在结晶之前,抵押人享有日常经营管理的权利"。唯一的不同之处在于前两份文书中指明是"全部资产",在最后一份裁判文书中则定义为"全部或者部分财产"。根据所梳理的裁判文书可知,司法实践中,并不是以抵押人的全部资产进行抵押为必要,在其部分财产上也可以设置浮动抵押。例如,实务中大量的企业以其贮藏在某个仓库的存货为担保物,或者以某几条生产线上的商品为抵押物,而并非以公司的"全部财产"为抵押。因此,本文根据目前的司法实践,亦采纳"全部或部分财产"的说法。

此外,在司法实践中,浮动抵押经常与最高额抵押相结合为当事人提供担

---

〔6〕 参见"九三集团与前郭县敖丰粮油有限责任公司、张伟合同纠纷案",最高人民法院(2016)最高法民再275号民事判决书。

〔7〕 参见"上海浦东发展银行股份有限公司东营分行与山东华茂园林工程有限公司、山东维尔斯化工有限公司金融借款合同纠纷案",山东省东营市东营区人民法院(2017)鲁0502民初609号民事判决书。其他的有关定义表述中都未明确指明是"全部财产"还是"全部或部分财产"。例如有广东省佛山市禅城区人民法院在(2017)粤0604民初337号民事判决书中的表述动产浮动抵押是不以特定的动产作为担保标的物,只有因担保权人对担保权的行使、债务人违约等确定事由发生而转换为特定担保时,才以抵押人当时拥有的约定范围内的动产转化为确定的抵押物,抵押权人对于浮动抵押确定时属于抵押人的财产享有优先于其他债权人受偿的权利,以及济南市中级人民法院在(2015)济商初字第222号判决书的表述。

保。例如,在中海油销售浙江有限公司与宁波东星石油有限公司港口货物保管合同纠纷案〔8〕中,第三人与被告签订 2014 年度《综合授信额度合同》和《最高额抵押担保合同》,约定第三人授予被告 2.5 亿元的综合授信额度,授信期限为 2014 年 7 月 2 日至 2015 年 7 月 1 日,被告提供其所有价值为 1.143 亿元的现有以及将有存放被告自有仓库的燃料油、柴油等大宗油品,为综合授信额度合同项下本金 8000 万元及相应利息等债权进行浮动抵押担保……被告与第三人签订的《综合授信额度合同》和《最高额抵押担保合同》均系双方真实意思表示,合法有效;被告自愿提供其油库自有的现有和将有燃料油、柴油为相应债权在最高额债权本金 8000 万元及相应利息等债权范围内提供担保,并办理动产抵押登记,其符合法律规定,予以确认,但相应抵押权范围仅以被告自有 3261 吨油品为限,且不得超过最高额担保债权本金 8000 万元。上海市浦东新区人民法院(2012)浦民六(商)初字第 5853 号民事判决书、〔9〕上海市第一中级人民法院(2016)沪 01 执异 29 号执行裁定书、〔10〕吉林省吉林市中级人民法院(2014)吉中民二初字第 67 号民事判决书〔11〕、云南省昆明市中级人民法院(2015)昆民四初字第 661

〔8〕 参见"中海油销售浙江有限公司与宁波东星石油有限公司港口货物保管合同纠纷案",浙江省宁波海事法院(2014)甬海法商初字第 723 号民事判决书。

〔9〕 参见"××银行股份有限公司上海分行(原××××银行股份有限公司上海分行)与上海××金属材料有限公司金融借款合同纠纷案",上海市浦东新区人民法院(2012)浦民六(商)初字第 5853 号民事判决书。该案件中原告与被告上海××金属材料有限公司签订编号为深发沪外滩额抵字第 20110810003 号的《最高额抵押担保合同》,以包括但不限于在途及存放在上海市宝山区罗北路 9 号盛亿仓储的货物做浮动抵押,担保的范围为深发沪外滩综字第 20110810003 号的《综合授信额度合同》项下债务人所应承担的债务(包括或有债务)本金 4000 万元中的 1200 万元及相应利息、复利、罚息及实现债权的费用。

〔10〕 参见"比利时联合银行股份有限公司上海分行诉烟台鹏晖铜业有限公司金融借款合同纠纷案",上海市第一中级人民法院(2016)沪 01 执异 29 号执行裁定书。该案件中异议人中国银行于 2011 年 12 月 15 日与烟台鹏晖公司为办理银行授信业务,签订 2011 年鹏晖铜业抵字第 005 号最高额动产抵押合同,并于 2011 年 12 月 19 日在烟台工商行政管理局芝罘分局办理编号为 2011－037 的动产抵押登记,载明"以烟台鹏晖公司现有及将有的粗铜、阳极板、阴极铜、铜精矿、黄金、白银、硫酸、阳极泥等存货作为抵押财产,登记的被担保债权数额为 48,145 万元"。

〔11〕 参见"原告中国建设银行股份有限公司吉林市分行与被告舒兰市金仓米业有限责任公司、高波、田纪颖金融借款合同纠纷案",吉林省吉林市中级人民法院(2014)吉中民二初字第 67 号民事判决书。该案件中原告和被告签订了《人民币额度借款最高额浮动抵押合同》,约定被告以其所有的生产设备、原材料、半成品、产品(包括但不限于其存放的原粮、半成品粮和成品粮)作为借款抵押担保。

号民事判决书[12]等裁判文书中当事人也采用了浮动抵押与最高额抵押相结合的方式。

2. 要件

《物权法》第181条规定了浮动抵押的四个要件，即主体资格、书面浮动抵押合同、适格的浮动抵押财产以及抵押登记。但是该四个要件是否均为成立要件，未满足该些要件是否影响浮动抵押的效力，以及该些要件具体要求为何，司法实践中法院意见各异。

一些裁判文书从该四个要件着手，分析是否构成浮动抵押。例如，吉林省高级人民法院在(2014)吉民二终字第42号民事判决书中认为，天程公司是依法成立的企业，具备设定浮动抵押的主体资格；其与农发行吉林市分行签订了书面的浮动抵押合同；设定抵押的财产为适格的浮动抵押财产；办理了浮动抵押登记，因此，《物权法》第181条、第189条第1款规定的浮动抵押权成立的条件已全部满足。[13] 由此可见，吉林省高级人民法院将上述四个要件作为认定浮动抵押有效成立的判断标准，至于系对抗要件还是成立要件，则未详述，尽管其从表述上看，该法院似乎倾向于成立要件。

也有其他法院认为其中某些要件只是其对抗效力等其他的相关问题，并不是其成立或者生效要件。下文分析具体要件时予以详述。

(1)主体资格

《物权法》第181条将浮动抵押的主体限定为“企业、个体工商户、农业生产经营者”。在司法实践中，裁判文书分别从正反两面明确了浮动抵押的主体限定。

---

[12] 参见“原告中国建设银行股份有限公司吉林市分行与被告舒兰市金仓米业有限责任公司、高波、田纪颖金融借款合同纠纷案”，云南省昆明市中级人民法院(2015)昆民四初字第661号民事判决书。该案件中原告与泰耀公司签订《最高额抵押担保合同》，约定泰耀公司以现有的及将有的生产设备、原材料、半成品、成品包括但不限于铁精矿等为《综合授信额度合同》项下泰耀公司的债务提供最高额2.5亿元的抵押担保。根据《物权法》第179条、第181条、第203条的规定，双方当事人之间建立了最高额浮动抵押担保法律关系。

[13] 参见“永吉县京顺粮食经销有限公司与中国农业发展银行吉林市分行营业部、吉林市天程粮食购销有限公司、杨建文金融借款合同纠纷案”，吉林省高级人民法院(2014)吉民二终字第42号民事判决书。

首先，吉林省高级人民法院(2014)吉民二终字第42号民事判决书，[14]以及云南省昆明市官渡区人民法院(2017)云0111民初4291号民事判决书，[15]均从正面展开分析，认为由于抵押人属于《物权法》第181条所限定的主体范围，具备设定浮动抵押的主体资格。

也有裁判文书从反面进行分析，即如果抵押人不满足《物权法》对主体的限定条件，则该抵押不能适用浮动抵押条款。例如，四川省绵阳市游仙区人民法院(2013)游民初字第4766号民事判决书提到，个人不能适用《物权法》第181条所规定的浮动抵押条款。[16]

(2)书面浮动抵押合同

该要件的含义是，书面合同是否是浮动抵押成立的必备要件，如果没有书面合同，浮动抵押能否成立。

一些法院认为，书面浮动抵押合同是否存在，并不影响浮动抵押的效力。一方面，抵押担保设立过程形成的联系单、出库单可以认定为当事人抵押担保所要求的书面形式。[17] 另一方面，当事人之间能够以实际行为形成事实上的抵押法律关系。如果符合《合同法》第36条(法律、行政法规规定或者当事人约定采用书面形式订立合同，当事人未采用书面形式但一方已经履行主要义务，对方接受

---

〔14〕 参见“永吉县京顺粮食经销有限公司与中国农业发展银行吉林市分行营业部、吉林市天程粮食购销有限公司、杨建文金融借款合同纠纷案”，吉林省高级人民法院(2014)吉民二终字第42号民事判决书。该判决指出天程公司是依法成立的企业，具备设定浮动抵押的主体资格。

〔15〕 参见“云南科诚融资担保有限公司与石林云昊农产品有限公司、石林营盘山育肥猪场追偿权纠纷案”，云南省昆明市官渡区人民法院(2017)云0111民初4291号民事判决书，被告……属于法定动产浮动抵押人主体范围。

〔16〕 参见“原告雷益武诉被告绵阳市某建筑劳务有限公司保证合同纠纷案”，四川省绵阳市游仙区人民法院(2013)游民初字第4766号民事判决书，因对抵押财产的具体范围约定不明，而席珍富作为个人，亦不能适用《物权法》第181条所规定的浮动抵押条款，故依照最高人民法院《关于适用〈中华人民共和国担保法〉若干问题的解释》第56条第1款：“抵押合同对被担保的主债权种类、抵押财产没有约定或者约定不明，根据主合同和抵押合同不能补正或者无法推定的，抵押不成立。”该抵押条款也不能成立。该裁判文书中虽然最终因为抵押财产约定不明且无法根据抵押合同进行推定而认定浮动抵押不成立，但是对于抵押主体的论述也反映了主体资格是浮动抵押有效成立的重要标准之一。

〔17〕 参见“浙江圣大建设集团有限公司与浙江玻璃股份有限公司动产抵押权纠纷案”，浙江省绍兴市中级人民法院(2011)浙绍商初字第70号民事判决书。原告为主张抵押权利，提供了抵押担保设立过程中形成的联系单、出库单，可以证明本案抵押担保的设立已存在书面形式。退而言之，即便本案抵押合同尚不构成书面形式，因被告为提供担保向原告出具了出库单，原告对此亦予以接受，根据《合同法》第36条之规定，“法律、行政法规规定或者当事人约定采用书面形式订立合同，当事人未采用书面形式但一方已经履行主要义务，对方接受的，该合同成立”，本案抵押合同据此亦得以成立。

的,该合同成立),那么抵押合同得以成立,并能够通过抵押登记取得对外公示的效力。[18]

也有法院持相反观点,认为没有书面抵押合同,浮动抵押不生效力。例如,浙江省安吉县人民法院(2015)湖安递商初字第405号民事判决书指出,没有签订书面抵押合同,不符合《物权法》第185条关于设立抵押权应当采取书面形式订立抵押合同的要求,故原告对涉案电器不享有抵押权。[19]

(3)适格的浮动抵押财产

司法实践中,该要件涉及的案件数量较多,案情较复杂且争议较大。对抵押财产争议最多的问题包括:哪些属于适格的浮动抵押财产?抵押财产约定与否是否影响浮动抵押的效力?如果需要对抵押财产进行约定,是否需要具体明确,具体明确到何种程度?本部分将围绕这三个问题所涉及的裁判文书进行梳理。

首先,对于判定浮动抵押财产是否"适格",法院一般采用排除法,将不适格的财产排除。第一,根据《物权法》第184条第5项之规定,依法被查封、扣押、监管的财产不得设定抵押。例如,广东省中山市中级人民法院(2016)粤20民终637号民事判决书所述,依法被查封、扣押、监管的财产不得设定抵押,而2015年2月5日的浮动抵押登记清单亦未涉及科赛尔公司之前被查封的动产。邓培福对于科赛尔公司于2015年2月5日前已被法院查封的动产并无抵押权,对该部分动产被拍卖所得价款无优先受偿权。[20] 第二,权属不明的财产,即所有权、使用权不明或者有争议的财产不得抵押。例如,上海市第二中级人民法院(2015)沪二中民一(民)终字第461号民事判决书提到,关于抵押权,物权法虽允许就动产设立动产浮动抵押,但同时规定所有权、使用权不明或者有争议的财产不得抵押……根据本案证据,京博公司提供抵押的钢财权属不明、种类不明、去向不明,被上诉人方不能对此作出合理解释,不符合物权法关于抵押物所有

[18] 参见"中国农业发展银行鹤岗分行与中国建设银行股份有限公司鹤岗分行借款合同纠纷案",黑龙江省高级人民法院(2015)黑高商终字第20号民事判决书,认为双方以实际行为变更了之前关于质押的约定,形成事实上的抵押法律关系,抵押权已有效设立,并通过抵押登记取得对外公示的效力。

[19] 参见"浙江安吉农村商业银行股份有限公司与元利瑞德资产监管有限公司委托合同纠纷案",浙江省安吉县人民法院(2015)湖安递商初字第405号民事判决书。

[20] 参见"邓培福与中山市科赛尔电器有限公司、伍庆汪民间借贷纠纷案",广东省中山市中级人民法院(2016)粤20民终637号民事判决书。

权、使用权必须清晰的法律规定,故在现有证据下,本案抵押权亦不能行使。[21] 第三,需要法院就具体情势进行个案判断,如在建工程、[22] 汽车合格证、[23] 货物进口证明书,[24] 能否作为适格的浮动抵押财产,需要在个案中结合"抵押物"的性质、特点予以分析判断。

关于抵押财产的约定是否影响浮动抵押的效力,该问题所涉案件的数量较少。最高人民法院《关于适用〈中华人民共和国担保法〉若干问题的解释》第 56 条第 1 款规定,抵押财产没有约定或者约定不明,根据主合同和抵押合同不能补正或者无法推定的,抵押不成立。江苏省南京市中级人民法院在(2013)宁民终字第 3009 号民事判决书指出,对于抵押财产没有约定的,抵押不成立,军医大学与史才玉对于抵押财产没有进行约定,抵押尚未成立,故军医大学要求史才玉承担上述义务没有法律依据。[25] 成都市成华区人民法院(2015)成华民初字第

---

〔21〕 参见"伍昕文与上海京博金属材料有限公司、上海巨野实业有限公司等追偿权纠纷案",上海市第二中级人民法院(2015)沪二中民一(民)终字第 461 号民事判决书。类似案件有"菲亚特克莱斯勒汽车金融有限责任公司与新乡市嘉宏汽车销售服务有限公司、河南捷和新能源材料有限公司等金融借款合同纠纷案",上海市黄浦区人民法院(2016)沪 0101 民初 3310 号民事判决书,"平安银行股份有限公司上海分行与上海荣聚金属材料有限公司、上海荣铁实业发展有限公司等金融借款合同纠纷案",上海市浦东新区人民法院(2015)浦民六(商)初字第 4750 号民事判决书。

〔22〕 参见"安徽大蔚置业有限公司与上海浦东发展银行股份有限公司深圳分行、安徽庐南建设投资集团建筑安装有限公司别除权纠纷案",安徽省高级人民法院(2016)皖民终 491 号民事判决书,指出抵押权人可以就抵押权实现时所得价款优先受偿,并不以抵押登记时或破产受理时经评估的市场价值或工程造价为限;在建工程抵押本质上是浮动价值抵押,因工程建设,在建工程的价值始终处于不断变化之中,在建工程抵押权范围应当及于办理抵押登记后的新建工程。债务人破产时应当是浮动抵押固定之日,债务人不得擅自变更、处分抵押物。

〔23〕 参见"中信银行股份有限公司昆明南亚支行、于庆喜返还原物纠纷案",云南省昆明市中级人民法院(2017)云 01 民终 7517 号民事判决书,指出汽车合格证是机动车整车出厂合格证明,它既不属于动产,不属于有价证券、知识产权的范畴,也并非机动车的法定所有权证书,不具有拟制财产性,其本身并不具备交换价值和商品流通性,不能单独流通转让。如经销商到期不能如期偿还贷款,则银行既不能将汽车合格证变现抵债,也不能对合格证所对应的汽车进行处置。因此汽车合格证不属于《物权法》和《担保法》中规定的担保财产。

〔24〕 参见"柬青山与程帆、广州壹路发汽车销售有限公司、广州市乘通用汽车贸易有限公司、平安银行股份有限公司广州花城支行买卖合同纠纷案",广州市番禺区人民法院(2016)粤 0113 民初 614 号民事判决书,认为货物进口证明书不能用于抵押借款,不属于抵押物的范围。

〔25〕 参见"上诉人中国人民解放军第二军医大学与被上诉人南京金陵科学技术专修学院、史才玉房屋租赁合同纠纷案",江苏省南京市中级人民法院(2013)宁民终字第 3009 号民事判决书。

203号民事判决书[26]也同此观点。

既然对于浮动抵押财产需要约定,那么是否必须具体明确?该问题主要关涉与固定抵押的区分,各法院观点不一。有些法院认为,在浮动抵押成立时,浮动抵押财产不需要约定具体明确,只要在浮动抵押实现时可以确定即可。[27] 若抵押物在约定时已经特定化,不构成浮动抵押而为固定抵押。甚至在抵押合同中仅约定抵押物为"存货"但并未注明存货的具体名称、时间,[28]或者仅约定抵押物为"所有资产"而未明确具体的抵押物,[29]法院也认定其构成浮动抵押。至于该特定化的标准,最高人民法院(2016)最高法民再275号民事判决书认为,存在抵押物清单,且抵押物清单详细载明了数量等相关情况,且存在专人对该物的监管,抵押物即被特定化,应当为一般动产抵押,不构成浮动抵押。[30] 新疆维吾尔自治区高级人民法院(2017)新民终341号民事判决书也持该观点,认为抵押

---

[26] 参见"文利英与聂勋文、四川眉山心梦缘家具制造有限公司、四川眉山贵簇家具有限公司、陈宇航、公丕骏、仁寿蓝迪家私厂民间借贷纠纷案",四川省成都市龙华区人民法院(2015)成华民初字第203号民事判决书,指出关于原告文利英与被告蓝迪家私签订的《抵押合同》,因合同中仅约定抵押物为"蓝迪家私所拥有的全部财产,包括现有的以及将有的生产设备、原材料、半成品、产品等动产",而对抵押财产约定不明,根据主合同和抵押合同不能补正、推定,根据最高人民法院《关于适用〈中华人民共和国担保法〉若干问题的解释》第56条……的规定,上述抵押不成立。

[27] 参见"龙达(江西)差别化化学纤维有限公司与广发银行股份有限公司杭州萧山支行案",浙江省杭州市萧山区人民法院(2014)杭萧商初字第4101号民事判决书,认为广发银行与龙达聚酯公司约定存货的浮动抵押,该动产浮动抵押在办理抵押登记时抵押物不确定,应在广发银行实现抵押权时予以确认,现实际已无抵押物存在,广发银行主张优先受偿权,本院不予支持。"安邦保险集团股份有限公司与杭州春江发电设备有限公司、闻国建等保险纠纷案",浙江省杭州市萧山区人民法院(2015)杭萧商初字第384号民事判决书。

[28] 参见"张家口市商业银行股份有限公司与张家口兴华众科机械制造有限公司金融借款合同纠纷案",河北省张家口市桥东区人民法院(2015)东执异字第1号执行裁定书,该裁定书认为订立了抵押协议书,约定的抵押物中虽注明存货,但未注明存货的具体名称和具体时间。所以,商业银行与兴华众科公司订立的抵押合同是浮动抵押。

[29] 参见"李保文与李军、申玮琳等民间借贷纠纷案",湖北省宜城市人民法院(2014)鄂宜城民二初字第00134号民事判决书,认为借款合同约定金谷公司以其所有资产作为抵押担保,没有明确具体的抵押物,是一种浮动抵押,属于担保物权而非保证责任,李保文可以另行主张实现担保物权,但要求金谷公司共同偿还没有法律根据。

[30] 参见"九三集团与前郭县敖丰粮油有限责任公司、张伟合同纠纷案",最高人民法院(2016)最高法民再275号民事判决书,认为构成动产浮动抵押需具备三个要件:一是以不特定的动产作为担保标的物……按照张伟与敖丰公司之间的约定,抵押物详见抵押物清单,而抵押物清单载明了玉米入库的时间和数量,张伟亦委派人员监管玉米的销售,可见抵押的玉米已经被特定化,不再是浮动抵押意义下的流动物,抵押物并不包括在签订抵押合同之前已经存放于敖丰公司仓库内的玉米,敖丰公司也不能自由处分已经列入抵押清单的玉米,故张伟与敖丰公司之间的抵押合同并不符合动产浮动抵押的构成要件,应当为一般动产抵押,自抵押合同成立时起,其抵押物即为已经被特定化的入库玉米。

物的数量、价值确定,即构成固定抵押。[31]

但是,也有一部分法院在裁判中表明,根据最高人民法院《关于适用〈中华人民共和国担保法〉若干问题的解释》第 56 条第 1 款"抵押合同对被担保的主债权种类、抵押财产没有约定或者约定不明,根据主合同和抵押合同不能补正或者无法推定的,抵押不成立"的规定,认为浮动抵押财产需要具体明确的约定,约定不明的,浮动抵押不成立。[32] 例如,吉林省四平市中级人民法院(2017)吉 03 民初 143 号民事判决书、山东省东营市东营区人民法院(2016)鲁 0502 民初 1358 号民事判决书均认为,浮动抵押合同未对具体的抵押物进行约定的或者约定不明确不确定的,不能成立浮动抵押。[33] 贵州省黔南布依族苗族自治州中级人民法院(2016)黔 27 民终 4 号民事判决书认为,用其所有的珠藏房屋、家产及

---

〔31〕 参见"杭州浙物新援贸易有限公司与新疆天山农村商业银行股份有限公司米东区支行、新疆海奥油脂科技发展有限公司案",新疆维吾尔自治区高级人民法院(2017)新民终 341 号民事判决书,指出抵押物本身的数量、价值是确定的,可以认定海奥油脂公司抵押给农商行米东区支行的抵押物在实际履行抵押合同过程中已被固定化,实质为动产固定抵押……虽在工商行政管理部门办理的为动产浮动抵押,但实际抵押物却是固定的,并不符合动产浮动抵押的特征,仅以登记内容认定为动产浮动抵押与本案事实不符。

〔32〕 参见"姚太国与谢凯飞、秦玲莉保证合同纠纷案",湖北省宜都市人民法院(2014)鄂宜都民初字第 01053 号民事判决书,认为首先,被告谢凯飞在借条上写明"若李迎春到期未还款,以金牌卫浴店面作为抵押","金牌卫浴店面"是指房屋还是店面内的商品、设施?有没有应当办理抵押登记抵押合同方才生效的抵押物?如果是动产抵押,是否涉及浮动抵押?这些问题均未约定清楚。根据最高人民法院《关于适用〈中华人民共和国担保法〉若干问题的解释》第 56 条第 1 款"抵押合同对被担保的主债权种类、抵押财产没有约定或者约定不明,根据主合同和抵押合同不能补正或者无法推定的,抵押不成立"的规定,应认定双方对于抵押财产的名称、数量等内容约定不明,原告未取得相应的抵押权,原告有权向被告谢凯飞主张抵押合同不成立的缔约过失责任。

〔33〕 参见"中国建设银行股份有限公司四平分行与现代天丰农业集团有限公司、四平环宇农业科技有限公司、梨树县现代天丰仓储有限公司、石丽娟、杨首麟、杨航、孙瑀晗借款合同纠纷案",四平市中级人民法院(2017)吉 03 民初 143 号民事判决书,指出约定天丰农业公司以现有的及将有的财产生产设备、原材料、半成品、产品(包括但不限于存放于现代天丰农业集团有限公司院内的原粮、半成品粮和成品粮)为此笔借款提供抵押担保,但未对相关抵押物品的名称、数量等作明确说明,亦未在市场监督管理部门进行登记……四平建行虽与天丰农业公司签订的《人民币额度借款最高额浮动抵押合同》,但因未就具体的抵押物进行约定,不具备物保合同的成立要件,四平建行由此主张优先受偿权缺乏基础,不予支持。"上海浦东发展银行股份有限公司东营分行与山东金禹王防水材料有限公司、东营市海富通化工有限公司等金融借款合同纠纷案",山东省东营市东营区人民法院(2016)鲁 0502 民初 1358 号民事判决书,认为禹王公司与原告虽然签订了《浮动最高额抵押合同》且办理了抵押登记,但由于作为抵押登记的动产并不明确,也就是说双方约定的抵押财产不明确且不确定,原告主张对被告金禹王公司的动产享有优先受偿权,本院不予支持。

所有资产作为抵押担保……抵押物约定不明,不发生法律效力。[34] 该案也是以“所有资产”作为抵押担保,但是法院判决认为担保物约定不明,抵押担保条款不具有法律效力,与上文所述的湖北省宜城市人民法院(2014)鄂宜城民二初字第00134号民事判决书的观点截然不同。持该观点的裁判文书较多,在此不予赘述。[35]

通过上述裁判梳理可知,实务主流观点认为,需要对浮动抵押进行具体明确的约定,但需要具体明确到何种程度,则应予进一步分析。该部分主要涉及浮动抵押与固定抵押的区分标准,对浮动抵押项下的抵押物约定需要具体明确,但是又不能特定化构成固定抵押,那么区分的界限到底为何。前述梳理表明,部分法院认为一旦具体明确约定了抵押物的名称、数量、价值、入库时间等相关情况,即构成抵押物的特定化,构成固定抵押而非浮动抵押。很多判决持该种观点。[36] 但是,四川省广汉市人民法院(2016)川0681民初第1058号民事判决书认为,浮动抵押与固定抵押的区别,应综合抵押合同订立的目的、具体内容并结合查明的事实和相关的法律规定,进行综合判断。该案中,尽管当事人编列了详细的《动产抵押物清单》并且对抵押物的品名、种类、数量、价格、权属等都进行了特定,法

---

〔34〕 参见“赵国琴与贵州益沁园农业开发有限公司、杨锐等民间借贷纠纷案”,贵州省黔南布依族苗族自治州中级人民法院(2016)黔27民终4号民事判决书。

〔35〕 参见“原告中国建设银行股份有限公司吉林市分行与被告舒兰市金仓米业有限责任公司、高波、田纪颖金融借款合同纠纷案”,吉林省吉林市中级法院(2014)吉中民二初字第67号民事判决书。“韩益干与海安县恒华机械制造有限公司、缪凤秀案”,江苏南通市中级人民法院(2016)苏06民终530号民事判决书。“再审申请人阿坝州农村信用联社股份有限公司因与被申请人彭小燕、阿坝州理县盛鼎新材料科技有限公司金融借款合同纠纷案”,四川省阿坝藏族羌族自治州中级人民法院(2017)川32民申1号民事裁定书。“广利公司与柏狮光电借款案”,四川省遂宁市中级人民法院(2016)川09民初10号民事判决书。“天津海泰投资担保有限责任公司与天津市盛德隆制衣有限公司、刁克明保证合同纠纷案”,天津市南开区人民法院(2016)津0104民初8267号民事判决书。“天津海泰投资担保有限责任公司与天津新技术产业园区昂纳科技有限公司、佟浩建保证合同纠纷案”,天津市南开区人民法院(2016)津0104民初8260号民事判决书。“文利英与聂勋文、四川眉山心梦缘家具制造有限公司、四川眉山贵簇家具有限公司、陈宇航、公丕骏、仁寿蓝迪家私厂民间借贷纠纷案”,四川省成都市成华区人民法院(2015)成华民初字第203号民事判决书。“原告雷益武诉被告绵阳市某建筑劳务有限公司保证合同纠纷案”,四川省绵阳市游仙区人民法院(2013)游民初字第4766号民事判决书。以上裁判文书中法院都认为抵押物需要具体明确约定。

〔36〕 参见“浙江嘉善联合村镇银行股份有限公司与嘉善创兴木业有限公司、黄永平等金融借款合同纠纷案”,浙江省嘉善县人民法院(2015)嘉善商初字第28号民事判决书。“张信维、山东圣洋水产集团有限公司占有物返还纠纷案”山东省威海市中级人民法院在(2017)鲁10民终553号民事判决书。以上裁判文书也均采纳该种观点。

院衡量诸当事人在签订抵押合同以及进行抵押登记时的真实意思，认定当事人之间成立的为浮动抵押而非固定抵押。[37] 浙江省温州市龙湾区人民法院(2014)温龙商初字第165号民事判决书也认为，浮动抵押与固定抵押的区分应当进行综合判断，考虑当事人订立合同的真实意思表示、订立合同的目的以及合同中的文字表述等相关情况。[38]

(4)抵押登记

抵押登记要件下主要讨论的问题包括：①浮动抵押登记与否，是否影响浮动抵押的效力？②抵押物的登记要求是什么？③登记的其他形式要求有哪些？④登记与合同约定不一致，如何处理？⑤登记机关如何确定？

---

〔37〕 参见"四川广汉农村商业银行股份有限公司与广汉市锦程石油机械有限公司与破产有关的纠纷案"，四川省广汉市人民法院(2016)川0681民初第1058号民事判决书，认为首先，在原、被告签订的最高额抵押合同中，其明确约定抵押类型为浮动抵押，抵押物为被告锦程机械公司现有及将有的原材料、半成品、成品等存货。同时还约定用于抵押的存货价值两份合同共计不低于3000万元。且双方在企业法人登记机关办理了抵押登记，并取得了相应的动产抵押登记书，在动产抵押登记书的抵押物概况一栏中也明确标注抵押物为"现有及将有的存货作为浮动抵押"，综合原、被告在订立合同时的真实意思，涉案抵押性质应当认定为浮动抵押。浮动抵押设定之后，抵押人即被告锦程机械公司新取得的财产，将自动成为浮动抵押的标的物，而且抵押人对抵押财产的处分权不受限制。其次，本案中原、被告签订抵押合同和办理抵押登记时都是按照设立浮动抵押的意思表示办理的，只是在办理抵押登记时不仅填写了抵押物概况，同时还编列了详细的《动产抵押物清单》，使抵押物在登记的形式上具备了固定抵押的特征，且考究浮动抵押的立法原意和特征，也并未禁止将抵押物编列清单进行登记，实践中之所以不要求对浮动抵押物进行详细列明，主要是因为其资产处于不断变动之中，在未出现使浮动抵押物固化的情况下，客观上无法对其进行确定。涉案抵押物在登记时的行为并不能从根本上改变合同性质。故，本案所涉抵押应当认定为浮动抵押。……浮动抵押也只有在发生结晶时，才能确定其标的物之范围，才能真正体现浮动抵押对担保财产的支配力。

〔38〕 参见"中国信达资产管理股份有限公司浙江省分公司与温州月兔电器集团有限公司普通破产债权确认纠纷案"，浙江省温州市龙湾区人民法院(2014)温龙商初字第165号民事判决书，认为2011年抵字16031号《最高额动产抵押合同》中"抵押物清单"载明的名称为"现有的及将有的存货"，"动产抵押登记书"载明抵押物名称为库存材料压缩机等，从文字分析，库存材料包括原材料、半成品、产品，"等"字则包括各种库存材料，抵押物概况(附页)物品情况中也载明"现有及将有的"，抵押物有物品种类不特定、数量浮动的特点，符合动产浮动抵押特征。虽然该"动产抵押登记书"所附的抵押物概况(附页)中包括压缩机、空调内机、空调外机、铜材、铝材、电缆线、电机、电加热、线路板、塑料面板、冷轧板和镀锌板、内机和外机纸箱、玻璃面板、氟利昂、电容、四通阀和截止阀、变压器共17个类别，并各自载明数量，但不能一定推论出抵押的库存材料仅包括上述17个类别以及固定的数量，也可理解为办理抵押登记时中国银行温州分行对主要库存材料名称、当时盘点数量的列举。中国银行温州分行在办理抵押登记前对主要库存材料名称、数量粗略盘点，是贷款审核的步骤之一，将其记载在抵押物概况附页中，并不存在违反动产浮动抵押规定情形，要求其详细记载全部库存材料的名称明显超出贷款审核的必要性，原材料、半成品、产品一般是处于不断消耗和转化的状态，认为抵押物数量固定不变明显不符合常理，也并非月兔公司、中国银行温州分行的真实意愿。

关于问题一"登记与否是否影响浮动抵押的效力",争议不大。根据《物权法》第189条第1款第二句的规定,浮动抵押登记并不是浮动抵押的成立要件,只是未登记不得对抗善意第三人。实务中绝大部分法院都持该观点进行审理裁决。[39] 当然,变更登记也同此理,即未经变更登记不得对抗善意第三人。[40] "善意第三人"如何界定?四川省绵阳市中级人民法院(2014)绵民终字第1408号民事判决书指出,第三人的范围通常应是指与抵押标的物有利害关系的除抵押人和抵押权人以外的人,亦即是除抵押当事人之外对抵押标的物享有物权关系的人,债务人的一般债权人并不包括在内。[41] 但是,仍有极个别的法院在审判中认为浮动抵押未办理抵押权登记,导致抵押无效。[42]

关于问题二"抵押物的登记要求是什么",其与"抵押物约定是否需要具体明确"联系极为密切,实务中同样存在两种不同的观点。浮动抵押合同对抵押物的约定往往通过合同约定以及登记机关登记两个方面予以体现。因此,前述主张抵押物的约定无须具体明确的,对登记也只要求概括登记,登记浮动抵押物的概况即可。《四川省工商行政管理局动产抵押登记实施办法》第9条也如此规定:"当事人根据《物权法》第一百八十条第一款第四项的规定抵押的,应当提交《动产抵押物清单》。当事人根据《物权法》第一百八十一条的规定抵押的,应当填写抵押物概况。"山东省济南铁路运输中级法院的(2015)济铁中执复字第1

---

〔39〕 参见"河北顺众投资有限公司、枣强县福昌皮草有限公司追偿权纠纷案",河北省高级人民法院(2017)冀民申4643号民事裁定书。四川省自贡市中级人民法院(2017)川03执复9号民事裁定书,(2015)绵民初字第195号、(2017)浙0302民初1004号、(2015)台临商初字第865号、(2015)滨商初字第613号、(2017)川0304执异5号裁判文书等都认为,浮动抵押合同未经登记不影响浮动抵押合同的效力,只是不得对抗善意第三人。

〔40〕 参见"中冶赛迪工程技术股份有限公司与成渝钒钛科技有限公司等建设工程合同纠纷案",重庆市高级人民法院(2015)渝高法民初字第00005号民事判决书,指出担保的主债权范围发生变更,未进行变更登记,不得对抗善意第三人以及正常经营活动中已支付合理价款并取得抵押财产的买受人。

〔41〕 参见"李胜全诉彭昌明等十三人执行分配方案异议之诉案",四川省绵阳市中级人民法院(2014)绵民终字第1408号民事判决书。

〔42〕 参见"包商银行股份有限公司通辽新城支行与李永江、李建军、梁桂云金融借款合同纠纷案",内蒙古自治区通辽市科尔沁区人民法院(2014)科商初字第206号民事判决书,认为被告李永江所抵押的机器设备因未办理抵押权登记,其抵押应认定无效,原告不具有以所抵押机器设备依法折价或拍卖、变卖的优先受偿权。

号执行裁定书、[43]浙江省宁波市鄞州区人民法院的(2009)甬鄞商初字第529号民事判决书,[44]均采纳该种观点,认为浮动抵押因抵押物不特定而无须制作财产目录清单,也不必就各项财产进行公示,仅须以书面形式订立浮动抵押合同并在企业法人登记机关进行登记即可。甚至存在极端观点,有法院在司法实践中认为,案涉的库存商品(餐饮原材料)不属于《担保法》第42条规定的需办理抵押登记的抵押物,因此不登记也并不影响其对抗第三人的效力。[45]

相反观点认为,浮动抵押的登记同抵押物的约定要求相同,均应当要求具体明确,不能概括登记。山东省东营市东营区人民法院(2016)鲁0502民初1358号民事判决书指出,尽管双方当事人签订了浮动抵押合同并办理了登记,但是登记的动产不明确(仅约定了现有的及将有的动产存货),也就是说双方约定的抵押财产不明确且不确定,因此浮动抵押的优先受偿权并不成立。[46] 上海市第一中级人民法院(2016)沪01执异29号执行裁定书则进一步指出了明确具体登记的要求,认为需要抵押物的范围、数量、质量、状况等相关情况均需要特定化。[47]

关于问题三,样本数据中只梳理到一个相关案例,主要针对抵押登记违反了《担保法》第44条关于抵押登记的形式要件的效力问题。最高人民法院(2016)最高法执监86号执行裁定书认为,当事人之间已经签订了有效的抵押合同并进行了登记,登记内容已对抵押担保的债权范围、抵押性质以及抵押物范围予以了

[43] 参见"中信银行股份有限公司无锡分行与济南铁路物资总公司买卖合同纠纷案",山东省济南铁路运输中级法院(2015)济铁中执复字第1号执行裁定书。

[44] 参见"宁波机械集团有限公司与中国建设银行股份有限公司鄞州支行案",浙江省宁波市鄞州区人民法院(2009)甬鄞商初字第529号民事判决书。

[45] 参见"贵阳市中小企业信用担保中心与饶莹、饶海追偿权纠纷案",贵州省贵阳市观山湖区人民法院(2016)黔0115民初1020号民事判决书,认为双方在签订的《抵押反担保合同》中约定的抵押物为价值300万元的动产,在抵押物清单中双方所列抵押物名称为"库存商品(仙踪林餐饮原材料)",不属于《担保法》第42条规定的需办理抵押登记的抵押物,双方抵押合同成立并生效,原告依法享有对该抵押物的优先受偿权,该项诉请本院予以支持。

[46] 参见"上海浦东发展银行股份有限公司东营分行与山东金禹王防水材料有限公司、东营市海富通化工有限公司等金融借款合同纠纷案",山东省东营市东营区人民法院(2016)鲁0502民初1358号民事判决书。

[47] "比利时联合银行股份有限公司上海分行诉烟台鹏晖铜业有限公司金融借款合同纠纷案",上海市第一中级人民法院(2016)沪01执异29号执行裁定书,动产抵押登记,载明以烟台鹏晖公司现有及将有的粗铜、阳极板、阴极铜、铜精矿、黄金、白银、硫酸、阳极泥等存货作为抵押财产……异议人中国银行与烟台鹏晖公司虽办理了抵押登记,但该抵押登记的内容仅系概括性的登记,抵押登记的抵押物的范围、数量、质量、状况等均未特定化,故不属抵押物登记,不得对抗本案申请执行人比利时银行的质押权。

明示。尽管抵押登记中未将抵押合同备案,但是其已经具备物权的公示效力且已经存在生效法律文书明确认定该浮动抵押的效力,即使登记存在一些瑕疵,也不能轻易否认浮动抵押的效力。〔48〕

关于问题四"在登记与合同约定不一致的情况下如何处理",该问题所涉案件数量较少且不存在争议。法院均依据最高人民法院《关于适用〈中华人民共和国担保法〉若干问题的解释》第61条"抵押物登记记载的内容与抵押合同约定的内容不一致的,以登记记载的内容为准"之规定,按照登记记载的为准进行处理。〔49〕

但是,对于上述问题,即对于合同约定设立的担保物权与登记的不一致或者登记的与实际上成立的担保物权的性质不同的情况下,该如何处理,也存在一些不同意见。根据浙江省湖州市中级人民法院(2016)浙05民终486号民事判决书、〔50〕新疆维吾尔自治区高级人民法院(2017)新民终341号民事判决书、〔51〕浙江省绍兴市中级人民法院(2011)浙绍商初字第70号民事判决书,〔52〕可知法律关系的判断不能仅看双方当事人所登记的名称,而应当以法律关系的实质内容为基准,因此应当根据担保物权实际的约定情况、履行情况、担保设立过程进行综合判断。

关于问题五,司法实践中对该问题并不存在争议,均认为浮动抵押的登记机关不同于普通动产抵押的登记机关。《物权法》第189条和国家工商总局《动产

〔48〕 参见"中信银行股份有限公司无锡分行、济南铁路物资总公司与江阴市奥达钢铁贸易有限公司、汤大兴买卖合同纠纷、申请承认与执行法院判决、仲裁裁决案",最高人民法院(2016)最高法执监86号执行裁定书。

〔49〕 参见"贵州银行股份有限公司遵义分行与贵州省仁怀市茅台镇酒都酒业有限公司、贵州省仁怀市茅台镇金力来酒业有限公司金融借款合同纠纷案",贵州省高级人民法院(2016)黔民初62号民事判决书。"浙江安吉农村商业银行股份有限公司与元利瑞德资产监管有限公司委托合同纠纷案",浙江省湖州市中级人民法院(2016)浙05民终486号民事判决书。"江铃汽车集团财务有限公司与临汾江铃全顺汽车销售有限公司、夏萍借款合同纠纷案",江西省南昌市东湖区人民法院(2016)赣0102民初3236号民事判决书。以上裁判文书均采纳该种观点。

〔50〕 参见"浙江安吉农村商业银行股份有限公司与元利瑞德资产监管有限公司委托合同纠纷案",浙江省湖州市中级人民法院(2016)浙05民终486号民事判决书。

〔51〕 参见"杭州浙物新援贸易有限公司与新疆天山农村商业银行股份有限公司米东区支行、新疆海奥油脂科技发展有限公司案",新疆维吾尔自治区高级人民法院(2017)新民终341号民事判决书。

〔52〕 参见"浙江圣大建设集团有限公司与浙江玻璃股份有限公司动产抵押权纠纷案",浙江省绍兴市中级人民法院(2011)浙绍商初字第70号民事判决书。

抵押登记办法》第2条均规定了动产浮动抵押应当向抵押人住所地工商行政管理部门办理登记,但对动产固定抵押的登记机关没有规定。《担保法》第42条规定:"办理抵押物登记的部门如下:……(五)以企业的设备和其他动产抵押的,为财产所在地的工商行政管理部门。"湖南省双峰县人民法院(2016)湘1321行初59号行政判决书、[53]山东省高青县人民法院(2013)高商初字第182号民事判决书,[54]均对浮动抵押登记机关的确定有所体现。若当事人进行登记的登记机关选择错误导致登记无效,如上文所述,不能对抗善意第三人。[55]

(二)浮动抵押的特征

浮动抵押区别于固定抵押的一个重要特征就是抵押财产范围的不确定性。浮动抵押依法设立后,抵押人仍然有权继续占有、经营管理并处分其财产,抵押财产在抵押期间不断发生变化。[56] 在浮动抵押期间,浮动抵押人在抵押财产特定前仍然享有对担保物的自由处置权,可以在正常经营范围内行使所有权的占有、使用、收益、处分四项权能,可以继续从事生产经营活动,并可以以买卖、转让、清偿等方式处置其财产。[57] 基于浮动抵押具有的该特征,如果当事人在设立浮动抵押时对权能进行了限制,效力何如?

有的判决认为,如果双方当事人在设立浮动抵押的时候,对浮动抵押期间进行权能限制不符合动产浮动抵押的特征,不构成动产浮动抵押。例如,最高人民法院

---

〔53〕 参见"湖南双峰农村商业银行股份有限公司与双峰县工商行政管理和质量技术监督局行政登记案",湖南省双峰县人民法院(2016)湘1321行初59号行政判决书。

〔54〕 参见"中国融资租赁有限公司与淄博五湖陶瓷科技有限公司、第三人齐商银行股份有限公司高青支行、第三人联合创业担保集团有限公司取回权纠纷案",山东省高青县人民法院(2013)高商初字第182号民事判决书。

〔55〕 参见"湖南双峰农村商业银行股份有限公司与新永茂科技有限公司、浙江国金融资租赁股份有限公司等破产债权确认纠纷案",浙江省缙云县人民法院(2016)浙1122民初1751号判决书中体现了该点。

〔56〕 参见"中国民生银行股份有限公司成都分行、四川御龙园园林工程有限公司金融借款合同纠纷案",四川省成都市中级人民法院(2017)川01民终4795号民事判决书。

〔57〕 参见"四川东连融资担保有限公司、四川省图成商贸有限公司与李炎排除妨害纠纷案",四川省成都市中级人民法院(2014)成民终字第4019号民事判决书。"杨某某与四川省图成商贸有限公司、第三人四川省邛崃市人和酒厂、第三人四川东连融资担保有限公司、第三人中国工商银行股份有限公司邛崃支行排除妨碍纠纷案",四川省邛崃市人民法院(2014)邛崃民初字第651号民事判决书。"柬青山与程帆、广州壹路发汽车销售有限公司、广州市乘通用汽车贸易有限公司、平安银行股份有限公司广州花城支行买卖合同纠纷案",广东省广州市番禺区人民法院(2016)粤0113民初614号民事判决书。"四川广汉农村商业银行股份有限公司与广汉市锦程石油机械有限公司与破产有关的纠纷案",四川省广汉市人民法院(2016)川0681民初第1058号民事判决书。

(2017)最高法民申1500号民事裁定书指出,约定所涉及的全部资产包括动产及不动产,且限制了汝源公司在抵押期间将抵押物再抵押、转让的权利,与动产浮动抵押的构成要件不符,无法判定双方形成了设定动产浮动抵押担保的合意。[58]

但是也存在相反的认定,认为浮动抵押期间的权能限制,属于当事人之间的真实意思表示,合法有效,不影响浮动抵押的效力。吉林省长春市中级人民法院(2016)吉01民初701号民事判决书[59]体现了该观点。

(三)浮动抵押的成立及效力

第一部分已经对浮动抵押的定义以及成立要件进行了详述,不予赘述。本部分主要集中针对实务中出现的有关浮动抵押的成立及效力的其他相关问题进行梳理。

1. 浮动抵押的善意取得

浮动抵押权作为一项担保物权,可以适用《物权法》第106条有关善意取得规定,善意取得浮动抵押权。那么浮动抵押权善意取得要件有哪些?笔者下文按照所有权的善意取得构成要件依次检索。依据《物权法》第106条的规定,善意取得所有权的构成要件如下:(1)出让人无处分权;(2)受让人受让时为善意;(3)以合理的价格转让;(4)依照法律规定,已经履行了公示手续,交付或者登记。但在浮动抵押中,因抵押权的设立不以对价为要件且动产抵押权取自抵押合同,不依赖抵押物的登记和交付,因此善意取得动产抵押权的要件即为债权人在签订动产抵押合同时是善意的。[60]

---

[58] 参见"汝州市三源牧业有限公司、河南和佳置业有限公司企业借贷纠纷案",最高人民法院(2017)最高法民申1500号民事裁定书。

[59] 参见"榆树市裕成油脂有限公司与中国建设银行股份有限公司吉林省分行合同纠纷案",吉林省长春市中级人民法院(2016)吉01民初701号民事判决书,指出约定对裕成公司处分抵押财产进行限制,未经建行吉林省分行书面同意,裕成公司不得以任何方式处分抵押财产,包括但不限于转让、赠与、设立固定担保权、质权等。上述协议充分赋予了建行吉林省分行对玉米的抵押权和监管权。

[60] 参见"中央储备粮宜昌直属库诉湖北当阳农村商业银行借款合同纠纷案",湖北省高级人民法院(2013)鄂民二终字第00041号民事判决书。"五矿钢铁广州有限公司与佛山市锦泰来钢材实业有限公司、平安银行股份有限公司广州科韵支行第三人撤销之诉",广东省广州市中级人民法院(2017)粤01民终5310号民事判决书。"广东志达精密管业制造有限公司执行裁定书",广东省佛山市中级人民法院(2014)佛中法执外异字第93号执行裁定书。"义乌市农信融资担保有限公司与义乌市永胜彩印包装有限公司追偿权纠纷案",浙江省义乌市人民法院(2016)浙0782民初17588号民事判决书中也对浮动抵押的善意取得进行了分析。

善意取得浮动抵押权的要件仅为一个，即债权人在签订抵押合同时为善意。该“善意”如何认定？或者说如何防止他人善意取得浮动抵押权，对抗措施有哪些？实务中，善意的认定主要看债权人是否对抵押物的权属进行必要合理的审查。由于浮动抵押财产均为动产，在没有相反的证据情况下，动产以占有为所有权的标志，且如果抵押人出示真实的抵押物清单，债权人有理由相信抵押人合法占有抵押物并对其享有处分权。且审查范围应当不及于是否存在犯罪行为或者违法行为。[61] 为了防止他人善意取得浮动抵押权，确保自己权益的实现，实务中存在在抵押物贮藏地悬挂“抵押物公示牌”的做法，以明示货物处于抵押及监管的状态有效对抗善意第三人。该做法也得到法院的认可，属于正常行使抵押权、监管权的表现形式。[62]

2. 浮动抵押标的物在确定之前，对于包括一般债权人在内的第三人无对抗效力

浮动抵押标的物确定前，浮动抵押权人对未特定化的标的物无控制力和支配力，因此浮动抵押仅仅具有合同效力，仅对抵押人有效，而对于包括一般债权人在内的第三人均无对抗效力。一般债权人查封企业财产，浮动抵押权人不得以企业财产已设定浮动抵押权为由对抗财产执行。[63] 河北省廊坊市中级人民法院(2015)廊执异字第8号执行裁定书指出，抵押登记也不能改变抵押物的权属性质，抵押物的所有权仍然归被执行人所有。本案中，本院未对查封的标的物采取转让、交付的执行措施，未损害异议人的权益，异议人以对标的物享有抵押权阻止执行而提出执行异议，不符合法律规定。[64]

3. 浮动抵押的从属性

担保与主债权之间的基本关系是从属关系与附随关系，担保的从属性、附随

---

〔61〕 参见“五矿钢铁广州有限公司与佛山市锦泰来钢材实业有限公司、平安银行股份有限公司广州科韵支行第三人撤销之诉”，广东省广州市中级人民法院(2017)粤01民终5310号民事判决书。

〔62〕 参见“榆树市裕成油脂有限公司与中国建设银行股份有限公司吉林省分行合同纠纷案”，吉林省长春市中级人民法院(2016)吉01民初701号民事判决书。

〔63〕 参见曹士兵：《中国担保制度与担保方法》(第4版)，中国法制出版社2017年版，第309页。

〔64〕 参见“美达王(北京)商业有限公司、中国建设银行股份有限公司大厂支行等与大厂回族自治县宝生钢铁制品有限公司金融借款合同纠纷案”，河北省廊坊市中级人民法院(2015)廊执异字第8号执行裁定书。

性,在内容上一般包括发生上的从属、消灭上的从属、抗辩权上的从属和特定性上的从属。[65] 浮动抵押权作为担保物权的一种,也有从属性,随着其所担保的主债权的转让而转让、主债权的消灭而消灭。云南省昆明市五华区人民法院在(2017)云0102民初524号民事判决书中认为,被告祥平公司与原告宏浩公司签订《动产抵押合同》,自愿以其现有的和将有的全部动产(包括但不限于机器设备、原材料、半成品、产品等)作为抵押物,为被告祥平公司基于《委托担保合同》所产生的债务向原告宏浩公司提供浮动抵押反担保,且向工商行政管理部门办理了登记手续。根据担保物权的从属性,抵押权不得与主债权分离,现主债权转让给原告木星公司,则抵押权也一并转让,故原告木星公司有权在被告祥平公司未偿还债务的情况下对抵押物实现抵押权。[66] 黑龙江省高级人民法院(2015)黑高商终字第20号民事判决书指出,5000吨水稻既是鹤岗建行的抵押物,同时亦是天维公司向鹤岗农发行提供浮动抵押物中的一部分,鹤岗农发行2012年登记的抵押权因其所担保的主债权消灭而消灭。[67]

4. 浮动抵押的存续期间

涉及存续期间的案例只有一例。福建省中级人民法院(2015)三民终字第1018号民事判决书指出,本案虽在木材浮动资产抵押贷款申请书上约定抵押贷款登记期限四个月,但依据物权法定原则,当事人约定或者登记部门要求登记的抵押权的存续期间不影响抵押权的存续。[68]

(四)浮动抵押项下的抵押物

第一,并非所有的裁判文书中都对抵押物进行了细致的阐述。对于案情简单、法院一笔带过、判决"抵押权人所主张的优先受偿权成立"的案件,浮动抵押的抵押物并不是案件的关键点,因此没有对其的详细阐述,对该部分案件的抵押物的归类也无从谈起。

---

〔65〕 参见曹士兵:《中国担保制度与担保方法》(第4版),中国法制出版社2017年版,第41页。

〔66〕 参见"云南宏浩融资担保有限公司、云南木星资产管理有限公司等与云南祥平农业生产资料有限责任公司等追偿权纠纷案",云南省昆明市五华区人民法院(2017)云0102民初524号民事判决书。

〔67〕 参见"中国农业发展银行鹤岗分行与中国建设银行股份有限公司鹤岗分行借款合同纠纷案",黑龙江省高级人民法院(2015)黑高商终字第20号民事判决书。

〔68〕 参见"上诉人吴泽有、胡小平与被上诉人将乐县农村信用合作联社、将乐县智华木竹有限公司金融借款合同纠纷案",福建省三明市中级人民法院(2015)三民终字第1018号民事判决书。

第二，即使案件中提及抵押物的大致情况，也并不能完全区分抵押物究竟是抵押人自产的还是外购的。因此，从自产和非自产角度来总结实际生活中浮动抵押物的特点也并不周延，但是，还是能够提供一定的参考价值。

第三，从目前收集的案例来看，浮动抵押物种类繁多，既有园林中的林木、海洋中的水产品，也有在建工程。当事人之间签订的浮动抵押合同对抵押物的约定也各有其特点。对于浮动抵押成立生效是否需要存在具体明确的抵押物，在前述部分已经进行了论述，在此不予赘述。下文将主要针对所收集的样本数据中的浮动抵押物的种类展开分析，进而得出目前司法实践中存在的浮动抵押物的大致特点。

1. 目前浮动抵押物的大致种类

经过对样本数据中抵押物的梳理，种类如下。为行文便宜，在以下抵押物的描述中均省略了“现有及将有”字样。

(1)原材料、产品、半成品

农作物(水稻、玉米、棉花、苗木)、钢材、白酒(窖酒、基酒、保健酒等)、食用油、汽车(电动车)、动物(生猪、奶牛、鸭子)、电器商品、燃料油、煤炭、药品、火锅底料、低纤丝、化纤布、纸张、鱼粉、服装、铁矿、螺帽螺栓等。

(2)机器设备

医疗器械。

(3)生产工具、办公设施

储酒罐。

(4)在建工程

在安徽省高级人民法院(2016)皖民终491号民事判决书中，约定大蔚置业公司以其名下位于安徽省六安市经济技术开发区纬三路以南经二路以东的大蔚观澜国际住宅小区一期工程6号住宅楼作为担保，并办理了抵押登记手续。[69]

(5)应收账款以及账户现金

在榆树市海洋粮油经销有限公司与中国建设银行股份有限公司吉林省分行

〔69〕 参见“安徽大蔚置业有限公司与上海浦东发展银行股份有限公司深圳分行、安徽庐南建设投资集团建筑安装有限公司别除权纠纷案”，安徽省高级人民法院(2016)皖民终491号民事判决书。

等合同纠纷案中,双方并签订《最高额浮动抵押合同》,以生产设备、原材料、半成品、生产设备、应收账款、账户现金及办公设施作价1650万元,提供浮动抵押。一审中吉林省长春市中级人民法院在(2015)长民四初字第164号民事判决书中认定,最高额浮动抵押合同……系双方当事人的真实意思表示,未违反法律法规的相关规定,应认定为合法有效,双方均应受其约束。[70] 二审法院在(2016)吉民终42号民事判决书[71]中仅提及该合同项下的玉米作为抵押物,对于应收账款、账户现金等并未提及。

2. 目前浮动抵押物的特点

(1)自产与非自产并不是界定浮动抵押项下抵押物的一个标准,因为绝大部分的浮动抵押都是以其机器设备、办公设施以及其购入的原材料、欲出售的商品进行抵押,而且其欲出售的商品既有可能是该企业用原材料自己生产的,也有可能是商贸企业从其他企业购入再转售的。

(2)浮动抵押项下的抵押物具有广泛性,种类极多。目前司法实践中基本上所有的动产都可以作为浮动抵押物,包括原材料、机器设备、动物、林木,甚至在建工程都被认为是浮动抵押。

(3)实践中大量的浮动抵押合同均使用了"存货"的概念,而该概念并不是一个法律上概念。存货(Inventory)是会计上的术语,是指企业在日常活动中持有的以备出售的产成品或商品、处在生产过程中的在产品、在生产过程或者提供劳务过程中耗用的材料或物料等。存货分类为:在途物资、原材料、在产品、库存商品、发出商品、委托加工物资、周转材料等七大类。[72] 我国《物权法》第181条所用的词句是"生产设备、原材料、半成品、产品"。

(五)浮动抵押的结晶

"结晶",有法院将其称为"特定化",为了说明结晶时浮动抵押转化为固定抵押。裁判文书中关于浮动抵押结晶的问题,大多在浮动抵押的成立或其执行

---

〔70〕 参见"榆树市海洋粮油经销有限公司与中国建设银行股份有限公司吉林省分行等合同纠纷案",吉林省长春市中级人民法院(2015)长民四初字第164号民事判决书。

〔71〕 参见"榆树市海洋粮油经销有限公司与中国建设银行股份有限公司吉林省分行等合同纠纷案",吉林省高级人民法院。

〔72〕 载MBA智库:http://wiki.mbalib.com/wiki/%E5%AD%98%E8%B4%A7,最后访问日期:2018年6月19日。

中提及,单独针对浮动抵押的结晶的案件几乎没有。《物权法》第 196 条规定:"依照本法第一百八十一条规定设定抵押的,抵押财产自下列情形之一发生时确定:(一)债务履行期届满,债权未实现;(二)抵押人被宣告破产或者被撤销;(三)当事人约定的实现抵押权的情形;(四)严重影响债权实现的其他情形。"下文将首先对"结晶"的性质进行分析,然后主要针对浮动抵押的结晶的几种情形展开分析。

1."结晶"的定性

是否需要抵押权人履行介入义务才构成结晶?对于这一点,司法实务存在分歧。

四川省成都市中级人民法院(2014)成民终字第 4019 号民事判决书认为,在债务人违约的情况下,抵押权人为了维护自己的利益会行使介入权,以使浮动抵押结晶为固定抵押。抵押权人行使这种介入权的方式主要有两种:一种是抵押权人亲自介入而占有抵押物。在抵押权人介入后,占有抵押人的全部或部分主要财产,则抵押人不再具有进行正常经营的基础,构成浮动抵押的结晶。如果抵押权人虽然行使了介入权,但只是占有抵押人的部分财产且对抵押人的正常生产经营不造成影响,那么就不构成结晶。并且结晶需要抵押权人举证证明其实际行使了介入权使抵押物由浮动变为固定。〔73〕

但是,二审上诉人提出再审申请后,四川省高级人民法院在(2014)川民申字第 2335 号再审民事裁定书中提出相反的观点,认为根据《物权法》第 181 条规定,发生该条规定下的几种情形即可产生结晶的效果,浮动抵押从此时转变为固定抵押,抵押物从浮动状态转变为固定。法条并没有对抵押权人的介入义务进行规定。法院在法律规定和合同约定之外,为抵押权人实现浮动抵押权而设立介入义务,于法无据。〔74〕

---

〔73〕 参见"四川东连融资担保有限公司、四川省图成商贸有限公司与李炎排除妨害纠纷案",四川省成都市中级人民法院(2014)成民终字第 4019 号民事判决书。

〔74〕 参见"四川东连融资担保有限公司与四川省图成商贸有限公司、李焱、四川省邛崃市人和酒厂、中国工商银行股份有限公司邛崃支行排除妨碍纠纷案",四川省高级人民法院(2014)川民申字第 2335 号民事裁定书。

2.“结晶”的几种情形

第一种情形为债务履行期届满,债权未实现。该种情形出现的频率最高,属于最常见的结晶的情形。例如,山东省高级人民法院(2015)鲁商终字第247号民事判决书、[75]江苏省苏州市吴江区人民法院(2016)苏0509民初6737号民事判决书、[76]重庆市第一中级人民法院(2014)渝一中法民初字第00150号民事判决书,[77]很多判决书涉及由于期限届满债权未能实现导致结晶。

第二种情形为抵押人被宣告破产或者被撤销。例如,安徽省高级人民法院(2016)皖民终491号民事判决书、[78]四川省广汉市人民法院(2016)川0681民初第1058号民事判决书,[79]均是由于抵押人被宣告破产而发生结晶。

第三种情形为当事人约定的实现抵押权的情形。抵押权人与抵押人签订《抵押财产处置协议书》,可以视为当事人约定的实现抵押权的情形。[80]

第四种情形为严重影响债权实现的其他情形。该种情形包括债务人恶意逃避债务,影响债权人债权的实现。[81] 实务中也包括企业合并分立等其他情形。

(六)浮动抵押的对抗效力

样本数据涉及对抗效力的只有13个案例,且相对比较简单。在此,主要分析浮动抵押对抗效力的构成要件问题。

吉林省高级人民法院(2014)吉民二终字第42号民事判决书认为,主张浮动

---

[75] 参见“平安银行股份有限公司济南分行与山东恒宇精密薄板有限公司、山东三星新材料有限公司等金融借款合同纠纷案”,山东省高级人民法院(2015)鲁商终字第247号民事判决书。

[76] 参见“中国民生银行股份有限公司吴江盛泽支行与钱雪明、周志林等金融借款合同纠纷案”,江苏省苏州市吴江区人民法院(2016)苏0509民初6737号民事判决书。

[77] 参见“华夏银行股份有限公司重庆分行与重庆新盛特殊钢板有限公司,重庆一胜特工模材料有限公司等借款合同纠纷案”,重庆市第一中级人民法院(2014)渝一中法民初字第00150号民事判决书。

[78] 参见“安徽大蔚置业有限公司与上海浦东发展银行股份有限公司深圳分行、安徽庐南建设投资集团建筑安装有限公司别除权纠纷案”,安徽省高级人民法院(2016)皖民终491号民事判决书。

[79] 参见“四川广汉农村商业银行股份有限公司与广汉市锦程石油机械有限公司与破产有关的纠纷案”,四川省广汉市人民法院(2016)川0681民初第1058号民事判决书。

[80] 参见“中国民生银行股份有限公司南昌分行与新余市鸿利物资有限公司、黄小勇、钟绍兰金融借款合同纠纷案”,江西省南昌市中级人民法院(2014)洪民二初字第341号民事判决书。

[81] 参见“平安银行股份有限公司青岛分行与青岛海能达燃料有限公司、王亚丽等金融借款合同纠纷案”,山东省青岛市中级人民法院(2014)青金商初字第473号民事判决书。“平安银行股份有限公司青岛分行与青岛海能达燃料有限公司、王亚丽等金融借款合同纠纷案”,山东省青岛市中级人民法院(2014)青金商初字第474号民事判决书。

抵押对抗效力成立必须同时满足以下条件：第一，第三人与抵押人之间成立买卖合同关系；第二，该买卖属于抵押人的正常经营活动；第三，第三人支付了合理价款；第四，第三人已取得该标的物。[82] 对于构成要件二的认定，云南省昆明市西山区人民法院(2017)云0112民初2820号民事判决书认为，抵押人具有特定物的销售资格可以作为买卖行为属于抵押人日常经营活动的佐证。[83]

浮动抵押的对抗效力与浮动抵押是否办理抵押登记无关，即使办理抵押登记，日常经营活动中的买受人也可以对抗抵押权人，[84] 并且该对抗效力不仅及于买卖标的物本身，也及于标的物相关的其他单证或者资料。[85]

(七)浮动抵押的优先受偿顺序

通过对裁判的梳理，涉及浮动抵押权的优先受偿顺序的主要有两种情形：第一种情形是人保与物保并存，即保证与浮动抵押权并存情况下优先受偿权的顺序；第二种情形是担保物权并存的情况，可能是质权与浮动抵押权并存，也可能是一般抵押权等与浮动抵押权并存的情形。下文也将主要从这两个方面展开梳理。

1. 人保与物保并存

同一债权既有人的保证又有物的担保的，《物权法》第176条已经对《担保法》第28条第2款作出了相应的修改。《物权法》第176条规定："被担保的债权既有物的担保又有人的担保的，债务人不履行到期债务或者发生当事人约定的实现担保物权的情形，债权人应当按照约定实现债权；没有约定或者约定不明

---

〔82〕 参见"永吉县京顺粮食经销有限公司与中国农业发展银行吉林市分行营业部、吉林市天程粮食购销有限公司、杨建文金融借款合同纠纷案"，吉林省高级人民法院(2014)吉民二终字第42号民事判决书。"原告腾冲甫创汽车贸易有限责任公司与被告昆明星长征实瑞汽车销售有限公司买卖合同案"，云南省昆明市西山区人民法院(2017)云0112民初2820号民事判决书也同此见解，结合原告具有车辆销售资格的事实，故本院对其认为购买涉案车辆系进行销售的主张予以采信。鉴于此，本院认为原告支付的价款符合市场交易价格。由于原告已支付了合理价款并已取得涉案车辆，故即使涉案车辆属于抵押财产并办理抵押登记亦不能对抗原告。

〔83〕 参见"原告腾冲甫创汽车贸易有限责任公司与被告昆明星长征实瑞汽车销售有限公司买卖合同案"，云南省昆明市西山区人民法院(2017)云0112民初2820号民事判决书。

〔84〕 参见"原告腾冲甫创汽车贸易有限责任公司与被告昆明星长征实瑞汽车销售有限公司买卖合同案"，云南省昆明市西山区人民法院(2017)云0112民初2820号民事判决书。"中央储备粮宜昌直属库诉湖北当阳农村商业银行借款合同纠纷案"，湖北省高级人民法院(2013)鄂民二终字第00041号民事判决书。

〔85〕 参见"原告腾冲甫创汽车贸易有限责任公司与被告昆明星长征实瑞汽车销售有限公司买卖合同案"，云南省昆明市西山区人民法院(2017)云0112民初2820号民事判决书。

确,债务人自己提供物的担保的,债权人应当先就该物的担保实现债权;第三人提供物的担保的,债权人可以就物的担保实现债权,也可以要求保证人承担保证责任。提供担保的第三人承担担保责任后,有权向债务人追偿。”根据该条规定,被担保的债权既有物的担保又有人的担保的,法律尊重当事人的意思自治,即“有约定从约定”。没有约定的按照《物权法》第176条后半句的规定的顺序依次行使权利。

实务中,双方当事人通常都会根据《物权法》第176条对物的担保与人的担保并存的情形作出特别约定,大多将两者处于同一清偿顺序。因此,除非存在法定的无效事由,法院一般均认定当事人之间关于人保和物保清偿顺序的约定符合法律规定,判令债权人可以同时要求保证人承担连带责任保证以及就物的担保实现债权。相关案例包括浙江省义乌市人民法院(2014)金义商初字第2328号民事判决书、[86]浙江省临海市人民法院(2011)台临商初字第2721号民事判决书、[87]浙江省临海市人民法院(2015)台临商初字第3679号民事判决书、[88]福建省将乐县法院(2015)将民初字第157号民事判决书。[89]

一旦当事人在合同中就物保和人保的清偿顺序作出了特别约定,该约定可以排除保证人依据最高人民法院《关于适用〈中华人民共和国担保法〉若干问题的解释》第38条第3款“债权人在主合同履行期届满后怠于行使担保物权,致使担保物的价值减少或者毁损、灭失的,视为债权人放弃部分或者全部物的担保。保证人在债权人放弃权利的范围内减轻或者免除保证责任”进行的抗辩。即使出现了债权人怠于行使浮动抵押权导致抵押物减损或者灭失的情形,只要当事人在合同中特别约定人保和物保处于同一清偿顺序,则保证人不能减免保证责任。该观点在广东省佛山市中级人民法院(2016)粤06民终1115号民事判决

---

〔86〕 参见“平安银行股份有限公司义乌分行与浙江浦江县凯越不锈钢制品有限公司、黄永积等金融借款合同纠纷案”,浙江省义乌市人民法院(2014)金义商初字第2328号民事判决书。

〔87〕 参见“李甲与临海市经济担保有限公司案”,浙江省临海市人民法院(2011)台临商初字第2721号民事判决书。

〔88〕 参见“临海市企业经济担保有限公司与临海市仁禾家具有限公司、临海市东风钢木家具有限公司等追偿权纠纷案”,浙江省临海市人民法院(2015)台临商初字第3679号民事判决书。

〔89〕 参见“将乐县农村信用合作联社与将乐县智华木竹有限公司、吴泽有、胡小平金融借款合同纠纷案”,福建省将乐县人民法院(2015)将民初字第157号民事判决书。

书[90]中得以体现。

2. 物保

由于在浮动抵押期间,浮动抵押人在抵押财产特定前仍然享有对担保物的自由处置权,可以在正常经营范围内行使所有权的占有、使用、收益、处分四项权能,可以继续从事生产经营活动,并可以买卖、转让、清偿等方式处置其财产。因此,在浮动抵押结晶之前,抵押人自然也可以在抵押物上设立其他担保物权或者在设立浮动抵押之前,抵押物上就已经存在其他担保物权。实务中常见的浮动抵押权与质权并存的情形,裁判中也多是关于该种情况。在这两种并存的情形下,优先受偿顺序如何决定,法院存在不同的做法。

第一种做法是,在全部动产特定为抵押物之前,其他担保物权应优先于浮动抵押权,一旦浮动抵押财产特定为抵押物,其效力应当优先于在此之后设立的担保物权以及其他无担保债权。实现浮动抵押权必须对抵押标的物进行特定化,以确定抵押权效力所及的财产范围。[91] 该观点被司法实践中很多法院所采纳。例如,四川省高级人民法院(2014)川民申字第2335号民事裁定书指出,[92]因担保权的实行、债务人违约、约定事件、企业合并或企业破产等确定事由发生而转换为特定担保,抵押人当时拥有的全部动产才能特定为抵押物,因此,在全部动产特定为抵押物之前,其他担保物权应优先于浮动抵押权。山东省青岛市中级人民法院(2012)青民四商初字第138号民事判决书也持相同观点。[93]

但是,在质权和浮动抵押权并存且抵押权已经办理了登记的情况下,司法实

---

〔90〕 参见"佛山市顺德区乐从镇展利贸易有限公司、何家其金融借款合同纠纷案",广东省佛山市中级人民法院(2016)粤06民终1115号民事判决书。

〔91〕 参见"中国银行股份有限公司杭州市萧山支行与杭州龙发机械有限公司、浙江杰美装饰工程有限公司等金融借款合同纠纷案",浙江省杭州市萧山区人民法院(2014)杭萧商初字第2421号民事判决书。

〔92〕 参见"四川东连融资担保有限公司与四川省图成商贸有限公司、李焱、四川省邛崃市人和酒厂、中国工商银行股份有限公司邛崃支行排除妨碍纠纷案",四川省高级人民法院(2014)川民申字第2335号民事裁定书。

〔93〕 参见"恒丰银行青岛分行与青岛紫金能源发展有限公司、刘泉金融借款合同纠纷案",山东省青岛市中级人民法院(2012)青民四商初字第138号民事判决书,认为在抵押财产确定之前,抵押人已处置或设定担保物权的煤炭,不属于浮动抵押固化后抵押物的范围。2012年11月30日山东联合担保投资有限公司代紫金公司还款之日为其浮动抵押权的抵押财产确定之日,而被告青岛紫金能源发展有限公司为本案原告设定的质押权设立于2011年10月27日,均早于该日。因此,山东联合担保投资有限公司的抵押权对2012年11月30日之前已存在的本案原告的担保物权不具有优先性。

践中也存在不同的做法。例如,法院并不对浮动抵押结晶的时间和质权设立的时间进行比较进而决定优先受偿权的顺序,而是直接依据最高人民法院《关于适用〈中华人民共和国担保法〉若干问题的解释》第79条"同一财产法定登记的抵押权与质权并存时,抵押权人优先于质权人受偿……"的规定,认为已经办理了抵押登记的浮动抵押权优先,质权人处于劣后受偿的地位。福建省泉州市中级人民法院(2012)泉民初字第1121号民事判决书、[94]四川省攀枝花市东区人民法院(2015)攀东民初字第2125号民事判决书、[95]广东省东莞市第一人民法院(2015)东一法松民二初字第1995号民事判决书,[96]均持该种观点。

实务中还存在一种裁判类型,该种裁判既依据上述最高人民法院《关于适用〈中华人民共和国担保法〉若干问题的解释》第79条又比较浮动抵押权和质权设立(登记)的时间。该种裁判有两例,均为湖南省长沙市中级人民法院作出,裁判内容如下所述。湖南省长沙市中级人民法院(2016)湘01执异93号执行裁定书指出,最高人民法院《关于适用〈中华人民共和国担保法〉若干问题的解释》第79条规定,同一财产法定登记的抵押权与质权并存时,抵押权人优先于质权人受偿。申请执行人中信银行股份有限公司长沙分行对本案执行标的的浮动抵押权设立于2013年7月3日,而案外人中国银行股份有限公司长沙市星沙支行对本案执行标的的质押权设立于2013年12月30日,前者担保物权设立时间早于后者担保物权设立时间,前者应当优先于后者受偿。案外人中国银行股份有

[94] 参见"中国民生银行股份有限公司泉州分行与莆田市东南香米业发展有限公司、莆田市宏立粮油贸易有限公司、黄金龙、许淑琴金融借款合同纠纷案",福建省泉州市中级人民法院(2012)泉民初字第1121号民事判决书。

[95] 参见"攀枝花市金鼎融资担保有限责任公司与攀枝花市铭高矿业有限公司、攀枝花市汇亨融资性担保有限公司、晏明高、魏明清追偿权纠纷案",四川省攀枝花市东区人民法院(2015)攀东民初字第2125号民事判决书。

[96] 参见"中信银行股份有限公司东莞分行与东莞市凯佳塑胶贸易有限公司、曾三良金融借款合同纠纷案",广东省东莞市第一人民法院(2015)东一法松民二初字第1995号民事判决书,认为根据最高人民法院《关于适用〈中华人民共和国担保法〉若干问题的解释》第79条的规定:"同一财产法定登记的抵押权与质权并存时,抵押权人优先于质权人受偿……"本案中,原告针对同一批塑胶(附件)既办理了抵押登记、设立抵押权,又设立了质权,应以办理了抵押登记的抵押权优先,故对于原告主张的对一批塑胶的抵押权,本院依法予以支持。

限公司长沙市星沙支行提出的案外人异议的理由不成立,本院不予采纳。[97]

湖南省长沙市中级人民法院(2015)长中民执异字第00198号民事裁定书认为,超越公司是以其存放于力邦物流公司的钢材在总量14,940.57吨范围内,对其所借湘银支行的贷款提供浮动抵押;超越公司向汇通支行提供的则是总量7631.968吨钢材范围内的浮动质押。并且,湘银支行与超越公司之间形成借款关系、签订浮动抵押合同及办理抵押登记的时间,均在汇通支行与超越公司形成借款关系、签订质押合同进行质押之前。因此,汇通支行关于"贵院处置的钢材中有7575.42吨钢材发球异议人质押物""异议人对于拍卖该质押物所得款项享有优先受偿权"的异议理由均不能成立,本院不予支持。[98]

如上述两个裁判,既以最高人民法院《关于适用〈中华人民共和国担保法〉若干问题的解释》第79条为依据,又比较两者的设立(登记)时间,但是这两者均是抵押权设立登记时间早于质权设立时间。如果质权设立的时间早于抵押权设立时间,则如何处理?第一个裁判中比较的是浮动抵押的设立时间与质权的设立时间,第二个裁判中则对比的是签订浮动抵押合同的时间以及浮动抵押登记的时间,由于浮动抵押登记不属于生效要件仅具有对抗效力,因此若签订合同时间与登记时间不一致,则如何处理?笔者暂时并未找到相关的实务案例。

如果在同一财产上存在两个不同的浮动抵押权,浙江省温州市龙湾区人民法院认为应当按照登记时间确定两者的优先受偿顺序。[99]

(八)浮动抵押的执行

动产浮动抵押是以不特定的动产作为担保标的物,因此只有因担保权的行使、债务人违约等确定事由发生而转换为特定担保,才以抵押人当时拥有的相应动产特定为抵押物,抵押权人只能对浮动抵押确定时属于抵押人财产享有优先

---

〔97〕 参见"案外人中国银行股份有限公司长沙市星沙支行与申请执行人中信银行股份有限公司长沙分行与被执行人长沙市凯程纸业有限公司、李武、张献芝金融借款合同纠纷案",湖南省长沙市中级人民法(2016)湘01执异93号执行裁定书。

〔98〕 参见"长沙银行股份有限公司湘银支行与湖南超越贸易有限公司、张磊华、何细战、蒋辉超、王卉芳借款合同纠纷案",湖南省长沙市中级人民法院(2015)长中民执异字第00198号民事裁定书。

〔99〕 参见"中国信达资产管理股份有限公司浙江省分公司与温州月兔电器集团有限公司普通破产债权确认纠纷案",浙江省温州市龙湾区人民法院(2014)温龙商初字第165号民事判决书,指出第三人中国银行温州分行早于中信银行温州分行与月兔公司办理动产抵押工商登记手续,第三人中国银行温州分行应优先于原告受偿。

受偿权。[100]

在样本数据的司法裁判文书中,涉及浮动抵押执行问题主要集中于以下几个方面。

1. 抵押物特定化以及举证责任

涉及此方面的案例数量较多。抵押物特定化,在不同的法院裁判文书中有不同的名称,有的称为“固定化”,有的称为“抵押权人的清点义务”。在第五部分浮动抵押的结晶中所述的“抵押权人的介入权”,实际上是指在浮动抵押执行过程中抵押物的特定化以及需要抵押权人举证证明抵押物现实存在。但是结晶仍然属于满足特定条件自动由浮动抵押转变为固定抵押,并不需要抵押权人的配合才构成结晶。只是结晶之后为了确保抵押权的实现,需要抵押权人对抵押物进行特定化,确定抵押物的范围,并对此承担举证责任。否则作为一种物权,浮动抵押权将因客体未被特定而无法行使。[101]

司法实践中,大部分法院所采纳的观点为,浮动抵押权的实现,抵押权人应当在抵押权实现条件成就时,采取适当的措施确定抵押财产的范围(名称、数量、价值等相关情况),将抵押财产固定化,并要在执行过程中对抵押物是否存在以及抵押物的名称、数量、价值等情况承担举证责任。如果不能提供证据证明,承担举证不能的后果,则不能享有优先受偿权。至于是否以明确的抵押物清单为必要,该问题存在争议。例外观点在样本案例数据中发现一例,四川省成都市中级人民法院(2017)川01民终4795号民事判决书认为,结晶时抵押财产的范围已经客观上得以确定,据此执行时也不需要抵押权人明确抵押物的数量、种类并对其现存状态进行举证证明。[102]

关于抵押物的特定化以及举证责任的案件,有很多裁判文书中都进行了详

---

〔100〕 参见“蔡广军与陈荣军、王家国、安徽永发服饰有限公司、霍邱县永发米业有限责任公司、安徽劲宇食品有限公司、胡后俭民间借贷纠纷案”,安徽省六安市中级人民法院(2014)六民二初字第00547号民事判决书。

〔101〕 参见“高翠英与聂勋文、陈宇航、公丕骏、四川眉山心梦缘家具制造有限公司、四川眉山贵簇家具有限公司、仁寿蓝迪家私厂借款合同纠纷案”,四川省成都高新技术产业开发区人民法院(2014)高新民初字第5766号民事判决书。

〔102〕 参见“中国民生银行股份有限公司成都分行、四川御龙园园林工程有限公司金融借款合同纠纷案”,四川省成都市中级人民法院(2017)川01民终4795号民事判决书。

细的阐述分析。广东省中山市中级人民法院(2016)粤20民终637号民事判决书指出,浮动抵押权人对抵押人在抵押登记之后新增的动产当然享有抵押权,就该部分新增动产无须再向相关部门办理抵押登记,但抵押权人对实现抵押权时的该新增动产范围负有举证义务,故抵押权人应对抵押人的动产定时、及时清点以保障该部分相对并不确定的权利范围。抵押权人未及时履行清点义务,致抵押物的浮动范围在其实现抵押权时无法固定,应承担举证不能的不利后果,则优先受偿权并不能得到执行。[103] 甘肃省高级人民法院(2017)甘民终143号民事判决书同样指明,在浮动抵押转为固定抵押后,抵押权人与抵押人未对库存商品的规格和数量进行确认,抵押物未被特定化,其价值及范围均难以确定,加之案涉抵押物均为易消耗品,抵押人将抵押物处分完毕已达半年之久,抵押物是否存在难以确定且不易被追回,抵押权人以抵押物拍卖、变卖价款优先受偿的条件已经不能成就。[104] 上海市第一中级人民法院(2013)沪一中民六(商)终字第174号民事判决书亦表明相同观点,债权人欲行使抵押权或质权,应当提交能够直接反映截止判决前抵押物或质物客观状态的相关证据。如果债权人仅提交浮动抵押合同签订时的抵押人的库存明细表,不能提交进一步证据,据此难以支持债权人人要求行使抵押权或者质权的诉讼请求。如果债权人在取得上述相关证据后,可以通过另行诉讼的方式行使抵押权或者质权。[105]

关于浮动抵押物的特定化是否以明确的抵押物清单为必要,部分法院并未提及抵押物清单,仅指出抵押权人在执行抵押权时应该采取适当措施确定抵押财产的范围并对现存抵押物承担举证责任。另有部分法院认为浮动抵押结晶后,抵押权人应当与抵押人共同确定抵押物清单方构成对抵押财产的固定。江

---

〔103〕 参见“邓培福与中山市科赛尔电器有限公司、伍庆汪民间借贷纠纷案”,广东省中山市中级人民法院(2016)粤20民终637号民事判决书。

〔104〕 参见“上诉人甘肃省再担保集团有限公司与被上诉人兰州兴德隆商贸有限公司、兰州盛华设计装饰有限公司、甘肃莹德商贸有限公司、王小龙、王雅莉保证合同纠纷案”,甘肃省高级人民法院(2017)甘民终143号民事判决书,“广发银行股份有限公司杭州分行与浙江赐富化纤有限公司、袁柏仁等保证合同纠纷案”,浙江省绍兴市中级人民法院(2012)浙绍商初字第50号民判决书等也持相同观点。

〔105〕 参见“甲银行与乙金属材料公司金融借款合同纠纷案”,上海市第一中级人民法院(2013)沪一中民六(商)终字第174号民事判决书。

苏省苏州市吴江区人民法院(2016)苏0509民初6737号民事判决书、[106]山东省济南市中级人民法院(2015)济商初字第222号民事判决书、[107]山东省东营市东营区人民法院(2016)鲁0502民初3175号、[108]山东省东营市东营区人民法院(2017)鲁0502民初609号民事判决书[109]都认为,浮动抵押结晶后,抵押权人与抵押人应当共同确定抵押物清单,使浮动的抵押物固定化,以便行使抵押权。抵押权人若在法院指定的期限内,双方均未提供最终确定的抵押物清单,抵押权人亦未提交证据证明抵押物是否存在及抵押物的名称、数量、价值等情况,可能会导致抵押物无法确定、抵押权无法实现。其中山东省东营市东营区人民法院(2016)鲁0502民初3175号民事判决书[110]进一步指出,关于确定抵押物清单的方式,可以由抵押权人与抵押人共同确定,可以由抵押权人在诉讼中采取财产保全的方式,也可以采取其他合法方式。最后,四川省成都市中级人民法院(2017)川01民终4795号民事判决书[111]提出了不同的观点。针对该案件一审法院认为在浮动抵押结晶后,抵押权人与抵押人并未就抵押物的种类、数量进行确定以固定抵押物的范围,尽管可以确定签订浮动抵押合同时的财产情况却无法证明抵押物的现存情况(是否被处分、灭失等导致数量、种类变化的情况),导致浮动抵押执行的标的物不明确,优先受偿权不能得到支持。一审法院的观点是司法实践中的主流观点。但是四川省成都市中级人民法院提出,在债务人不履行到期债务或者发生当事人约定的实现抵押权的情形时,债权人主张实现抵

---

[106]　参见"中国民生银行股份有限公司吴江盛泽支行与钱雪明、周志林等金融借款合同纠纷案",江苏省苏州市吴江区人民法院(2016)苏0509民初6737号民事判决书。

[107]　参见"上海浦东发展银行股份有限公司济南分行等合同纠纷案",山东省济南市中级人民法院(2015)济商初字第222号民事判决书。

[108]　参见"上海浦东发展银行股份有限公司东营分行与东营市康森秸秆制品有限公司、东营市华侨橡塑有限责任公司金融借款合同纠纷案",山东省东营市东营区人民法院(2016)鲁0502民初3175号民事判决书。

[109]　参见"上海浦东发展银行股份有限公司东营分行与山东华茂园林工程有限公司、山东维尔斯化工有限公司金融借款合同纠纷案",山东省东营市东营区人民法院(2017)鲁0502民初609号民事判决书。

[110]　参见"上海浦东发展银行股份有限公司东营分行与山东华茂园林工程有限公司、山东维尔斯化工有限公司金融借款合同纠纷案",山东省东营市东营区人民法院(2017)鲁0502民初609号民事判决书。

[111]　参见"中国民生银行股份有限公司成都分行、四川御龙园园林工程有限公司金融借款合同纠纷案",四川省成都市中级人民法院(2017)川01民终4795号民事判决书。

押权，抵押人不得再处分抵押财产，抵押财产的范围在该时点客观上已经确定，法律并未明确规定债权人向人民法院主张实现抵押权时须以明确的抵押财产清单为前提条件。[112]

根据对上述有关浮动抵押执行过程中“抵押物清单”所涉及案件的梳理，上述各法院所指的“抵押物清单”实质上也是指浮动抵押结晶后执行前，抵押权人对抵押财产范围的确定及固化，确定抵押人现存的抵押财产的种类、数量、价值等相关情况的措施，而并非是有着特定法定形式要求的书面文书。关于确定抵押物清单的方式，可以由抵押人与抵押权人共同确定，也可以由抵押权人在诉讼中采取诉讼保全的方式，或者其他可以确定抵押财产范围的合法方式。

2. 抵押物范围认定

本部分主要通过三个案例来分析抵押物范围认定的若干特殊问题。

第一个问题是，如果当事人在签订抵押合同时制定了抵押物清单并且将该清单进行了登记，抵押权人能否对抵押登记清单以外的财产享有抵押权？广东省中山市中级人民(2016)粤20民终637号民事判决书指出，针对该案件当事人之间存在抵押物清单的情况下，抵押权人不能以浮动抵押财产浮动性为由要求对抵押人的全部财产享有优先受偿权。[113] 第一，针对抵押人在签订浮动抵押合同之前被查封的财产，抵押权人是否享有抵押权？法院指出，依据《物权法》第184条第5项之规定，依法被查封、扣押、监管的财产不得设定抵押。而且从当事人在签订动产浮动抵押合同时来看，被查封的财产在浮动抵押登记清单也并未涉及被抵押人之前被查封的财产，因此，抵押权人对登记之前被查封的动产无抵押权，对该部分也无优先受偿权。第二，对于在签订浮动抵押合同之前就已经

---

〔112〕 参见“中国民生银行股份有限公司成都分行、四川御龙园园林工程有限公司金融借款合同纠纷案”，四川省成都市中级人民法院(2017)川01民终4795号民事判决书。

〔113〕 当事人在抵押合同中约定，“抵押物包括现有的以及在生产经营中继续取得的生产设备、原材料、半成品、成品……双方在签订浮动抵押合同时，应共同对抵押物进行清理，并制作抵押物清单作为本合同的附件，明确双方签订浮动抵押合同时抵押物的财产类别、数量、状况、价值，但抵押物的类别、数量、状况及浮动抵押权实现时为准，最终价值以浮动抵押权实现时实际处理抵押物的净收入为准”。随后，双方当事人在工商行政管理局对上述合同中的生产设备、原材料、半成品、成品785,869件办理了动产抵押登记。该案中，虽然当事人在抵押登记中详细记载了抵押物的类别、种类、价值等情况，看起来与动产一般抵押无异，但是双方当事人在合同中约定浮动抵押财产的类别、数量、状况应当以浮动抵押权实现时为准，仍然符合浮动抵押项下抵押财产浮动性的特征。

存在但是并未纳入抵押登记清单的部分财产来说,由于合同签订时该部分财产已经存在,所以抵押权人的权利范围也只能以该抵押登记清单为限,对设立浮动抵押时已经存在却并未纳入登记范围的其他动产不享有优先受偿权。第三,浮动抵押权人对抵押人在抵押登记之后新增的动产当然享有抵押权,而且就该部分新增动产无须再向相关部门办理登记,但是抵押权人对实现抵押权时的该新增动产范围负有举证义务,故抵押权人应对抵押人的动产定时、及时清点以保障该部分相对并不确定的权利范围。且本案合同中也对抵押权的清点义务进行了明确的约定,因此若抵押权人因为未及时履行清点义务导致抵押物的浮动范围在其实现抵押权时无法固定,应当承担举证不能的不利后果,因此法院据此认定抵押人在抵押登记之后并不存在新增动产。综上所述,浮动抵押权人的权利范围限于动产抵押登记清单所载。[114]

第二个问题是当抵押权人行使债权提起诉讼,其要求诉前保全的财产范围是否等同于优先受偿权的财产范围?重庆市第一中级人民法院(2014)渝一中法民初字第00150号民事判决书指出,由于动产浮动抵押是以不特定动产作为担保标的物,发生合同约定的情形时,浮动抵押财产范围确定。法院在诉前保全中查封的财产的并不当然是抵押权人享有优先受偿权的财产范围。抵押权人也并未举示充分的证据证明前述查封的财产属于、或系在当事人浮动抵押合同中约定的导致抵押财产确定的事件发生时,拥有的全部动产范围。因此,抵押权人要求对前述被查封的动产享有抵押权和优先受偿权的诉讼请求,法院不予支持。[115]

第三个问题涉及特殊的浮动抵押财产“在建工程”,即对于在建工程的浮动抵押财产范围如何认定?对于该问题,安徽省高级人民法院(2016)皖民终491号民事判决书指出,因工程建设,在建工程的价值始终处于不断变化之中,在建工程抵押权范围应当及于办理抵押登记后的新建工程。抵押权人可以就抵押权实现时所得价款优先受偿,并不以抵押登记时或破产受理时经评估的市场价值

---

〔114〕 参见“邓培福与中山市科赛尔电器有限公司、伍庆汪民间借贷纠纷案”,广东省中山市中级人民法(2016)粤20民终637号民事判决书。

〔115〕 参见“华夏银行股份有限公司重庆分行与重庆新盛特殊钢板有限公司,重庆一胜特工模材料有限公司等借款合同纠纷案”,重庆市第一中级人民法院(2014)渝一中法民初字第00150号民事判决书。

或工程造价为限。[116]

3. 抵押权实现能否及于抵押物的变现款、代偿物?

《物权法》第181条后半句规定"债权人有权就实现抵押权时的动产优先受偿",一般情况下司法实践中法院通常认为抵押物灭失、转让等导致实现抵押权时抵押人已经不存在抵押财产时,优先受偿权丧失,并未判定可以及于其变现款、代偿物等。关于该点,下文在执行受阻或者无法执行的事由中也会进行详细的阐述说明。如上所述,关于浮动抵押权实现能否及于抵押物的变现款的问题,裁判文书中提及该问题的案例数量并不是很多,样本案例数据中只有三例。

案例一,黑龙江省高级人民法院(2015)黑高商终字第20号民事判决书。案涉抵押物是在浮动抵押结晶后抵押权人向法院提起诉讼期间各方当事人协商处理的。该判决指出,根据《物权法》第174条的规定,担保期间,担保财产毁损、灭失或者被征收等,担保物权人可以就获得的保险金、赔偿金或者补偿金等优先受偿,故浮动抵押权人对抵押物的优先受偿权及于该转让款。[117] 该案中,"抵押人与抵押权人办理了动产浮动抵押登记,抵押物为5000吨水稻,已入库监管公司鹤岗市工农区华隆路39号",抵押物数量名称具体确定,黑龙江省高级人民法院直接认定其属于浮动抵押,按照《物权法》第174条规定抵押权的实现及于其代偿物。

案例二,四川省绵阳市中级人民法院(2014)绵民终字第1408号民事判决书。[118] 该案件一审法院认为,《物权法》第181条规定为"就其实现抵押权时的动产优先受偿",而未表述为"就确定的抵押财产优先受偿",因此浮动抵押权优先受偿的范围为其实现抵押权时的动产……将债权人提起诉讼时间视为实现抵押权的时间,但是抵押物已经在结晶后提起诉讼前被出售变现,即抵押权实现时抵押人的动产并不包括已经出售的肉牛,则原告对肉牛或者肉牛的变卖款项不能享有优先受偿权。二审法院也就是四川省绵阳市中级人民法院认为,原审法

---

〔116〕 参见"安徽大蔚置业有限公司与上海浦东发展银行股份有限公司深圳分行、安徽庐南建设投资集团建筑安装有限公司别除权纠纷案",安徽省高级人民法院(2016)皖民终491号民事判决书。

〔117〕 参见"中国农业发展银行鹤岗分行与中国建设银行股份有限公司鹤岗分行借款合同纠纷案",黑龙江省高级人民法院(2015)黑高商终字第20号民事判决书。

〔118〕 参见"李胜全诉彭昌明等十三人执行分配方案异议之诉案",四川省绵阳市中级人民法院(2014)绵民终字第1408号民事判决书。

院于2010年7月15日保全查封的303头肉牛亦应在该日确定为李胜全享有的浮动抵押权的抵押财产。虽然在李胜全于2010年9月15日起诉主张债权及抵押权之前,原审法院保全查封的303头肉牛已被处置变现为价款,但鉴于抵押物即肉牛的特殊性,为保持浮动抵押物的价值,及时变现应属合理的处理,故在保全查封的肉牛被出售变现后,李胜全主张实现浮动抵押权时可及于抵押物即肉牛的变现款。[119] 该案中,抵押物也是在浮动抵押结晶后抵押权人向法院提起诉讼后被抵押人进行处置变卖,时间同案例一相同,只是案例一是在抵押人和抵押权人共同协商处置,案例二是抵押人擅自处理。

案例三,江苏省靖江市人民法院(2015)泰靖商初字第0383号判决书。该判决指出,本院结合原告限期债务人提前偿还债务、被告江苏克劳斯重工股份有限公司(以下简称克劳斯公司)部分履行债务的时间点确定2015年3月20日被告克劳斯公司账面库存的设备、产成品、材料为抵押财产,原告对上述财产享有优先受偿权。需要说明的是,我国担保法规定,抵押期间,抵押人转让已办理登记的抵押物的,应当通知抵押权人并告知受让人转让物已抵押的情况。抵押物所得的价款,应当向抵押权人提前清偿所担保的债权。由于原告与被告克劳斯公司未曾清点、确定上述时段的库存设备、产成品、材料,被告克劳斯公司在上述时间段后亦未通知原告已转让抵押物,如有善意第三人取得了抵押物后应付的价款应当向抵押权人清偿。[120] 该案例事实部分并未对抵押人转让抵押物的时间进行说明,根据该部分的上下文分析可知应该是在结晶之后抵押人转让抵押物。即法院认为在浮动抵押已经结晶之后,抵押人转让抵押物的,如果善意第三人取得了抵押物,则该部分价款应当向抵押权人清偿。该案例与前两个案例处置抵押物的时间段相同,差异在于该案例中抵押权人并未采取措施固定抵押财产的范围。

---

〔119〕 参见"李胜全诉彭昌明等十三人执行分配方案异议之诉案",四川省绵阳市中级人民法院(2014)绵民终字第1408号民事判决书。该案件的一审和二审法院对于抵押财产确定的时间认定不同,一审法院认为在发生法定或者当事人约定的事项之后,抵押财产即发生确定。二审法院认为在抵押权人申请法院保全财产,法院采取保全措施之后,抵押财产才得以确定。

〔120〕 参见"中国工商银行股份有限公司靖江支行与江苏克劳斯重工股份有限公司、江苏联兴成套设备制造有限公司等金融借款合同纠纷案",江苏省靖江市人民法院(2015)泰靖商初字第0383号民事判决书。

通过对上述三个案例的梳理,可以发现,只要在浮动抵押结晶之后,不管抵押权人是否已经采取措施固定抵押财产的范围,抵押权的实现都可以及于抵押物的代偿物。

4. 担保的主债权的范围

浮动抵押权作为担保物权的一种,在其实现的条件成就后,抵押权人只能在合同约定的抵押权所担保的债权范围内进行受偿。[121] 实务中,当事人也都会对浮动抵押权所担保的主债权进行明确的约定。如果所担保的主债权尚未确定导致现无法直接确认优先受偿权金额范围,只能待争议的抵押权所担保的主债权确定之后,再由抵押权人依照法律有关规定行使优先受偿权。[122] 如果当事人合同中约定的抵押担保范围未明确约定某一费用或者某一债权,则抵押权人就该费用或债权主张优先受偿权也不能成立。[123]

5. 浮动抵押的实现方式

《物权法》第195条规定:"债务人不履行到期债务或者发生当事人约定的实现抵押权的情形,抵押权人可以与抵押人协议以抵押财产折价或者以拍卖、变卖该抵押财产所得的价款优先受偿。协议损害其他债权人利益的,其他债权人可以在知道或者应当知道撤销事由之日起一年内请求人民法院撤销该协议。抵押权人与抵押人未就抵押权实现方式达成协议的,抵押权人可以请求人民法院拍卖、变卖抵押财产。抵押财产折价或者变卖的,应当参照市场价格。"云南省昆明市中级人民法院(2015)昆民四初字第661号判决书指出,抵押权人在浮动抵押结晶后,委托抵押人对抵押物进行变卖以清偿债务,系双方对抵押权人抵押权

---

〔121〕 参见"交通银行股份有限公司温州乐清柳市支行与九川集团有限公司、宏邦实业有限公司等金融借款合同纠纷案",浙江省乐清市人民法院(2015)温乐柳商初字第290号民事判决书。"中信银行股份有限公司东莞分行与东莞市凯佳塑胶贸易有限公司、曾三良金融借款合同纠纷案"广东省东莞市第一人民法院(2015)东一法松民二初字第1995号民事判决书。

〔122〕 参见"张伟与九三集团(黑龙江农垦)金粮经贸有限公司、前郭县敖丰粮油有限责任公司合同纠纷案",吉林省高级人民法院(2015)吉民二终字第35号民事判决书。

〔123〕 参见"上海隆利汽车销售服务有限公司诉东风日产汽车金融有限公司金融借款合同纠纷案",上海市第一中级人民法院(2017)沪01民终447号民事判决书。"中信银行股份有限公司嘉兴海盐支行与浙江新东方紧固件有限公司、浙江新东方汽车零部件有限公司等金融借款合同纠纷案",浙江省海盐县人民法院(2015)嘉盐西商初字第336号民事判决书。

实现方式的约定,不违反法律、行政法规的强制性规定,对双方均有约束力。[124]

6. 执行受阻或者无法执行的事由

(1)抵押物灭失、转让或者无法证明其现存(没有提交证据证明)导致无法执行

实务中,浮动抵押由于抵押物灭失、转让、无法证明其现存或其他原因导致无法执行的案例数量非常多。由于浮动抵押中抵押物浮动的特性,抵押权人只能对浮动抵押确定时属于抵押人的财产才享有优先受偿权。如果抵押物已经在日常经营活动中被处置,由于某种原因灭失或者抵押人恶意隐藏导致无法证明抵押物现实存在,则浮动抵押权无法执行。在浮动抵押执行的第一部分"抵押物特定化以及举证责任"已经详细阐述了抵押权人应当在结晶后采取措施固定抵押财产的范围并提交证据证明抵押物相关状况,如果不提交证据则承担举证不能的责任,优先受偿权无法得到支持。因此,对于无法提交证据证明抵押财产现存导致执行不能的情况在此不予赘述,本部分将主要梳理因抵押物灭失、转让而导致的执行不能的裁判案例。

关于抵押物灭失导致优先受偿权执行不能的案例,如吉林省高级人民法院(2015)吉民二终字第26号民事判决书直接表明,优先受偿权由于抵押物灭失而无法行使。[125] 类似案例有上海第一中级人民法院(2014)沪一中民六(商)终字第185号民事判决书、[126]湖北省武汉市中级人民法院(2015)鄂武汉中民商初字第00768号民事判决书。[127]

关于抵押物被转让导致浮动抵押无法执行的案例,如重庆市巴南区人民法院(2016)渝0113民初1557号民事判决书。该判决书提到,抵押权人实现抵押

---

〔124〕 参见"平安银行股份有限公司昆明分行与云南泰耀实业集团有限责任公司、玉溪海绵铁业有限公司等合同纠纷案",云南省昆明市中级人民法院(2015)昆民四初字第661号民事判决书。

〔125〕 参见"中国长城资产管理公司长春办事处与舒兰市金仓米业有限责任公司、高波、田纪颖金融借款合同纠纷、抵押合同纠纷、保证合同纠纷案",吉林省高级人民法院(2015)吉民二终字第26号民事判决书。

〔126〕 参见"中国民生银行股份有限公司上海分行诉上海鼎企商贸有限公司等金融借款合同纠纷案",上海市第一中级人民法院(2014)沪一中民六(商)终字第185号民事判决书。

〔127〕 参见"中国民生银行股份有限公司武汉分行与武汉华力商贸有限公司、万真斌金融借款合同纠纷案",湖北省武汉市中级人民法院(2015)鄂武汉中民商初字第00768号民事判决书,因本案债务到期,发生抵押财产确定事由时,抵押财产已灭失,动产抵押权已不存在。

权时浮动抵押的动产已不为抵押人所有，故对抵押权人主张优先受偿权的诉讼请求不予支持。[128]

但是，重庆市江北区人民法院(2015)江法民初字第09052号民事判决书认为，对于农业担保公司要求对胜成公司价值不低于5000万元的存货享有优先受偿权的请求，本院认为，庭审中，双方当事人均确认重庆胜成畜产制品有限公司存货已被其他债权人哄抢一空，且均未提交证据证明上述抵押物存在保险金、赔偿金、补偿金，抵押物灭失抵押权消失，故对该请求，本院不予支持。[129] 该判决书似乎指出在抵押物灭失、转让等现在不存在的情况下，要考虑该抵押物是否存在代偿物才能决定浮动抵押是否可以执行。但是该判决书又并未对代偿物作出进一步的限定或者解释。

(2)抵押物权属存在争议

由于浮动抵押中抵押物浮动的特性，抵押权人只能对浮动抵押确定时属于抵押人的财产才享有优先受偿权。如果在执行过程中，发现被执行的抵押物归属于他人所有或者权属存在争议，则对该存在权属争议的部分抵押物不能执行。例如江苏省泰州市中级人民法院(2017)苏12民终586号民事判决书认为，[130] 诉讼标的归属于第三人而非抵押人所有，因此不能认定为抵押权人可供执行的抵押物。贵州省高级人民法院(2017)黔民终448号民事判决书指出，[131] 抵押权人对案涉抵押物享有优先受偿权的范围应仅限于抵押人实际所有的并无权属争议的部分。

7. 抵押权人怠于或放弃行使抵押权

关于涉及该部分的案件，筛选后的样本数据中只有两例。一例在浮动抵押的优先受偿顺序部分已经进行了分析梳理，主要是关于在当事人对人保物保清

---

〔128〕 参见“重庆市巴南兴农融资担保有限责任公司与冉梅，重庆西极商贸有限公司等追偿权纠纷案”，重庆市巴南区人民法院(2016)渝0113民初1557号民事判决书。

〔129〕 参见“重庆市农业担保有限公司与重庆胜成畜产制品有限公司，白胜等保证合同纠纷案”，重庆市江北区人民法院(2015)江法民初字第09052号民事判决书。

〔130〕 参见“崔志锋与中国工商银行股份有限公司兴化支行案”，江苏省泰州市中级人民法院(2017)苏12民终586号民事判决书。

〔131〕 参见“贵州银行股份有限公司遵义分行、贵州省仁怀市三渡酒业有限公司金融借款合同纠纷案”，贵州省高级人民法院(2017)黔民终448号民事判决书。

偿顺序作出了特别约定,债权人怠于或者放弃行使浮动抵押权对于保证人责任的影响,在此不予赘述。另一例即甘肃省高级人民法院(2017)甘民终143号民事判决书,关于是否存在怠于行使抵押权的情形的判定的阐述。甘肃省高级人民法院认为,考察是否存在怠于行使权利的情形,可以从主张行使抵押权的时间、行使权利条件成就后抵押权人的所采取的措施等其他执行中的情况综合考虑。[132]

8. 民法基本原则的适用

关于民法基本原则适用于动产浮动抵押的相关案例,仅发现一例。吉林省吉林市中级人民法院(2016)02执异47号执行裁定书中认为,虽然异议人认为其对抵押物应享有优先受偿权,但因该抵押物系雄霸公司向粮农收购的水稻,而该水稻并未支付对价,执行法院在执行过程中,对粮农卖粮款一并予以考虑,亦符合公平原则,执行行为并无不妥。[133] 该案例属于公平原则在浮动抵押中的具体适用。

(九)浮动质押的含义及定性

我国现行的法律虽然没有关于浮动质押的相关规定,但是实务中存在相关的裁判。以"浮动质押"为关键词在"无讼"中进行全文检索,截至2018年3月16日,共有47篇案例。对这些案例大致筛选后,其中27篇案例或是关于程序性问题的处理或是并非案件的争点法院一笔带过或是刑事判决,因此实质有效的案例共有20篇,梳理结果如下。

1. 浮动质押的含义以及界定

有法院认为,动产浮动质押是质押人将其现有的和将来所有全部财产或部

---

[132] 参见"上诉人甘肃省再担保集团有限公司与被上诉人兰州兴德隆商贸有限公司、兰州盛华设计装饰有限公司、甘肃莹德商贸有限公司、王小龙、王雅莉保证合同纠纷案",甘肃省高级人民法院(2017)甘民终143号民事判决书,主张行使抵押权的时间在法律规定可以行使抵押权的期限内,不存在怠于行使抵押权的情形,更未放弃对兰州兴德隆商贸有限公司(以下简称兴德隆公司)的抵押权。向兴德隆公司行使抵押权的条件成就后,甘肃省再担保集团有限公司(以下简称再担保公司)向兴德隆公司进行了告知,兴德隆公司不再享有处分库存抵押商品的权利,其后库存抵押商品被处分的过错在兴德隆公司。由于设定浮动抵押的商品存放于兴德隆公司所属仓库内,再担保公司除通知其停止处分和提起诉讼外,难以采取其他防止兴德隆公司处分库存商品的行为。现有证据既不能证明再担保公司怠于行使抵押权,也不能证明再担保公司已经放弃对兴德隆公司的浮动抵押权。

[133] 参见"异议人中国建设银行股份有限公司吉林市分行与被执行人吉林市雄霸实业有限责任公司、边学成、姚丽红执行异议裁定书",吉林省吉林市中级人民法院(2016)02执异47号执行裁定书。

分财产上设定质押担保。在质权人行使质押权之前,质押人对质押财产保留正常经营过程中的处分权,质押人在质押期间对外流出的财产是不受质押权的追及,而从外部流入的财产当法定或者约定条件的出现,动产浮动质押范围即确定。[134] 有法院认为,浮动质押是指质押人与质押权人约定,在质押设定后,质押人可以随时处分所质押的部分质物,但需要用其他价值相当的质物予以补足代替,只要质物的总价值始终不低于约定的金额即可,而不苛求在质物的具体形态,[135] 或将其称为"流动质押"。[136]

另有法院指出,质押作为企业融资的重要担保方式之一,经历了从固定质押到浮动质押的发展。在固定质押中,质押物事先约定,在质押权存续期间中不允许更换,直到借款方缴纳足够的保证金或者还清贷款,才可以赎回质押物。其典型特征是,质押物的范围被清晰、准确地界定出来,质押权人对作为质押权标的物的财产能有效控制,出质人与他人交易质押物,必须征得质押权人的同意;在浮动质押中,质押物在不同阶段可以以不同的形式存在,并且可以相互置换,只要质押物的价值在一个合理的范围内浮动以控制风险即可,出质人保留了利用质押物从事生产和经营的自主经营权。对于贷款企业而言,浮动质押对企业的生产经营活动影响较小;对于银行等贷款方而言,浮动质押扩大了客户群体,促进了融资业务的发展。因此,浮动质押已经成为了一种常见的融资担保方式。在质押权存续期间质押财产的数量出现变动是浮动质押的特征体现。[137] 对于大宗金额的借款,涉及的质物数量多,体积大,对存放地点要求较高,且须方便出质人使用、补足,在监管措施合理的情形下,尽可能利用出质人的仓库既可解决上述困

---

〔134〕 参见"南昌银行股份有限公司广州珠江新城支行与广州市焜建贸易有限公司、广州市睿隽商贸有限公司、广州市烨盈电器贸易有限公司、李建华、李文隽借款合同纠纷案",广东省广州市中级人民法院(2015)穗中法金民终字第524号民事判决书。

〔135〕 参见"中国信达资产管理股份有限公司江西省分公司与三瑞科技(江西)有限公司别除权纠纷案",江西省萍乡市安源区人民法院(2017)赣0302民初801号民事判决书。

〔136〕 参见"南京将军红农产品有限公司与中国农业银行股份有限公司临沂河东支行、临商银行股份有限公司相公支行等仓储合同纠纷案",山东省临沂市中级人民法院(2014)临商终字第1426号民事判决书。

〔137〕 参见"广发银行股份有限公司佛山分行与佛山金诚信物流有限公司质权纠纷案",广东省高级人民法院(2015)粤高法审监民提字第108号民事判决书。

惑,又有利于降低成本,方便生产。[138]

当然,由于"物权法定"原则,而我国并没有关于浮动质押的相关法律规定,因此实务中法院对于浮动抵押的态度也并不统一。从收集到的47个案例来看,认可浮动质押权的法院占多数。例如,前述广东省高级人民法院(2015)粤高法审监民提字第108号民事判决书[139]对浮动质押的界定以及作用的分析,展现了广东省高级人民法院对浮动质押的认可。类似案例包括山东省临沂市中级人民法院(2014)临商终字第1426号民事判决书、[140]广东省广州市中级人民法院(2015)穗中法金民终字第524号民事判决书[141]等。江西省萍乡市安源区人民法院(2017)赣0302民初801号民事判决书更是进一步指出,虽然现行的法律制度尚没有明确的规定,但从目前倡导的拓宽融资渠道、降低融资成本而服务于实体经济的产业政策出发,本院认为,应当对本案所采取的质押方式予以认定,浮动质押权人对质押人提供质押的产品享有优先受偿权。[142] 浙江省湖州市中级人民法院(2016)浙05民终486号民事判决书也认为,虽然《物权法》并未规定浮动质押,但是当事人之间约定的《最高额质押合同》《质押货物监管协议》系当事人的真实意思表示,且不违反法律法规的强制性规定,系有效合同,对当事人具有法律约束力。[143]

但是,也存在相反观点。重庆市第一中级人民法院在(2014)渝一中法民初字第01304号民事判决书指出,虽然当事人有建立质押法律关系的意思表示,但是根据物权法定的原则,只有动产浮动抵押的担保物权,没有动产浮动质押的担

---

〔138〕 参见"中国信达资产管理股份有限公司江西省分公司与三瑞科技(江西)有限公司别除权纠纷案",江西省萍乡市安源区人民法院(2017)赣0302民初801号民事判决书。

〔139〕 参见"广发银行股份有限公司佛山分行与佛山金诚信物流有限公司质权纠纷案",广东省高级人民法院(2015)粤高法审监民提字第108号民事判决书。

〔140〕 参见"南京将军红农产品有限公司与中国农业银行股份有限公司临沂河东支行、临商银行股份有限公司相公支行等仓储合同纠纷案",山东省临沂市中级人民法院(2014)临商终字第1426号民事判决书。

〔141〕 参见"南昌银行股份有限公司广州珠江新城支行与广州市焜建贸易有限公司、广州市睿隽商贸有限公司、广州市烨盈电器贸易有限公司、李建华、李文隽借款合同纠纷案",广东省广州市中级人民法院(2015)穗中法金民终字第524号民事判决书。

〔142〕 参见"中国信达资产管理股份有限公司江西省分公司与三瑞科技(江西)有限公司别除权纠纷案",江西省萍乡市安源区人民法院(2017)赣0302民初801号民事判决书。

〔143〕 参见"浙江安吉农村商业银行股份有限公司与元利瑞德资产监管有限公司委托合同纠纷案",浙江省湖州市中级人民法院(2016)浙05民终486号民事判决书。

保物权，因此，双方建立的只能是动产浮动抵押法律关系。[144] 甚至辽宁省大连市中级人民法院在(2014)大民三初字第152号民事判决书直接根据物权法定原则认定该案中的浮动质押权不成立。[145]

2. 浮动质押财产

浮动质押财产基本上同浮动抵押财产种类相同，均包括原材料、库存商品等，从脱水姜片到汽车都可以作为浮动质押项下的财产。

但是存在一种特殊的浮动质押财产，即金钱质押，在案例中具体体现为保证金账户质押。关于保证金账户质押，下文详述。

3. 浮动质押成立要件

质权设立具备两个层次的要件：一是质押合同已经成立并生效；二是质押财产必须转移占有，即交付。关于要件一，根据物权法的规定质押合同属于诺成合同，出质人与质押权人依法签订合同后生效。对于要件二，质押财产需要交付质权人。该要件在存在浮动质押监管的情况下需要进一步分析。浮动质押监管情况下，监管人作为质权人的代理人，因此质物交付给监管人实际控制占有时，浮动质押权可以成立没有疑问。但是若质押物仍旧存放在出质人仓库中由监管人负责监管时，是否构成交付？浙江省湖州市中级人民法院在(2016)浙05民终486号民事判决书指出，[146] 虽然涉案标的物仍存放在出质人的仓库，但三方(出质人、质权人、监管人)对质物已经进行了清点，监管人也在质物清单(代动产质押专用仓单)上盖章确认，而质物清单也明确载明监管人已按照相关协议接收货物并开始履行监管责任。因此，质权成立的第二个要件满足，浮动质押权成立。

保证金账户质押属于金钱质押，作为一种特殊的动产质押，不同于其他动产质押。最高人民法院《关于适用〈中华人民共和国担保法〉若干问题的解释》第

---

〔144〕 参见"中国民生银行股份有限公司重庆分行与重庆市南川区华溢洗精煤有限责任公司、胡猛等金融借款合同纠纷案"，重庆市第一中级人民法院(2014)渝一中法民初字第01304号民事判决书。

〔145〕 参见"平安银行股份有限公司大连分行与安徽省金杰汽车销售服务有限公司、周金杰金融借款合同纠纷案"，辽宁省大连市中级人民法院(2014)大民三初字第152号民事判决书。"浙江安吉农村商业银行股份有限公司与元利瑞德资产监管有限公司委托合同纠纷案"，浙江省安吉县人民法院(2015)湖安递商初字第405号民事判决书。

〔146〕 参见"浙江安吉农村商业银行股份有限公司与元利瑞德资产监管有限公司委托合同纠纷案"，浙江省湖州市中级人民法院(2016)浙05民终486号民事判决书。

85条规定:"债务人或者第三人将其金钱以特户、封金、保证金等形式特定化后,移交债权人占有作为债权的担保,债务人不履行债务时,债权人可以以该金钱优先受偿。"根据该条司法解释的规定以及《物权法》第210条、第212条的规定,保证金账户金钱质押关系的成立需要满足三个条件:一是订立书面的质押合同;二是账户资金符合特定化要求;三是移交债权人占有。[147] 第一个订立书面的质押合同比较简单,在此不予赘述。

关于"金钱特定化",作为质押财产的保证金要构成"特定化",需要约定保证金的数量,并将该保证金担保的主债权的种类、数额、担保范围、主债务的履行期限、质押财产交付时间等事项予以明确约定,并且将保证金通过一定的形式"特定化",以使其区分于其他账户资金。因为金钱作为特殊种类物和替代流通物,其特性决定其在流通过程中无法具体辨识,因此需要通过"特定化"将保证金与其他资金进行区分,使保证金具有可识别性。[148] 但是从保证金账户资金符合特定化要求看,保证金以专户形式特定化并不等于资金数额的固定化,保证金账户的资金进出必须与担保业务有关。[149]

对于"出质人交付质押财产"该要件,并非要求账户开立于质权人名下,只要质权人能够实际对账户资金转入、转出的特定用途进行控制,实际取得账户的控制权,即符合移交债权人占有的要件。[150]

---

[147] 参见"中国民生银行股份有限公司郑州分行与朱江宇等执行异议之诉案",河南省焦作市中级人民法院(2016)豫08民终482号民事判决书。该案中2014年8月26日,民生银行与长远公司、华科公司、泰鑫公司、永昌公司签订编号为616的《综合授信合同(联保授信)》,授信额度计2900万元。该合同约定,"企业担保人、自然人担保人以其在银行开立的保证金账户及该账户在任何时候收到的全部款项,向银行设定质押担。在应收账款到期前,由于任何原因致使该保证金余额(已被采取司法/行政强制措施的部分除外)小于企业担保人、自然人担保人应保持的保证金数额时,企业担保人、自然人担保人应在两个工作日内追加存入相等于两者差额的保证金"。因为长远公司与其他联保体与民生银行签订的联保授信合同,是最高额万元的浮动质押,此处规定应理解为在保证金账户余额达不到贷款额度要求的比例时,担保人有义务按比例补足差额。

[148] 参见"上海好运物流有限公司、三门峡缘份果业有限公司陕县分公司合同纠纷案",山东省胶州市人民法院(2017)鲁0281执异58号执行裁定书。

[149] 参见"秦皇岛市创新橡胶制品有限公司、中国建设银行股份有限公司秦皇岛分行申请执行人执行异议之诉案",河北省高级人民法院(2017)冀民终151号民事判决书。

[150] 参见"秦皇岛市创新橡胶制品有限公司、中国建设银行股份有限公司秦皇岛分行申请执行人执行异议之诉案",河北省高级人民法院(2017)冀民终151号民事判决书。

4. 浮动质押的执行

实务中有关浮动质押执行的问题同浮动抵押相同，不存在特殊之处。浮动质押权的实现要求质权人在行使质权时，质物的范围应当固定，质权人应当在提起诉讼主张时确定具体质物。[151] 如果质权人无法举出充分的证据证明质物的客观存在、可供清点并与其他财产有所区分或者质物的权属不明的情况下，则质权人主张的优先受偿权不能得到支持。若嗣后质权人发现相关的证据，能够确定质物的权属以及范围，可另行诉讼解决。[152] 至于质物范围的认定，由于浮动质押项下的质押物存在不确定性，因此质押财产范围的认定应以质权人、监管人和出质人共同认定的仓储库存表或者质押物明细为准，而不是以合同签订时的质押物清单作准。[153]

(十)其他问题

司法实践关涉浮动抵押与浮动质押的监管问题。监管问题更多涉及合同法，比如有关监管合同性质的界定，属于委托合同还是保管合同，也涉及监管中违约的界定，进而导致违约责任的承担。这些问题均为合同法的内容，在此不予赘述。

四、结语

从上述裁判梳理可以发现，由于动产浮动抵押制度的相关法律法规并不完善，导致司法实务对浮动抵押各个环节都存在不同的认识，还出现了同案不同判的结果。因此有必要从立法或者学理上对浮动抵押制度的各个方面进行规定或者解释，以便统一裁判结果。

从浮动抵押执行部分的司法裁判梳理可以看出，目前我国对于个体工商户、

---

〔151〕 参见“交通银行股份有限公司上海宝山支行与上海良耀金属材料有限公司金融借款合同纠纷案”，上海市第二中级人民法院(2013)沪二中民六(商)终字第241号。

〔152〕 参见“交通银行股份有限公司上海宝山支行与上海良耀金属材料有限公司金融借款合同纠纷案”，上海市第二中级人民法院(2013)沪二中民六(商)终字第241号。“伍昕文与上海京博金属材料有限公司、上海巨野实业有限公司等追偿权纠纷案”，上海市第二中级人民法院(2015)沪二中民一(民)终字第461号民事判决书。“中国民生银行股份有限公司上海分行与上海龙纳物贸有限公司、上海中远物流配送有限公司等金融借款合同纠纷案”，上海市浦东新区人民法院(2013)浦民六(商)初字第7047号民事判决书。

〔153〕 参见“中国光大银行股份有限公司上海彭浦支行与上海浩谊物资有限公司金融借款合同纠纷案”，上海市闸北区人民法院(2012)闸民二(商)初字第583号民事判决书。

普通农户现在和将来拥有的动产,甚至对于私营企业、合伙企业、非公司企业现在的和将来拥有的动产,都缺乏有效的监管制度,难以避免诸如“骗贷骗保”行为的发生,已经影响到债权人利益的保障。虽然名义上抵押权人对抵押人的现有以及将有的全部或部分动产享有浮动抵押权,但是由于“浮动”的特性以及监管的缺失,在债务人到期无法偿还债务,抵押物已经灭失的情况下优先受偿权根本无法实现,严重影响了债权人利益的实现,也与设立浮动抵押制度的初衷不相符。该点也正是大陆法系国家一直未采用“浮动抵押”制度的原因。

浮动抵押制度在英美法系(尤其是英国)较为成熟,它能够最大限度对物的各种权利进行充分利用,并且浮动抵押设定之后并不影响抵押人的经营以及运作,同时为抵押人提供充分的资金支持,鼓励企业更好运作发展,最后的结果大多比普通担保更有助于实现债权。我国目前有关浮动抵押制度的规定并不完善,造成了担保手段仍然以固定抵押以及保证为主,浮动抵押并没有得到广泛的适用,担保物不能物尽其用,债权人的利益也得不到有效的保障。应当向英美法系学习,建立起完善的浮动抵押制度,并且要有前瞻性,要预见到该制度在商业社会中将会成为一种主流的担保手段。

此外,我国的司法实践已经出现了“浮动质押”的概念,但是此表述存在很大矛盾:质押和抵押的区别在于是否转移担保物的占有,如果是质押,将担保物的占有权转移到质权人手中,如果是抵押,则不发生担保物的转移占有。质押,代表着质权人对质押物的一种控制。因此,很难发生出资人可以自由处置质押物的情形。有些案例中,法官在表述浮动质押时,仍然沿用物权法关于浮动抵押的条款,实际上其所指的还是浮动抵押。有些案例中,法官则明确表明,我国没有浮动质押。概言之,法官的观点包括浮动抵押说、滚动出质模式下的质押说、浮动质押说、质押物的浮动监管说等。通过对浮动质押裁判的梳理发现除了质押需要以交付标的物为要件之外,浮动质押与浮动抵押在功能、属性、客体、优先受偿顺序、执行等方面都具有极大的相似性。但事实上,浮动质押建立的目的是使出质人可以具有日常生产经营的灵活性方便利用原材料存货,所以实践中大部分的“交付”都是由监管人监管而不用实际将质押物“转移”。本质上,浮动质押与浮动抵押两个制度近乎完全相同。由此引发的思考是,到底应该以何种标准区分质押和抵押。从节省成本的角度考虑,不用考虑财产的性质,任何财产都应当可以设立浮动抵押，设立一套完整的登记制度就已经足够，无须通过《物权法》新创设一个充满悖论的“浮动质押权”。

（学术编辑：张志坡）

（技术编辑：刘　爽）

《清华金融法律评论》
第 2 卷第 2 辑
第 236 ~252 页

上市公司大股东股份质押的监管问题研究

——基于民法、商法和金融监管的不同视角

蒋学跃*

目　　次

摘　要:与传统民法上的动产质押不同,大股东股份质押本质上是高杠杆性融资行为,容易造成风险外溢,理应受到更多的约束和监管。由于我国证券市场的股权集中以及停牌的随意性,不受约束的大股东股份质押容易导致规避限售以及诱发流动性和系统性风险等一系列突出的问题。境外都普遍遵循对大股东股份质押进行限制的原则,但在具体监管做法上存在直接监管和间接监管、前端

* 蒋学跃,法学博士、研究员,深圳证券交易所法律部副主任研究员。文章仅代表作者个人的观点,与作者任职单位或机构无关。

限制和后端限制的差异。就现实可行性而言,我国未来宜采取直接限制和前端限制方式,对限售股从源头上禁止其质押,对非限售股采取50%比例限制的方式。长期方案是在《证券法》中对股份质押作出特别规定,明确禁止限售股的质押;短期方案是通过修改场内质押规则和场外质押登记规则的方式,对大股东质押进行限制。

关键词:股份质押;股份限售;金融监管

导 言

随着证券公司股份质押式回购金融创新业务的推出[1],我国A股市场的股份质押规模不断扩大。[2] 近两年来,随着整个市场的股价持续走低,特别是乐视网事件[3]暴露出的大股东质押爆仓,我国证券市场股份质押已经显现出控制权变动、大股东规避限售和高位套现、间接卖壳、诱发系统性风险等一系列问题,由此引发是否需要限制大股东股份质押以及如何监管的讨论。[4] 本文综合运用民法、商法和金融监管法的分析方法,结合A股市场实践中出现的问题,在借鉴境外的经验基础上,为上市公司大股东股份质押的监管提出相关建议。

一、民法的视角:股权与质权

在讨论对上市公司大股东股份质押进行监管的过程中,首先涉及限制股份质押与股东权利之间关系的问题。

---

〔1〕 证券公司质押式回购由沪深交易所及中国证券登记结算有限公司于2013年推出。该业务本质上仍属于股票质押担保融资业务,但由于可以利用证券公司的平台直接办理质押手续,以及可以直接借助交易所的交易系统进行平仓来行使质权,因此,被业内称为场内质押。股票质押式回购业务推出之前,市场上普遍采用的是约定式回购业务,但由于这一业务需要办理股票过户手续,因此,具有成本高、效率低的特点,实际业务规模很小。参见高伟生、许培源:《证券公司股票质押式回购业务现状、问题及对策》,载《证券市场导报》2014年第7期。

〔2〕 本文涉及的相关统计包括券商质押式回购的场内质押和其他在登记结算机构办理质押登记的场外质押,但不包括为担保可交换债换股的质押,具体数据来源于Wind金融数据库股票质押专题统计和数据浏览器中的股份质押。

〔3〕 参见赵春燕:《乐视网股权质押违约 西部证券计提4.39亿减值准备》,载《证券时报》2018年2月28日,A04版。

〔4〕 如无特别说明,本文所指的大股东是指持股5%以上的股东和实际控制人。

(一)作为民事基本权利的股权

民法以权利为本位,通常遵循"法无明文禁止即允许"的原则。因此,如无法律上明确禁止性规定,民事主体应当享有充分的权利和自由。根据我国《民法总则》第125条规定,"民事主体依法享有股权和其他投资性权利"。因此,从理论上讲,股权确实如反对者所言,是民事主体的一项基本民事权利,利用股份进行质押担保融资属于股东权利的应有内容。

(二)作为担保物权的质权:质押标的的流通性问题

依据科斯定理,为了提高物的使用效率,应该从物权法定的角度确保物的归属和物的自由转让。[5] 因此,就所有权的角度而言,法律以确保所有权人自由转让(标的物)为原则,禁止转让为例外。

与所有权兼具交换价值与使用价值的功能不同,质权是隶属于他物权的担保物权,其本质在于支配质押标的的交换价值,在债务人不履行债务时,质权人通过变现质押标的而受偿。[6] 因此,质押物应该满足流通性或可转让性的要件。我国《物权法》第209条规定:"法律、行政法规禁止转让的动产不得出质。"根据质押物流通程度的不同,可以将质押物分为(完全)流通物、限制流通物和禁止流通物。流通物是指法律允许在民事主体之间自由流通的物;限制流通物是指法律对流通范围和程度作了限制的物,如黄金、白银只能由国家规定的专营单位经营,单位、个人不能炒买炒卖;[7]禁止流通物是指法律禁止流通和转让的物,如前述所述的国家专有物。[8] 这说明我国《物权法》仅排除禁止流通物的质押,流通物和限制流通物是可以设立质权的,只是限制流通物在实现质权时不得自由买卖,应由国家有关部门收购或者按照法定条件和程序流通。[9] 值得特别指出的是,上述分析是针对普通动产而言,但即使如此也已经揭示出其所有人在质押动产时也不能享有完全绝对的自由,而是受到法律和行政法规的限制。

---

〔5〕 参见郭雪军:《从〈联邦通讯委员会〉看物权法定》,载《法学论坛》2009年第9期,第139页。

〔6〕 参见梁慧星:《中国物权法研究》(下册),法律出版社1998年版,第975页。

〔7〕 参见《金银管理条例》第7条、第8条、第12条。

〔8〕 参见最高人民法院物权法研究小组:《中华人民共和国物权法条文理解与适用》,人民法院出版社2007年版,第622页。

〔9〕 参见曹士兵:《中国担保制度与担保方法》,中国法制出版社2008年版,第296页。

二、商法的视角:作为商事权利的股权质权问题

我国《物权法》第 2 条规定,物权的客体包括动产、不动产和权利。权利质押也属于物权范畴。由于很多权利特别是股权是商法的规范内容,就实质意义而言,权利质押特别是股权质权属于商法的内容,但由于我国实行民商合一的立法模式,因此,我国《物权法》将股权质权作为权利质权的一种类型,以区别于传统的动产质押。值得特别指出的是,民商合一仅仅指在立法形式上,而不是指内容方面的,也就是说并不取消商法的独立地位或商法的独特性,如商法上的留置权可以无须遵守动产和所担保债务同一性的要求,商事的营业质(典当)就可以适用"流质条款"。

(一)权利质权的特殊性

权利质权的客体不是传统民法上的有形物品,而是抽象的权利,由此导致了很多特殊的问题。与有形的物不同,这种客体(权利)可能建立在物的基础上,如设立在不动产上的抵押权;也可能其设立的基础只是一个债权,如应收账款。这就导致了权利的叠加问题,使法律关系多层次性和复杂化。具体到可转让性问题上,质押权的客体是否具有可转让性问题并不能依据关于"物"的可转让性规定,即法律和行政法规的规定,还需要依据权利性质和当事人约定。如就抵押权而言,由于其是从权利,不得单独转让,因此不能设立质押。因此,对于权利质押,立法者采取比较谨慎的态度,特别是《物权法》第 223 条第 7 款兜底条款用的是"法律、行政法规规定可以出质的其他财产权利",即采取许可模式而不是默认模式。

(二)股权质权的特殊性

更进一步而言,与一般的权利质押不同的是,股份质押的权利是商法规定的权利,这种标的的可转让性除了受《公司法》的限制以外,还可能受到公司章程特别约定的限制。因此,与《物权法》第 209 条"法律、行政法规禁止转让的动产不得出质"的排除模式不同,《物权法》第 223 条对股份质押采取的是"可以转让"的许可模式,其立法精神是严格限制股权质权的范围,即原则上禁止例外允许的原则,而不是前述动产质押的原则上允许另外禁止,但由此衍生了"可以转让"的范围认定和期限转让的两个问题。

1."可以转让"的范围

首先,如果参照动产质押,这里的"转让"可以理解为将"法律和行政法规禁止转让"排除,其余都属于"可以转让"的范围。但作为与普通动产存在较大差异的股份,这种参照适用存在较大的不合理,因为前文所述,动产采取原则上允许转让的原则,动产质押除了法律和行政法规以外都不得限制质押,可以防止对个人民事权利的不正当限制,以提高物的使用效率。股权作为一种财产权利具有特殊性,除了法律和行政法规以外,作为证券监管部门可能通过规章作出限制,证券交易所也有可能通过自律规则作出限制,甚至还有可能当事人自己通过承诺对股份的流动性作出限制。如果仅仅限定于法律和行政法规的话,证券市场的监管目标可能无法实现。[10]

其次,就立法史的角度而言,我国1995年颁布的《担保法》第75条使用的是"依法可以转让的股份、股票",而《物权法》第223条则删除了"依法"二字,仅使用了"可以转让",说明立法者在界定"可以转让"的范围时不再依据"法",而是有意将其扩张。因此,我们认为"可以转让"的范围不仅仅要排除法律和行政法规所作的限制,也包括证券监管部门的规章、规范性文件、证券交易所的自律性规则以及股份持有人的自愿作出的承诺性限制。但目前理论界和实务界并没有得出上述结论,[11]部分法院明确认定股东自愿作出限售的承诺是不影响股份质押效力的,如在银江股份重组股份补偿承诺诉讼中浙江省高级人民法院认定被告的承诺并不对股份质押的有效性产生影响。

2.限期转让的问题

传统动产的禁止转让问题是绝对性,即是无期限的,如前文所述的国家专有的物品,而股票则较为特殊,它的禁止转让是相对性的,即在一定期限内禁止转让,由此就产生了限制转让期间内的股份是否属于"可以转让"的问题。个别学者认为,由于转让受限的股票违反了具有转让性的要求,其设立的质押权应该是无效的。[12] 但实务部门却对此持不同看法。首先,根据国家工商总局2016年

〔10〕 笔者将在下文金融监管部分专门论述证券监管机构对股份转让限制的合理性。

〔11〕 个别人民法院在执行限制流通股的质押权时,曾经就此事专门来函咨询过证券交易所。

〔12〕 参见费安玲:《比较担保法:以德国、法国、瑞士、意大利、英国和中国担保法为研究对象》,中国政法大学出版社2004年版,第386页。

修订的《工商行政管理机关股权出质登记办法》的规定,除了股权冻结以外,限期转让的股权并不影响股份质押的效力。[13] 其次,根据最高人民法院的司法答复,限售并不影响股权质押合同和质押权的效力,但是质押权的行使必须在限售期结束之后。[14] 最后,目前的证券公司股票质押式回购(以下简称场内质押)都认可限售股的质押效力,仅要求"解除限售日应当早于回购到期日"。

我们认为这种处理方式带有传统民法的习惯性思维,而没有考虑到股权质权的特殊性。传统民法强调个人权利,认为可以将行使质权的期间放在限售期之后,这样能够最大限度保障出质人的民事权利,同时也不会损害他人的利益,实现公平正义与效率的平衡,但这完全是一厢情愿的理想主义。与处理简单商品关系的民法相比,商法更加强调效率性和交易的安全性,理论上股票的出质人和质权人可以约定质权行使期间在限售期之后,但由于股票在二级市场价格的变动非常频繁,特别是当前的场内质押通常都约定了质押期内的质权人的平仓权,这使得质押期在限售期之后是没有意义的。此外,如果承认限售期间内的质押有效,可能会出现一个非常棘手的问题,那就是如果到了平仓警戒线后,出质人不补充担保物,质权人通过司法程序行使质权是否需要遵守限售。如果通过司法程序行使质权不需要遵守限售规定的话,当事人可能会利用这一程序规避限售的规定,甚至可能实现间接"卖壳"的目的。如果需要遵守限售的规定,将会产生基于个人承诺、交易所的自律性规则、证监会的部门规章对抗司法强制执行的问题,似乎缺乏有力的理论依据。[15]

三、金融监管的视角:外部成本和系统性风险

就民商法的微观视角而言,股份质押是资金融出方和融入方的内部法律关系,遵循意思自治的范畴,应当最大限度保障出质人和质权人的权利。但就金融

---

〔13〕《工商行政管理机关股权出质登记办法》(2016年修订)第5条规定,申请出质登记的股权应当是依法可以转让和出质的股权。对于已经被人民法院冻结的股权,在解除冻结之前,不得申请办理股权出质登记。

〔14〕参见最高人民法院执行工作办公室《关于上市公司发起人股份质押合同及红利抵债协议效力问题请示案的复函》(2004年4月15日,〔2002〕执他字第22号)。

〔15〕2017年,深圳市福田区法院和深圳市中级人民曾经分别就"实际控制人持股的司法执行是否适用限售规定"书面问询证券交易所。

监管的宏观视角而言,大股东股份质押实质上是一个加杠杆的行为,不再单纯是一个民商私法的问题,而是一个涉及金融公法的问题。[16] 事实上,早在2015年股市异常波动针对场外配资是否需要监管的讨论过程中,也有学者提出借钱炒股是民事主体固有权利,不应该受到监管,但当有学者提供了奉行"自由市场经济"原则的美国对场外配资有严格的监管规则后,这一争论才逐渐平息下来。[17]

(一)风险外溢与系统性风险

上市公司股票具有高流动性,因此股票质押的风险与市场波动具有高度相关性。当质押股票价格下行触及预警线、平仓线或股票被违约处置,会向外部传递利空信号,造成市场恐慌,继而造成二级市场抛售压力。对于个股而言,股价下行压力在强行平仓或股东解押后可能消除。但对于整个市场而言,在股份质押普遍存在特别是指数成分股普遍质押的情况下,如果股指下挫,多数股票受质押强行平仓影响,并反过来作用于股指,从而形成一个"负反馈"的恶性循环,加剧二级市场波动风险。2015年我国A股市场发生的异常波动,很大程度上就是因为投资者利用场外配资的高杠杆行为所导致的,股票质押融资本质上也是高杠杆行为,会引发同样的问题。[18] 截至2018年7月31日,A股市场共计有3309家上市公司存在股份质押,约占A股全部上市公司总数的94%,质押股数6297.61亿股,占总股本9.88%,[19]部分指数成分股也存在较高质押比例,很容易引起"羊群效应",诱发系统性金融风险。此外,特别值得指出的是,我国现有的场内股票质押更多的是通道业务,资金融出方是不受监管的持牌金融机构,其业务操作可能更加激进,这增大了系统性风险的诱因。

(二)停牌与流动性风险

如果大股东质押比例较高,在股价下跌触及预警线或平仓线时,大股东将有

---

〔16〕 参见楼建波:《金融商法的逻辑》,中国法制出版社2017年版,第14页。

〔17〕 参见刘燕、陈陌阡:《论美国场外配资监管的规则构建与实施》,载《证券市场导报》2017年第9期。

〔18〕 参见刘燕、夏戴乐:《股灾中杠杆机制的法律分析:系统性风险的视角》,载《证券法律评论》2016年卷,第108页。

〔19〕 事实上这并不包括所有的股份质押数据,因为很多券商的业务创新实质上也是股份质押业务,如证券公司的股票收益权互换产品。参见上市公司金龙机电2018年7月31日披露的《关于"成长1号"员工持股计划被动减持暨计划终止的公告》。

动力促使上市公司停牌,以此遏制质权人的平仓行为。此外,由于我国上市公司停牌限制较松,实践中大股东或控制股东为避免追加担保物或被强制平仓,往往编造各种借口如重大资产重组等方式申请停牌,在上市公司大股东存在普遍质押的情况下,有可能引起较大面积、长期停牌,阻碍连续交易,影响市场流动性。此外,一只股票被剔除出指数成分股后,这种长期性停牌将会造成指数型基金将无法实际追踪相应的指数。[20]

截至2018年7月31日,A股市场共计有1969家上市公司大股东质押了股份,占全部上市公司总数的55.7%,其中有1205家上市公司大股东质押比例超过其持股的50%;深市136家停牌公司中,第一大股东股票质押的有104家,质押比例在90%以上的占比38%,13家公司第一大股东场内质押处于平仓状态,涉及金额69.82亿元。如果未来股市持续下行,A股市场将可能出现大面积停牌的局面。

(三)大股东高比例质押与控制权变更风险

在履约保障比例触及警戒线或平仓线的情况下,若控股股东、实际控制人质押比例过高,无力采取补充质押标的证券或追加保证金等补救措施,就可能发生被动平仓事件,进而影响上市公司控制权稳定性。截至2018年7月31日,A股中有468家上市公司大股东质押比例超过了持股的90%,更有116家上市公司的大股东质押比例达到了100%。目前市场中除受到普遍关注的乐视网以外,还有很多控股股东因股票质押被动平仓的案例。洲际油气控股股东广西正和将其持有的公司99.99%股票质押,后股价跌破平仓线,由于广西正和无法补充质押证券,债权人要求强制平仓;准油股份的控股股东创越集团及实际控制人秦明将其持有股票全部质押,后因自身借款、合作纠纷、对外担保等原因涉诉,公司控股股东及实际控制人持有的公司股份已全部被司法冻结及轮候冻结,公司面临实际控制权变更的风险。如果控股股东和实际控制人采取股份质押杠杆融资收购上市公司股权,则可能蕴含更大的风险。

(四)大股东质押与代理成本问题

由于大股东与中小股东之间存在信息不对称问题,因此包括我国在内的各

---

〔20〕　以乐视网为例,2017年12月18日被剔除出创业板指数,但公司股票一直到2018年1月23日都处于停牌期间。

国都普遍对大股东的减持行为作出限制,以使大股东能够与公司利益捆绑在一起,借此解决代理成本问题。但是如果大股东质押了股份,其与公司利益就发生了一定的分离,此时会产生较大的代理成本,且当质押存在补仓压力时,大股东有可能存在占用资金,通过关联交易、担保、资产买卖等渠道从上市公司"合法"转移资产等侵害中小股东利益情形。[21] 此外,由于股票价格直接影响到融资金额,以及是否存在被强制平仓的风险,为推高股价,控股股东、实际控制人可能实施选择性、误导性信息披露或其他市场操纵违法行为。股价跌幅较大时,相关股东、上市公司可能选择性披露、延迟披露或隐瞒股票质押风险相关信息,并通过发布利好消息(如忽悠式重组)、炒作概念等方式强化"市值管理",可能造成上市公司或相关信息披露义务人的信息披露违法违规。

(五)限售股的质押与规避限售或借壳的监管以及逃避业绩承诺

截至2018年7月31日,A股市场上有1331家上市公司的股份质押是限售股,涉及场内和场外质押。现有关于证券公司股份质押式回购的相关规定没有禁止限售股的质押,而只是规定"以有限售条件股份作为标的证券的,解除限售日应当早于回购到期日"。[22] 因此,我国证券市场就出现了大股东涉嫌通过与质权人合谋,采取出质人故意违约,债权人通过司法执行程序行使质权的方式,规避限售或短线交易规定。[23] 实践中,还有部分上市公司的控制股东先将股份质押给第三方,再通过虚假的仲裁达成和解,然后通过债权人申请司法执行的方式间接实现"卖壳"的目的。[24] 在一线监管过程中,还出现了部分重大资产重组中作出业绩补偿承诺的出质人将其获得的股份出质,而质权人通过司法执行方式处置质押限售股票,使业绩补偿承诺的履行无法得到保障,中小投资者的权益

---

〔21〕 此时减少代理成本最好的方式就是出质人将表决权委托给质权人,这也是境外例外允许股东表决权委托的情形之一。参见拙作:《上市公司表决权委托问题研究》,载《证券市场导报》2018年第5期,第66~68页。

〔22〕 参见《股票质押式回购交易及登记结算业务办法》第64条。

〔23〕 实践中已经频繁出现上市公司大股东股份质押被证券公司平仓涉嫌短线交易而被交易所纪律处分的案例,但大股东往往以被动平仓为由提出抗辩。另外,在证券公司的《股票质押式回购交易业务协议》中一般都约定了"司法程序条款",如《长城证券股份有限公司股票质押式回购交易业务协议》第47条约定:"对于标的证券停牌或为有限售条件的流通股或非流通股的,甲乙双方协商处理,乙方有权通过司法途径处置标的证券。"这说明质押权人试图通过司法程序来对抗限售规定。

〔24〕 参见张济科:《仲裁式卖壳应如何规制——评同洲电子借款纠纷仲裁》,载洪艳蓉主编:《金融法苑》(第93辑),中国金融出版社2016年版,第155~163页。

无法得到有效保护的情况,使证券交易所在一线监管过程中陷入被动。

四、境外对大股东股份质押监管的启示

(一)美国

与我国上市公司大股东普遍质押相比,除了个别案例外,[25]美国上市公司大股东股份质押似乎很少成为一个热议的话题,专业学术期刊也很少有相关研究。[26] 笔者认为,一方面,由于美国限售制度较为宽松,大股东可以直接通过出售股份实现套现,而无须借助于股份质押;另一方面,美国对于上市公司股票融资监管建立较为精致的规则,从源头上杜绝了大股东利用股票质押进行高杠杆融资行为,以此防范系统性金融风险。[27]

1. 保证金监管——间接的股票质押监管

1929 年股市泡沫引发的长达数年大萧条和整个全球性金融危机,过度融资导致的投机过度被认为是罪魁祸首,因此,美国 1934 年的《证券交易法》第 7 条规定了“保证金要求”。该条第(a)款规定了最低保证金比例制度,第(b)款授权美国联邦储备系统委员会(以下简称美联储)可以为促进商业和工业发展或者防止过多地使用信贷资金从事证券交易而作出特定比例的保证金规定。美联储根据此授权分别于 1934 年、1936 年、1968 年、1971 年制定了 T 规则(Regulation T)、U 规则(Regulation U)、G 规则(Regulation G)和 X 规则(Regulation X),分别监管券商、银行、其他非银行出借人、境外出借人为美国境内个人或机构购买股票提供融资的行为。[28] 美联储最终花了近 40 年的时间对股票融资制定了完善的监管规则,覆盖范围从场内到场外,适用对象从券商到普通贷款人以及外国

---

〔25〕 在 2000 年的世通案中,首席执行官 Bernard Ebbers 因为世通股票的不断上涨而成为商界豪富,他用这些股票向银行融资以从事个人投资(木材、游艇等)。然而,在公司收购 MCI 后不久,美国通信业步入低迷时期,2000 年对 SPRINT 的收购失败更使公司发展战略严重受挫,加上美国科技互联网泡沫的崩溃,公司的股价开始走低,Ebbers 不断经受来自贷款银行的压力,要他弥补股价下跌带来的头寸亏空。

〔26〕 笔者试图用“Securities(share) pledge”在 Lexisnexis 数据库搜索,没有找到相关主题的专业文章。

〔27〕 学界也有不同意见,新加坡大学的张巍教授认为就认为是因为“A 股市场股权集中”,参见《A 股发生股权质押的比例为何如此之高?》,载《南方周末》2018 年 7 月 17 日版。

〔28〕 参见刘燕、陈陌阡:《美国股票融资交易监管:规则与实践的演进》,载《财经法学》2017 年第 2 期,第 67 页。

贷款人，执法措施从美国证券交易委员会（SEC）的行政执法、司法部的刑事控诉一直到民事诉讼，以及各种针对规避监管的补丁措施，使美国股票融资监管成为一张无缝之网。[29] 股票融资监管表面上与股票质押没有关系，但就功能的角度而言，它实质上限制了对大股东利用股票质押进行高杠杆的行为，间接实现了对大股东股份质押进行限制的目的。

2. 大股东股份质押的直接监管

从表面上看，美国法律对上市公司大股东质押股份并没有作出明确的限制性规定，但在股份减持环节间接涉及股份质押的问题。因此，我们将其分解为大股东减持股份、质押以及质押后的质权行使三个问题分别讨论。

（1）大股东或实际控制人减持股份有限制

美国1933年《证券法》主要是针对股票发行注册进行了规定，但对于大股东的减持股份问题没有明确规定，而SEC在1972年颁布的规则144对此作出了明确的规定。

首先，规则144涉及限制性股票和关联人持有股份的两个不同的问题。限制性股票是指没有向SEC注册私募发行的股份，限制股票必须持有1年以上才能在二级市场上出售，并且遵守数量和信息披露的要求。[30] 值得注意的是，关联人持有的股票则无论是否是私募获得还是公开市场获得的，均要遵守出售数量和披露的要求。[31] 根据规则144（a）规定，关联人是指直接或间接控制发行人，或被发行人控制或与发行人一起被共同控制的人。另外，根据SEC规则405规定，控制是指直接或间接影响管理决策的能力，这意味着关联人并不限于持有股票的人，也适用于制定管理政策的高层管理人员，关联人实际上是一个事实问题，但是SEC从没有对此发布不进行诉讼函，有意使得这一概念含混不清。[32]

---

〔29〕 参见刘燕、陈陌阡：《论美国场外配资监管的规则构建与实施》，载《证券市场导报》2017年第9期，第50～60页。

〔30〕 根据规则144（h）规定，在三个月内卖出5000股以上或金额超过5万美元的，必须向SEC和上市的证券交易所提交144表格。

〔31〕 参见拙作：《创业板IPO存量发行法律制度研究》，载《政治与法律》2010年第2期，第96～98页。

〔32〕 ［美］托马斯·李·哈森：《证券法》，张学安等译，中国政法大学出版社2003年版，第214页。

综上所述,我们可以粗略认定,关联人大致类似于我国的控股股东和实际控制人。

其次,根据规则144(e)(1)规定,上市公司的关联人在上市后三个月可以卖出不超过上市公司对外发行股份总数的1%或全国性交易所前四周的周平均交易量,采取孰高原则。

最后,如果关联人不想受规则144的限制,也可以选择向SEC提交公开注册文件出售全部股份,但是注册文件的内容记载要求较高,必须详细披露出售股份的所得归控股股东,而不是归发行人,以免公众受骗以为发行股票的所得归属于发行人。[33]

(2)质押比例没有限制

美国证券法以及SEC的相关规则没有对股份质押作出规定,而是美国《统一商法典》对股份质押作出了规定。[34] 由于证券质押的复杂性以及实务中的混乱,导致美国《统一商法典》将其在第八编"投资证券"和第九编"动产担保"之间移出移进。[35] 根据美国《统一商法典》第8-106(d)(1)条和第9-310(b)(7)条的规定,上市公司股票质押必须履行完善的担保程序,即质押权人必须将质押人的股票转移到质押权人名下的账户,质押权人才能获得优先权,但是《统一商法典》对于质押股票的比例没有作出明确规定。

(3)行使质权时受限制

根据《统一商法典》第9-609条的规定,一旦债务人违约,债权人就可以执行担保物权,对于股票质权人而言就可以行使质押权。对于上市公司的股票质押而言,质押权人可以通过在公开市场上卖出,也可以选择取得股票两种方式,但由于后一种方式需要适用《统一商法典》第9-620(a)条规定的"严格执行终结",在程序上较为复杂,因此,实践中债权人更多采用公开市场卖出。[36]

首先,如果是采取质权人取得出质人的股票方式,质押权人取得股票的行为将产生是否被视为转让以及适用限售的问题。这一问题长时间内一直没有明确

---

〔33〕 参见条例S-K第507条。

〔34〕《统一商法典》本身虽然只是一部示范法,但绝大部分条文被美国各州所接受。

〔35〕 参见宰丝雨:《美国动产担保交易制度与判例》,法律出版社2015年版,第82页。

〔36〕 参见宰丝雨:《美国动产担保交易制度与判例》,法律出版社2015年版,第149页。

的答案,直到1960年在Guild Films一案中通过判例才最终解决。[37] 好莱坞明星Hal Roach是一家公司的大股东,其将持有的私募股票[38]质押给一家银行,后来质权人与出质人协商以出质股票抵偿债务。当银行向股票经纪人[39]主张过户登记时,经纪人拒绝登记,于是银行向法院提起诉讼请求强制执行该转让,而与此同时SEC也向法院提起禁止转让之诉,理由是该转让违反了证券法的登记条款。审理本案的联邦第二巡回法院接受了SEC的理由,认定银行是《证券法》第2(11)条规定的承销商,必须向SEC注册后才能出售。

其次,如果是采取公开市场卖出股票的方式行使职权,质权人仍然需要遵守限售的规定。1991年,一个上市公司的实际控制人在摩根斯坦利公司通过融资买入股票,将购买的股票提供给摩根斯坦利公司作为质押担保,后因为到了平仓线,摩根斯坦利公司对其股票进行了平仓。SEC对摩根斯坦利公司进行了行政处罚,理由是摩根斯坦利作为该实际控制人的经纪人,明知该实际控制人持有的股票是受限制的情况下,仍然无视这类销售的数量限制而出售该股票。[40]

(二)我国香港特区

香港的《公司条例》和《证券期货条例》都没有对上市公司股票质押作出限制性规定,只有香港联交所的上市规则作了相关规定。

1.控股股东可以在限售期内质押给特定金融机构

根据香港联交所《主板上市规则》第10.07(1)条的规定,上市公司的控股股东在上市后的6个月内不得出售其所持有的股份,上市后的6个月到12个月内不能减持而丧失控股股东地位,但10.07(1)附注(2)明确规定,上述限制并不阻止控股股东将其股份抵押(包括押记或质押)予香港《银行业条例》所规定的机构,以取得真诚的商业贷款。根据附注(3)的规定,控股股东必须向上市公司及

---

[37] [美]托马斯·李·哈森:《证券法》,张学安等译,中国政法大学出版社2003年版,第204页。

[38] 私募股票是指在公开发行之前取得的股票。这种股票的减持只能通过规则144的方式或通过向SEC申请注册进行卖出。私募股票的发行人会在签发的股票上标注上"限制转让"的标记,参见《美国统一商法典》第8-204条。

[39] 自20世纪60年代美国的股票主要登记经纪公司名下,经纪公司再以自己的名义将其登记在存管公司,因此,股份的转让手续主要由经纪公司承担。参见[美]罗伯特·W.汉密尔顿:《美国公司法》,齐东祥译,法律出版社2008年版,第299页。

[40] SEC Administrative Proceedings,3-7473,Mar.20,1991.

其联交所承诺,自持有股份至股份上市后的12个月内,如果股份发生质押以及质押权人将行使质押权而出售股份的,将尽快通知交易所并按照上市规则的规定作公告。

之所以允许大股东在限售期内质押给持牌的金融机构,原因在于持牌金融机构对控股股东的质押贷款属于金融机构的表内业务,金融机构需要接受监管部门较多的监管约束和信息披露的要求,金融机构也会评估相应的质押贷款风险如接受单一控股股东高比例质押的风险,因此,不至于出现整个市场普遍高比例质押引发的系统性风险。

2. 董事股份质押遵守限售的规定

联交所《主板上市规则》附录十"董事进行证券交易的行为守则"(以下简称附录十)第7条规定,董事质押股份属于《上市规则》中规定的"买卖或交易"行为,统一适用《上市规则》的规定。根据附录十的A规定,董事在内幕信息和敏感期如年度报告公布前的60日内是绝对禁止质押股份的;B规定,在其他时间内质押股份,必须提前书面通知董事会主席(如果是董事会主席质押股份,则需通知董事会指定的另外一名董事)请求获得批准,董事会在接到请求后的5个营业日内作出答复,董事质押股份的有效期为收到批准书后的5个营业日内。董事质押股份的情况必须在中期报告和年度报告中作完整披露。

(三)我国台湾地区

我国台湾地区"民法典"和"证券交易法"都没有对股权质押作出限制性规定,只有"公司法"和证券交易所的自律性规则作出了相关的规定。

1. 大股东和董事质押股份需要作信息披露

我国台湾地区"公司法"第197条规定,董事之股份设定或解除质权者,应即通知公司,公司应于质权设定或解除后15日内,将其质权变动情形,向主管机关申报并公告之。公开发行股票之公司董事以股份设定质权超过选任当时所持有之公司股份数额1/2时,其超过之股份不得行使表决权,不算入已出席股东之表决权数。另外,根据台湾交易所"上市上柜公司治理实务守则"第19条规定,上市上柜公司应定期揭露持有股份超过10%之股东有关质押、增加或减少公司股份,或发生其他可能引起股份变动之重要事项,以便于其他股东进行监督。这意味着10%以上的大股东和董事质押股份都需要做信息披露。

2. 通过集中保管限制大股东和董事的股份质押比例

台湾交易所"有价证券上市审查准则"第10条规定，董事、监察人及持股超过已发行股份总额10%的股东在上市前需要将其持有的全部且合计须超过一定比例的股票(若前述人员提交全部股票后仍不能达到总股本的法定比例，须由其他股东补足)提交集中保管，[41]提交集中保管的股票，自上市买卖开始日起届满6个月后始得领回1/2，自上市买卖开始日起届满1年后始得全数领回。对于申请上市的科技事业或文化创意实业公司，自上市买卖开始日起届满1年后始得领回1/2，自上市买卖开始日起届满2年后始得全数领回。大股东和董事集中保管的股票及凭证不得转让或质押。这意味着大股东和董事持有的股份如果是限售股的话，就自动限制质押。

(四)启示

从美国、我国香港特区和台湾地区的相关规定来看，可以得出以下启示：

1. 限售即限制质押的做法

为了实现特定的监管秩序的需要，境外都对特定股东的持股(实际控制人或董事)或特定股票(私募股票)设置了限制的措施。同时，由于股份质押最终需要通过卖出方式行使质权，因此，境外基本上对限售股票采取限制质押的做法。特别值得指出的是，这种限制并非是通过法律的限制，而是通过监管机构的规章和交易所的自律规则实现的，前者如美国的规则144，后者如香港联交所的《上市规则》和台湾交易所的"有价证券上市审查准则"。

2. 前端限制与后端限制的差异

境外对股份质押限制的方式存在差异，具体而言，我国香港特区和台湾地区采取的是前端限制，即一开始限制质押，如香港特区规定董事在敏感期内不得质押，而美国采取的是后端限制，即一开始可以质押，但如果是限售期内则禁止通过行使质权的方式转让股票。虽然存在上述差异，但最终效果是一致的，因为如

---

[41]　根据我国台湾地区"有价证券上市审查准则"第10二(二)的规定，股份总额在3000万股以下者，应提交股份总额25%。股份总额超过3000万股至1亿股以下者，除依前款规定办理外，超过3000万股部分，应提交股份总额20%。股份总额超过1亿股至2亿股以下者，除依前款规定办理外，超过1亿股部分，应提交股份总额10%。股份总额超过2亿股者，除依前款规定办理外，超过2亿股部分，应提交股份总额5%。

果后端是受限的，将会倒逼质权人从一开始就拒绝接受限售股的质押。

3. 后端限制的质押可以对抗司法执行

采取后端限制质押的方式可能会遭遇的问题是，在限售股上设立的质押通过司法执行时能否对抗限售的规定，而如果这种限制是交易所的业务规则所作出的，问题可能更为突出。从美国的相关案例来看，即使 SEC 的规章所作的限制，是可以对抗司法执行。就这一角度而言，我们可以看到采取前端限制的优势，因为它从一开始就避免出现这一问题。

五、监管建议

（一）在监管路径上，建议采用直接监管方式

从境外经验来看，美国是采取股票融资监管间接实现了大股东股份质押的监管，从源头上杜绝了系统性金融风险可能性，从历史经验来看，也取得了较好的效果。但是这种路径需要长期的监管经验积累不断完善，如美联储花费了近 40 年的时间才最终制定精致的规则，此外还需要各个监管部门通力协作，如美国股票融资监管依靠 SEC、美联储、货币监理署、农业信贷管理局、联邦储蓄保险公司等众多机构的协作才编造出一张无缝之网。我国现阶段尚不具备上述条件，而宜采取简单的直接限制。

（二）在限制方式上，建议采取前端控制

如前文所述，在采取直接限制的地区中，都是采取前端限制的。此外，采取前端限制有一个优势，就是能够避免出现限售规定能否对抗司法执行的疑问。因此，建议我国未来采取前端限制的方式，即从一开始就不允许限售股进行质押。

（三）区分限售股和非限售股，对质押进行不同程度的限制

从境外经验，针对限售股和非限售股采取不同的监管模式。由于限售股的质押涉及行使质权时股份实质性转让的问题，因此，应该从源头上禁止其质押，以避免限售股持有人利用质押规避限售规定以及能否对抗司法执行的争议；对于非限售股，由于涉及融资杠杆的问题，因此采取比例限制的方式，即最多不得超过其持股 50% 的比例，以防范系统性风险。

（四）建议未来能够在《证券法》中对股份质押作出特别规定

鉴于我国证券市场目前的限售规定往往是证监会以及交易所所作的规定，

缺乏上位法的依据,实践中容易产生是否能够对抗司法执行的疑问,因此,建议将来在法律中明确规定对股票质押进行有效的监管,以有效防范系统性金融风险。因此,就体系化的角度而言,可以将我国《〈民法典〉(草案)》第一编第十八章第228条(四)修改为"可以转让的基金份额、股权可以出质,但法律法规、规章及交易所业务规则等规定的限制转让期间内以及股东自我承诺限制转让期间内的股票,不得出质。国务院证券监督管理机构可以对上市公司股票的出质范围和比例做出明确规定"。但就现实可行性而言,期待在《民法典》中加入这一条文似乎可行性非常小,因此,建议在未来《证券法(草案)》中增加授权中国证监会"可以根据市场整体情况适时调整质押比例"的相关规定。

(五)短期内可以通过业务规则分别针对场内质押和场外质押作出限制,但可能面临合法性风险

目前我国证券市场上的股票质押分为场内质押和场外质押。由于场内质押由证券交易所和证券登记结算公司制定相关规则,因此,可以直接通过修改现有的《股票质押式回购交易及登记结算业务办法》来强化对大股东股份质押的监管,如明确限售期内的股份不能办理质押式回购,以及实现场内与场外质押数量的累计计算,并且要求低于其持有无限售持股比例的50%。

对于场外质押,证监会对股份质押登记出台相应的规章,登记结算公司据此制定专门质押登记业务规则,首先明确禁止限售股办理质押登记;其次实行场内场外质押数量累计计算,对于质押总额超过其持有的无限售股总数50%以上的质押不予办理质押登记。

(学术编辑:张志坡)

(技术编辑:刘　爽)

金融史话

《清华金融法律评论》
第2卷第2辑
第255~274页

我国非银支付行业发展观察

孙　珊　胡晓治*

目　次

摘　要:本文基于支付风险和监管的视角,将我国非银支付行业发展历程划分为:灰色探索——第一张非银支付牌照发放前的零星尝试、依附电商——非银支付产业发展的早期阶段、由PC端迈向移动端——移动互联网浪潮下的变革、由线上到线下——非银支付引领的支付革命四个阶段,同时对非银支付的典型风险事件结合监管政策实践进行案例分析。通过分析总结出:我国非银支付行业的发展经历了早期爆发式无序增长阶段、理性回归探索创新寻找新契机,在非银支付监管政策的约束下,该行业目前处于良性规范发展阶段;未来,随着支付

* 孙珊,中国社会科学院研究生院经济系博士研究生;腾讯金融研究中心助理研究员;胡晓治,腾讯金融研究中心高级研究员。

场景的进一步拓展,非银支付将会持续发力,成为商业零售领域的金融基础设施,助力实体经济发展;与此同时,相关监管体系将会更加的完善,在引导非银支付行业健康有序发展方面发挥重要作用。

关键词:非银支付;支付风险;支付监管

引 言

近年来,以支付宝、微信为代表的非银行支付方式已经普遍渗透至我国的各个行业,小到走街串巷的零售商贩,大到跨境支付的综合贸易商,支付场景也逐渐覆盖零售、餐饮、公共交通、医疗、投资理财等消费者需求的方方面面。根据央行2018年第三季度支付体系运行总体情况报告,全国银行业金融机构共处理电子支付业务[1] 452.36亿笔,金额592.42万亿元;非银行支付机构处理网络支付业务[2] 1395.43亿笔,金额52.01万亿元,同比分别增长79.29%和33.23%。[3] 种种迹象表明,非银支付作为区别于传统银行支付的一种新型支付方式,已经被国内消费者和供应商普遍接受,未来将为推进我国居民消费升级乃至整个国民经济的转型升级发挥着重要作用。值得关注的是,非银支付行业在发展初期,在带来便捷交易服务的同时,存在挪用备付金、洗钱、非法商户无序竞争的交易风险,相应的监管方式也应运而生。集中表现为,2015年年底央行正式颁布《非银行支付机构网络支付业务管理办法》,之后的监管措施也从费率改革逐渐升级至备付金集中存管。

目前,我国非银行支付行业已步入良性稳健发展阶段。为了更加全面深入地理解我国非银支付行业,以引导其规范发展,有必要追根溯源系统性梳理我国非银支付的发展历程。为此,本文分四个部分对我国非银支付行业发展观察,首

---

〔1〕 电子支付是指客户通过网上银行、电话银行、手机银行、ATM、POS机和其他电子渠道,从结算类账户发起的账务变动类业务笔数和金额,包括网上支付、电话支付、移动支付、ATM业务、POS业务和其他电子支付等六种业务类型。

〔2〕 非银行支付机构处理网络支付业务量包含支付机构发起的涉及银行账户的网络支付业务量,以及支付账户的网络支付业务量,但不包含红包类等娱乐性产品的业务量。自2018年4月1日起,人民银行发布的《条码支付业务规范(试行)》正式实施,自2018年第二季度起,实体商户条码支付业务数据由网络支付调整至银行卡收单进行统计。

〔3〕 资料来源:中国人民银行官网,2018年第三季度支付体系运行总体情况。

先结合国外电子支付发展和国内电子商务交易需求等分析我国非银支付产生的背景;其次,分四个阶段系统性分析了我国非银支付的发展历程;再次,从非银支付行业风险与监管角度系统性梳理非银支付的重大风险事件以及监管立法和执法措施;最后,基于市场竞争格局、监管走向等角度对我国非银支付行业发展趋势进行展望。

通常而言,非银支付即非银行支付体系,指相对于中央银行的大额支付清算系统和商业银行之间的代理支付清算体系之外,在企业和金融机构间形成的支付体系。具体而言,非银行支付机构作为收款方、付款方的支付中介所提供的网络支付、银行卡收单、预付卡以及央行确定的其他支付服务。本文研究的非银支付主要是以支付宝、微信为代表的网络支付和银行卡收单。

一、我国非银支付产业诞生的背景

一般而言,支付系统是由于社会在经济活动过程中对债务清偿和资金转移的市场需求而出现、产生、发展且不断完善的。我国非银支付系统的诞生,同样遵循上述逻辑。即我国非银行支付产业是在国外电子支付业务发展浪潮下,为适应国内电子商务发展需求,弥补商业银行支付不足而诞生的。

(一)国外电子支付产业先行

1. 电子支付的初创

20 世纪 60 年代,随着计算机的广泛应用,美国政府开始引入电子税务管理系统,使纳税人或企业通过电子支付方式进行税费管理。1972 年,美国建立起了第一个自动清算系统(ACH),用于商业、金融和政府机构之间的电子支付活动。自 20 世纪 90 年代以来,得益于互联网和通信技术的广泛应用,电子商务在全球范围内掀起浪潮,冲击传统的交易模式和支付方式,电子支付方式开始真正在全球范围内发展。尤其是网络信息技术在支付领域广泛应用带来支付方式的变革与创新。从支付工具上看,电子支付从最初的依靠 POS 系统和 ATM 系统为主的银行专业网络支付方式发展为依靠互联网环境下的电子支付,最后发展为仅通过手机等移动终端即可以实现的移动支付方式。

2. 探路创新,早期国外电子支付著名企业观察

从电子支付运营主体看,国外电子支付企业集电子支付交易平台、安全认证

体系、信用体系等服务和功能于一体，大大降低交易双方的交易成本和交易风险，探索出全球非银支付行业的创新之路。其中，比较由代表的电子支付企业包括 Paypal 和 Square 公司。

1988 年成立的 Paypal 已经是美国乃至世界最大的非银支付企业。具体而言，PayPal 的电子邮件支付是付款人通过移动互联网登录 PayPal 支付页面，通过发送电子邮件发起支付指令，实现收、付款人在 PayPal 支付账户间的资金划转，由此替代传统的邮寄支票和汇票方式，提升了电子交易支付的便捷性和安全性。此后，Paypal 已发展为集信用卡、借记卡、电子支票等支付方式于一身的综合支付体系。目前，PayPal 已经覆盖全球 202 个国家和地区，服务用户超过 2.2 亿，可实现 24 种外币间的交易，在跨国交易中超过 90% 的卖家和超过 85% 的买家认可并正在使用 PayPal 电子支付业务。

区别于 Paypal，Square 卡包/收银台产品则以服务缺乏支付设备的中小微公司商户为主，即通过用户在手机上打开 Square 卡包应用，在支持包/收银台产品应用的商店选购商品后，向收款人提供姓名、点击支付按钮即可完成支付。Square 公司成立于 2009 年，并于 2015 年 11 月在纽交所上市。由于 Square 注册门槛较低，在中小微商户中获得广泛应用，目前使用商户已经覆盖美国、加拿大、日本、澳大利亚等国。

此外，在 21 世纪初期，欧盟各国也开始了电子支付的尝试。2003 年 2 月 26 日，欧洲四家最大的无线运营商——西班牙的 Telefonica Moviles 公司、德国的 T-mobile 公司、英国的公司 Orange 和沃达丰公司宣布组建移动支付服务联盟，其主要目的是为商人、手机用户和银行之间提供安全的支付手段。

（二）境内电子商务发展催生电子支付需求

1. 我国电子商务的产生

20 世纪末期，随着互联网技术和电子数据交换技术的日渐成熟和发展，1997 年 12 月中国化工网（英文版）上线，成为我国第一家垂直 B2B 电子商务商业网站，标志着电子商务在我国正式出现。之后，国内首家 C2C 电子商务平台“易趣网”于 1999 年成立。2003 年 5 月阿里巴巴集团投资 1 亿元人民币成立淘宝网，进军 C2C 领域，成为我国电子商务发展历史上的里程碑式的事件。随后几年内，淘宝网逐渐改变国内 C2C 市场格局，电子商务真正在大众消费之间得到普及。

2. 电子商务发展中,交易信用的保障成为重要"瓶颈"

国内电子商务的蓬勃发展,对电子支付产生了大量的需求。然而,随着电子商务的飞速发展,安全和诚信问题日益突出成为制约其发展的关键要素。以淘宝网为例,消费者对网购商品的质量以及支付安全存在担忧和质疑,交易信用体系的缺失曾经使得在线支付一度遭遇"寒冬"。电子商务的发展亟待建立一个买卖双方支付交易的信用担保体系,即需要有一个双方都信赖的第三方机构来充当这个角色。这要求服务于电子商务的支付应将资金流、物流、商流全面整合,提供信用担保服务。

(三)境内商业银行支付服务滞后

电子商务具有可以在任何地点、任何时间、任何方式进行交易服务的特征,这要求与之配套的电子商务支付方式要突破时间和空间的限制。然而,我国原有的商业银行支付系统运行具有一定的时空限制,导致资金结转存在一定的时滞,且开户手续烦琐,便捷性有待于提升。

近年来,为了提升支付交易的便捷性,各大商业银行纷纷开拓网上银行业务,网银总体交易金额持续领先。1997 年,招商银行率先在国内推出"一网通"品牌;1998 年,中国银行完成了国内第一笔网上支付业务,占领商业银行网上支付的桥头堡。此后,各主要商业银行均将网上银行业务作为重要的业务发展方向,但是用户数量已经不及非银支付用户数量,手机银行市场拓展速度相对迟缓。究其原因,主要是在于:一是支付缺乏担保,通常意义上的网银转账,即单纯提供从买家到卖家的资金支付模式,无法解决信任难题;二是在银行卡方面,各主要商业银行均以各自标准、互不兼容的方式发行银行卡,相互不能联网通用,造成了极大的重复建设、资源浪费和效率低下,商户面临多家银行的接口不一致问题,对网银盾等安全介质的要求较高,各种插件、证书的安装也大大降低了用户的支付体验兴趣,无形中增加了商家的交易成本;三是商业银行网上支付业务服务对象以大额结算客户为主,忽略"长尾客户",加之个人非现金交易在经济社会中的渗透非常有限,尤其是在网银推出初期,各大商业银行拒绝为电商平台提供支付结算服务。

与传统的支付方式相比,非银支付具有成本低、流通迅速且可以随时随地完成支付的特征，适应了电子商务发张的需要。最为重要的是，非银行支付机构充当了交易双方的第三方信用中介角色，且提供了银行金融网络系统与互联网的接口，从根本上缓解了电子支付的信任难题和支付接口等技术问题。2004 年 12 月阿里巴巴集团创立非银支付平台——支付宝，2005 年 9 月，腾讯公司正式推出财付通，非银支付行业进行进入迅速发展时期。

总而言之，国外电子支付行业的诞生与发展，催生了我国非银支付的产生，尤其是在国内电子商务迅猛发展对支付市场产生大量需求，而国内传统商业银行支付服务滞后的情况下，我国非银支付有着更为广阔的发展空间。最终，在国内庞大的电子商务交易规模和支付需求快速增长的趋势下，我国非银支付“长江后浪推前浪”成为世界支付领域的佼佼者。

二、我国非银支付发展的四个阶段

1999 年，我国第一家非银支付公司——首信易支付平台成立。该公司属于早期的互联网支付网关企业，其前身是 1998 年 11 月由北京市政府与中国人民银行、信息产业部、国家内贸局等中央部委共同发起的网上交易与支付中介的示范平台——首都电子商城。北京首信易支付是国内首家实现跨银行、跨地域提供多种银行卡在线交易的网上支付服务平台，其二级结算模式掀开了我国非银支付行业发展的新篇章。

至今，非银支付在我国已有近 20 年的发展历史，由于关注重点不同国内学者和行业专家对于我国非银支付的发展阶段划分尚未形成统一的标准，或是以行业发展的时间为主线，或是以产品的发展为主线。考虑到本文的研究重点是非银支付风险和监管，以此为重点并综合考虑我国非银支付业务模式、发展规模等要素，将我国非银支付发展历程划分为四个阶段。

（一）灰色探索——第一张非银支付牌照发放前的零星探索（1999 ~ 2003 年）

20 世纪 90 年代末，正是我国电子商务发展引发的支付需求与银行支付服务滞后的矛盾，为我国非银支付行业发展带来契机。因而，在创立初期我国非银支付业务主要是为了弥补商业银行的支付不足，该时期非银支付具有两个特征：一是在业务模式主要为依附于商业银行的“网关支付”模式，功能较为有限；二是市场竞争格局和风险方面看,非银支付的规模企业数目零星有限,整个行业处于初期良性发展阶段,央行尚未对此进行实质性监管措施。

1. 创立之初的非银支付行业业务功能单一、模式以"网关支付"为主

20世纪90年代末,电子商务开始在我国出现。此时,尽管国内商业银行网上支付业务有所发展,并且各自向签约商家提供不同形式的支付接口。但是,多家银行的接口承接、金融网络与互联网的接口承接导致系统烦琐与成本较高,给商家和消费者的资金支付结算需求带来诸多不便。2002年3月24日,中国银联在上海成立,负责建立和运营全国银行卡跨行信息交换网络,实现银行卡全国范围内的联网通用,这在根本上解决了各大商业银行多接口问题,也推动了我国非银支付行业的发展。

相对于中国银联的多银行接口承接结构,由电子商务领域诞生的非银支付机构则主要是发挥信息中介作用,将用户在交易过程中形成的支付指令传递给银行机构,并转接到银行机构的网上银行支付页面完成最终支付,实际的支付过程仍然在银行机构完成,即所谓的"网关支付"模式。[4] 该模式的主要特点是,一些具有较强银行接口技术的第三方支付公司以中介的形式分别连接网上商户和银行等结算机构,从而帮助商家和消费者在网络交易支付过程中跳转到各家银行的网银接口。

2. 非银支付行业企业零星有限、交易规模较小

从市场结构看,该时期企业数目零星有限。在非银支付创立之初期,我国电子商务发展也刚刚起步。由于看好网络支付市场的巨大潜力,我国非银支付企业纷纷创立,但企业数目零星有限。据统计,当时我国非银支付行业内的企业仅有10余家左右,当时占据市场份额较大的非银支付企业主要是1999年成立的北京首信易支付和上海环讯的I付通以及Chinapay。[5] 具体而言,1998年,首信公司借助首都电子商务工程的优势率先进入市场,在网关整合上作出突破,开创了国内"网关支付"的先河。但是,首信易支付存在重大的安全风险,其商户资金由第三方负责清算,资金先行沉淀在第三方账户,一旦第三方出现问题,商

---

〔4〕 参见谢众:《支付体系创新与发展》,中国金融出版社2018年版,第39页。

〔5〕 参见范瑾:《我国互联网第三方支付风险与监管对策研究》,河北大学2016年硕士学位论文,第24页。

户将无法追偿资金。其后出现的上海环讯实施与首信相同的“网关支付”模式，但其完全商业化的运作模式以及在跨境支付合作方面的尝试，使其一直处于市场领先地位。从市场供求结构看，由于尚处于市场起步阶段，电子商务带来的爆发的市场需求给支付市场带来发展契机，整个市场处于总供给小于总需求阶段，上述零星企业抢占先机，支付服务供应商们的竞争也不十分激烈，各支付企业均能从市场获得的利润较为可观。

从行业功能看，非银支付机构在此阶段而非真正意义上的支付平台，只是发挥“信息中介”的作用。尽管非银支付机构的“网关支付”模式大大提高了网络交易便利性，但是该模式下的非银支付平台并不是严格意义的“支付平台”，而仅仅是服务于银行的支付通道，充当“信息中介”的角色。一方面，由于直连银行网关，其服务很大程度上受制于银行，产品的便利性和安全性较弱；另一方面，“网关支付”模式在技术实现上比较简单，企业进入技术门槛低，业务增值空间小且同质化严重，导致支付服务提供商缺乏核心价值，利润率无法长期维持。此外，这一阶段非银支付的“网关支付”主要以服务 B2C 模式为主，个人用户对于支付平台尚持怀疑的态度，部分企业开始尝试第三方支付平台业务。

总体而言，在创立初期我国非银支付交易规模较小，行业风险影响尚未形成规模，相关监管部门并没有对其过多关注，当时的非银支付基本上处于无监管的行业自由发展阶段。

（二）依附电商——非银支付产业发展的早期阶段（2004～2011 年）

2004 年开始，随着电子商务的进一步发展，市场对于电子支付的需求迅猛增长，这一时期非银支付的阶段特征表现为依附电商快速发展。2004 年支付宝脱离淘宝独立上线，腾讯旗下的财付通也于 2005 年年底进入非银支付市场，非银支付进入正式发展的早期阶段。具体而言，这一时期的非银支付机构出现了三个转变：一是发展模式从单纯“网关支付”模式向具有更大增值空间的“虚拟账户支付”模式转变；二是业务范围从仅提供基础支付服务转向向客户提供各种类型的增值服务；三是 2011 年 5 月中国人民银行颁发第一张支付牌照，非银支付行业从无序发展进入规范发展阶段。

1. 非银支付探索“虚拟账户支付”模式

（1）“网关支付”模式同质化竞争严重、交易信任难题成为发展“瓶颈”

一方面，从市场竞争格局看，非银支付市场竞争激烈，利润率下降，促进支付宝和财付通等支付平台探索新模式。具体而言，由于在早期“网关支付”市场，市场总需求大于总供给，非银支付企业盈利状况良好，引发大批网关型支付企业持续涌入市场，使支付市场的供需关系开始逆转，加上产品同质化严重，导致企业之间非理性的“价格战”。在此背景下，支付行业开始进入微利时代，大部分支付行业开始持续亏损。一些实力欠缺、缺乏创新、服务单一的非银支付公司开始艰难维系，支付市场完成了第一次优胜劣汰和业务模式转变。

另一方面，“网关支付”模式下的非银支付机构只是充当信息中介的角色，无法解决电子支付发展面临的交易双方信任难题，发展面临“瓶颈”。尤其是在电子商务的C2C虚拟交易过程中，买卖方付款和发货既不能同步，双方又不知根知底，出于信任问题，买家与卖家形成了谁先出资或发货的悖论，双方在信任的博弈过程中往往导致交易的终止。这一问题逐渐成为制约非银支付发展的“瓶颈”。

（2）支付宝探索出“虚拟账户支付”模式，开启新增长阶段

“网关支付”模式同质化竞争严重、利润率下降，交易信任难题的出现，使一部分非银支付机构已经不满足于“网关支付”模式下的“信息中介”功能，开始寻求新的非银支付发展模式。以支付宝为代表的新型“虚拟账户支付”模式的创新，成功突破“信任难题”，开启了新一轮的网络支付增长。2003年为解决支付难题，淘宝网设立支付宝业务部开始推行“担保交易”的支付模式。在此逻辑下，支付宝以“担保人”的角色介入买家和卖家的网络交易中，以整个淘宝的品牌资信力为担保化解了C2C交易中的信任难题。随着交易量的不断上涨，淘宝于2004年推出了基于担保交易模式的虚拟账户交易，大大提高了结算效率，降低了转账成本。2004年12月29日，基于担保交易和虚拟账户的支付宝脱离淘宝独立上线，完成了非银支付平台的华丽转身。腾讯旗下的财付通也于2005年年底以信用中介的模式进入非银支付市场。

具体而言，“虚拟账户支付”模式具有的集中收付、充值以及担保功能，极大地改善了用户在线支付体验，大量互联网支付开始通过商户和消费者注册的非银支付平台账户完成。由此，非银支付机构的盈利模式开始由通过网关支付收

取交易佣金的单一盈利方式向账户充值支付、以通过沉淀资金获益等多元化的盈利方式发展。

2. 非银支付机构从提供基础业务向综合支付业务拓展

从业务范围看,在此阶段非银支付业务范围开始从基础的通道服务向增值业务拓展,支付业务方式多元化趋势增强。

一方面,2005 年被称为是以互联网支付为代表的非银支付概念提出的一年。自此开始大部分非银支付机构在提供基础支付服务的同时,开始向客户提供各种类型的增值服务,如缴费、转账、还款等。非银支付逐渐深入人们生活,越来越多的普通大众开始感受到非银支付的安全与便捷。

另一方面,非银支付市场业务逐步细分,服务多元化趋势增强。在经历了第一轮市场调整之后,非银支付市场开始走向理性增长,伴随着市场的逐步细分,产品行业性特点明显,呈现出多样化发展趋势。基于不同行业需求,一批国内领先的电子支付企业开始为行业开发定制个性化的综合支付解决方案。综合支付解决方案可根据行业特性,快速准确地定制符合客户需求的产品和服务,相应的业务规模也成倍增加。综合支付方案的出现,使非银支付开始面对动辄百亿级规模的庞大业务空间,并很快在航空客票、物流、连锁零售、保险、游戏和教育等领域取得突破性进展。[6] 以航空客票为例,2007 年中国民航局提出全面实行电子客票计划,该计划引爆了数以千亿计规模的航空票务市场。众多第三方支付机构纷纷入局,其中包括非银支付领域的“汇付天下”。当时的机票销售市场低效根源就在于多级代理和缺乏在线支付方式。因此,汇付天下在与山东航空公司合作过程中,为其量身定制“B2B 电子支付方案”解决多层代理问题,运用 B2C 和电话支付方案成功解决了直销支付需求,建成了高效的票务体系,提升了用户的购票体验,成功助力山航客票销售。在国内全面启用电子客票后,航空客票开始加速由线下走向线上,而非银支付在机票在线订购中所起的方便、快捷作用,更使机票在线订购走向成熟与普及。

随着非银支付业务的拓展,加之互联网的普及和广大消费者传统支付观念的改变,非银支付的市场用户在这一阶段取得突破性进展。从用户端的情况来

[6] 参见杨彪:《中国第三方支付有效监管研究》,厦门大学出版社 2012 年版,第 58 页。

看,使用电子支付的消费者越来越多,2010 年中国网上支付用户规超过 5 亿。与之伴随的是非银支付的交易规模不断扩大,2010 年全国非银支付网上支付交易规模达到 10,105 亿元,同比增长 100.1%。[7]

3. 非银支付监管框架初步形成,行业发展进入规范阶段

值得关注的是,在全新的信用中介模式下,盈利模式的转变以及业务逐渐拓展,使得非银支付行业风险逐渐凸显,非银支付监管框架开始形成,进入规范发展阶段。

(1)非银支付行业流动性和信用风险逐渐凸显

一方面,非银支付机构经过了超常规增长之后,开始出现流动性风险和信用风险。诸如非银支付平台作为独立于交易双方的第三方支付平台其公正性问题无法得到有效保证,交易金额的合规问题在无监管约束下无法保证。集中表现为,不少非银支付企业将客户备付金挪用于企业其他投资,新兴互联网支付手段也增大了洗钱、套现、赌博和欺诈等非法活动的风险。另一方面,非银支付逐渐渗透至航空、保险等业务领域,带来新的资金风险。非银支付在为提供行业综合支付服务的过程中,以支付清算服务和信用中介为基础,并且具备了部分融资服务功能,由此带来了全新的资金风险。

(2)非银支付监管框架初步建立,引导行业有序发展

考虑到非银支付在此阶段逐渐出现的上述风险,国家开始考虑将非银支付机构正式纳入支付监管体系,以引导其健康有序发展。2005 年《电子签名法》《电子认证服务管理办法》相继出台,非银支付监管法律框架初步形成。2010 年下半年,中国人民银行发布《非金融机构支付服务管理办法》,确定了取得许可后的非银支付机构从事支付服务的合法地位,同时明确了其业务范围。毫无疑问,这是非银支付机构监管进程中的里程碑事件,使众多第三方支付平台告别了无法可依、无序经营的发展状态,至此,第三方支付业进入了规范发展期。尤其是 2011 年 5 月中国人民银行颁发第一张支付牌照以来,非银支付公司的发展如雨后春笋。取得支付业务许可后,非银支付机构的业务量也有了显著增长。经过这一时期的爆发式增长和市场规范,我国非银支付迅速登上全球电子支付浪

〔7〕 参见张琳:《我国电子支付发展的问题及对策研究》,载《财经界》2007 年第 1 期。

潮之巅。

(三)由PC端迈向移动端——移动互联(网)浪潮下的变革(2012～2014年)

2012年是移动支付的元年,以智能终端和移动网络技术为依托的非银支付风起云涌。这一阶段,在便捷支付的推动下,非银支付行业发展和竞争从PC端转向移动端,集中表现为:一是以“支付宝”为代表的非银支付平台顺利迁徙,开启移动支付终端;二是起步于社交网络的微信,凭借其天然的流量优势,开创了移动支付的新局面。随着移动互联网和智能手机的普及,非银支付机构之间更激烈的支付服务竞争开始在移动支付领域展开。

1. 多方合力,催生更便捷的移动支付

(1)移动互联网发展,智能手机普及和监管政策的宽容

一方面,随着移动互联网发展和智能手机的普及,催生了移动支付。根据统计数据显示,截至2017年年底,中国的网民规模达7.72亿人,其中手机网民规模达7.5亿人,预计2018年年底规模将增加到8.1亿人。[8] 这为移动支付发展提供了用户和技术支持。另一方面,中国监管机构对移动支付的发展持鼓励创新与防范风险并重的监管政策,提供了相对宽松的监管环境。

(2)快捷支付为支付习惯向移动端迁移奠定了基础

2010年12月,支付宝推出“快捷支付”,即用户只要有银行卡,无须开通网银,只需要在支付宝页面完成身份验证与绑定后,就可以进行支付。非银支付平台根据客户的事先授权直接从其银行账户中扣划资金,免去了每次转接银行机构核验密码的重复操作,大大提高了支付效率。[9] 一方面,快捷支付彻底解决了在线支付成功率问题;另一方面,快捷支付开创了一种模式和可能性,为后来的移动支付打下了基础,此后的支付宝钱包支付、微信支付、百度钱包等都依此模式与银行建立了快捷方便的资金流转通道。

另外,快捷支付有两种必不可少的功能:标准的信息终端和输入输出设备。实现快捷支付更快捷、更方便、更安全,即需要输入输出设备随时可携带,而手机

[8] 中国互联网络信息中心、李静:《第41次〈中国互联网络发展状况统计报告〉发布》,载《中国广播》2018年第3期。

[9] 参见胡娟:《第三方支付技术与监管》,北京邮电大学出版社2016年版,第25页。

就天然具备这样的特点。因而，随着快捷支付与智能手机的结合，移动支付迅猛发展，成为了非银支付行业的新颠覆者。

2. 非银支付机构在移动支付领域展开竞争

(1) 支付宝等非银支付平台迁徙，开启“移动终端”时代

以电脑客户端为基础的互联网第三方支付机构有用户黏性高、新用户转换成本低的优势，电脑与手机之间的相容性和迁移性，决定了互联网支付用户也是移动支付用户的主要来源。电脑和手机从不同角度服务于支付，当用户服务场景发生改变时，可以通过终端转化，实现互联网支付向移动支付的转移。以支付宝为代表的非银支付机构充分发挥手机端的用户黏性优势，通过支付终端平台迁移快速打开了移动支付市场。

(2) 创新社交支付产品，微信支付迅速普及

微信的社交属性为微信支付奠定潜在固定支付客户群，促使其迅速普及。例如，微信是由腾讯公司推出的一款免费即时通信服务的聊天软件，其通信功能的业务模式吸引和固定了大批的黏性用户，这些用户基础正是微信移动支付终端发展的强有力支撑。2013 年 8 月 9 日微信 5.0 发布，新增了微信支付功能，坐拥 4 亿注册用户的微信支付，向一家独大的支付宝发起了挑战。2014 年 1 月 26 日，微信推出公众账号“新年红包”，用户在关注该账号后，就可以在微信中向好友发送或领取红包。微信红包一经推出，快速活跃于各微信群中，并于除夕夜全面爆发红遍全国，从此微信支付走进了人们的生活。

(四) 由线上到线下——非银支付引领的技术革命(2014 年至今)

随着线上移动支付的普及率越来越高，整体市场空间相对有限，加之二维码等新兴支付技术的出现，使线下和线上支付企业纷纷突破原有的业务界限，实现跨界融合发展。因此，这一时期非银支付在支付技术革命的影响下，由线上拓展至线下，跨境融合趋势增强。

1. 线上支付市场趋向饱和，线下支付成为必争之地

具体而言，非银支付机构一直专注于线上支付市场的第三方支付，且财付通和支付宝依托各自业务和用户群建立起了较高的壁垒，想要抢占对方的市场份额并非易事，线上支付市场用户的逐渐饱和，使非银支付机构开始向规模巨大的线下支付市场进军。

2. 条码支付技术的出现使拓展线下支付场景成为可能

二维条形码最早发源于日本,并在实践中有广泛的应用。2012年夏天,支付宝和微信相继推出二维码支付。这种基于账户体系的支付方案,相较于传统的现金支付和需要大量硬件设备改造的NFC支付拥有天然优势,并在大力度补贴下迅速打开了市场局面,从滴滴打车扩展到线上线下的各个应用场景。从最初的客户扫描商户二维码转变为商家扫描客户生成的二维码,线下支付的安全性大大提升。例如,微信3.5版本加入新的扫描功能,即通过扫描二维码,用户直接向商家传递我想要这个商品的信息,从而直接确立需求关系。在此基础上,无需任何新的接入口,商户与用户之间的任何一种交易都可以利用二维码支付来实现。微信二维码的创新,为微信支付打下了坚实的基础,同时也为不同服务提供了开放式的支付端口,使纯线下支付的零售、餐饮、共享单车、公共交通等几乎所有的支付领域,都开始普遍应用。

总体来看,目前条码支付采取"扫码"的方式将网络支付这种线上支付方式得以在线下经济活动场景中使用,为线下经济活动的资金结算提供了新选择。条码支付弥补了其他支付方式在线下小额支付场景中的缺失和不足,推动了线上支付方式与线下经济活动的融合,深化了支付对商业生活场景的渗透,增强了支付的灵活性和多样性。

三、风险与监管角度的案例观察

从非银支付行业的发展历程看,经历了早期爆发式无序增长阶段、理性回归探索创新寻找新契机阶段,目前处于良性规范发展阶段。在此过程中,非银支付行业的流动性风险、信用风险等问题逐渐凸显,挪用备付金、洗钱、非法商户无序竞争的案例时有发生,相应的监管方式也应运而生并逐渐完善,在引导非银支付行业健康有序发展方面发挥重要作用。本节基于非银支付行业发展过程中凸显的风险和监管措施角度,选取典型案例——上海畅购恶意挪用备付金进行分析,以更好地观察我国非银支付现状,厘清我国非银支付监管脉络,为未来非银支付有效防范风险、合规有序发展提供借鉴。

(一)风险案件:上海畅购恶意挪用备付金、央行吊销支付牌照

上海畅购企业服务有限公司(以下简称上海畅购)成立于2006年11月,

2011年8月获得《支付业务许可证》，获准在上海市、江苏省、浙江省（含宁波）开展预付卡发行和受理业务，并于2014年7月新增获准在安徽省、山东省开展预付卡发行和受理业务以及互联网支付业务。2014年11月18日，中国人民银行上海总部对上海畅购实施突击检查，发现其通过虚构商户交易、串户记账、虚列开支、将备付金用于日常开支及股东分红等方式主观恶意挪用备付金。自2014年12月10日起，受宁波地区个别商户散布的负面信息影响，宁波地区首先出现持卡人突击消费的现象，并逐渐扩散至上海等地区。由于上海畅购备付金严重不足且资金筹措不力，畅购卡遭商户大面积停止受理。据统计，畅购风险事件造成资金风险敞口达7.8亿元，涉及持卡人5.14万人。[10] 2016年1月5日，中国人民银行依法注销上海畅购《支付业务许可证》。

（二）案件分析

分析上海畅购恶意挪用备付金的风险，需要先从理论方面分清客户备付金的性质与归属，然后在此基础上结合央行监管实践进行进一步的理解和分析。

1. 理论分析：客户备付金的性质与归属

首先，客户与非银支付机构的关系看，客户作为付款人与支付机构之间存在保管合同和委托合同双重法律关系。[11] 具体而言，客户备付金产生自买卖双方及支付机构之间的收付款行为，分析客户备付金的性质与归属取决于非银支付中相关各方的法律关系。非银支付机构作为付款人（买方）和收款人（卖方）之间的交易结算平台，发挥信用中介的作用，付款人与支付机构之间则存在保管交易资金合同和委托合同双重法律关系。

其次，客户备付金是指非银支付机构办理客户委托的支付业务，实际收到的预收代付货币资金，客户备付金乃是保管合同的标的物。非银支付机构由于不具有银行类金融机构的吸收存款、发放贷款等功能，因此，付款人将自己资金转入支付机构账户形成的客户备付金不具有存款性质。而且，客户备付金与银行存款的功能与目的都不相同：客户备付金仅为等待支付而暂时交由支付机构保

---

〔10〕 载央广网：http://china.cnr.cn/gdgg/20170114/t20170114_523482610.shtml，最后访问日期：2019年3月18日。

〔11〕 参见闫海、刘闯：《论非金融机构互联网支付中客户备付金的性质、归属及监管》，载《西南金融》2013年第9期。

管,并无保本获利的意思。从非金融机构互联网支付服务的法律关系可见,客户备付金乃是保管合同的标的物。

最后,客户备付金的性质是一般保管合同的标的物,客户备付金本身即应当归属于客户所有。非银支付机构作为收付款人之间的中介机构,非银支付机构持有的客户预存或者预留的以及支付机构代收或者代付的货币资金,是客户资金,不是支付机构的自有资金,不可留存在支付机构的自有资金账户。

2. 监管实践分析:央行备付金存管制度加强非银机构流动性风险管理

事实上,中国人民银行《支付机构客户备付金存管办法》已明确,客户备付金只能用于办理客户委托的支付业务和本办法规定的情形。任何单位和个人不得擅自挪用、占用、借用客户备付金,不得擅自以客户备付金为他人提供担保。但是在实践中,随着非银支付机构的业务发展,交易规模迅速增长,交易金额迅速猛增,大量客户资金留存在支付机构,支付机构挪用备付金现象频发。

上海畅购风险事件背后,反映出目前对于非银支付机构备付金监管中面临的普遍问题:一是支付机构经营违规;二是商业银行作为备付金存管行在履行备付金存管监督职责方面失职,流于形式;三是受市场竞争、转型压力等影响,支付机构的生存压力加大,挪用客户备付金的冲动和风险增加等。

客户备付金的安全问题一直以来是央行对支付机构监管的重中之重。自2013年开始,央行和国务院等部门发布了一系列关于支付机构备付金的管理办法和通知,并逐渐提升备付金缴存比例,以防止支付机构挤占、挪用或存在其他异常情况的行为出现。(见表1)

表1 我国关于支付机构备付金管理办法

发布时间	发布机构	有关备付金的管理办法或通知名称
2013年6月7日	中国人民银行	《支付机构客户备付金存管办法》
2013年10月28日	中国人民银行	发布《关于建立支付机构客户备付金信息核对校验机制的通知》
2016年10月13日	国务院	发布《互联网金融风险专项整治工作实施方案》,首次明确第三方支付机构备付金账户计付利息归中国人民银行或商业银行所有

续表

发布时间	发布机构	有关备付金的管理办法或通知名称
2017 年 1 月 13 日	中国人民银行	发布《关于实施支付机构客户备付金集中存管有关事项的通知》,要求自 2017 年 4 月 17 日起,支付机构应将客户备付金按照一定比例交存至指定机构专用存款账户,且该账户资金暂不计付利息
2017 年 12 月 29 日	中国人民银行	发布《关于调整支付机构客户备付金集中交存比例的通知》,规定至 2018 年 4 月集中交存比例调整到 50% 左右
2018 年 6 月 29 日	中国人民银行	发布《中国人民银行办公厅关于支付机构客户备付金全部集中交存有关事宜的通知》,规定自 2018 年 7 月 9 日起,按月逐步提高支付机构客户备付金集中交存比例,到 2019 年 1 月 14 日实现 100% 集中交存
2018 年 12 月底	中国人民银行	发布《关于支付机构撤销人民币客户备付金账户有关工作的通知》特急文件,要求所有的第三方支付机构应于 2019 年 1 月 14 日前撤销人民币客户备付金账户,“备付金”将由央行来接管,规定可以保留的账户除外

资料来源:笔者根据中国人民银行、国务院等监管部门官网整理。

从表 1 统计情况来看,2010 年 12 月 1 日,为配合《非金融机构支付服务管理办法》的实施,中国人民银行制定了《非金融机构支付服务管理办法实施细则》。该细则明确规定支付机构不得挪用备付金。2013 年 6 月 7 日 ~ 2018 年 12 月底,短短五年的时间,央行等监管部门累计下发了七次关于支付机构的备付金管理通知,尤其是在更短的时间内将支付机构的备付金交存比例实现了 100% 。例如,2017 年 4 月央行支付机构应将部分客户备付金交存至指定机构专用存款账户,首次交存的平均比例为 20% 左右;2018 年 4 月集中交存比例调整到 50% 左右;2018 年 7 月 9 日起,按月逐步提高支付机构客户备付金集中交存比例;到 2019 年 1 月 14 日实现 100% 集中交存,并且要求所有的第三方支付机构应于 2019 年 1 月 14 日前撤销人民币客户备付金账户,“备付金”将由央行来接管。

总体来看,央行建立支付机构客户备付金集中存管制度,主要目的是纠正和防止支付机构挪用、占用客户备付金,保障客户资金安全,并引导支付机构回归业务本源。2019 年 1 月央行将备付金利息所有权从第三方支付机构转移到中国人民银行或商业银行，从短期的角度考虑，非银支付机构的盈利能力会受到影响，从而导致非银支付机构之间的竞争加剧，在这个过程中会有一批非银支付机构被淘汰；从长期的角度考虑，竞争加剧会迫使非银支付机构寻求业务升级，促进第三方支付行业的创新发展。通过客户备付金集中存管，针对分散存放的风险优化存管制度安排，保证客户资金安全，为非银行支付行业增加了社会信誉，维护了社会稳定。

四、非银支付发展现状的趋势展望

在大数据、人工智能等信息技术飞速发展的时代背景下，拓展支付场景、提升客户支付体验感、客户信息等将成为非银支付未来发展的核心要素。从简单的金融通道业务拓展至整个金融产业链条，发展成为提供金融服务的综合供应商是未来非银支付产业发展的新目标。随着非银支付产业的金融业务多元化趋势增强，一方面，寡头垄断的市场格局或将被打破；另一方面，非银支付产业带来的金融风险或将增加，监管或将进一步升级。

（一）移动支付实现普及、支付场景拓展

1.五年发展，移动支付成为常态

从支付工具看，以智能手机、平板电脑为终端借助蓝牙、红外线、射频技术等并通过通信网络实现的移动支付将进一步得到普及。随着二维码、NFC、电子券等支付技术的开放和应用，移动支付方式得到大大普及。尤其央行在2017年年底下发《条码支付业务规范（试行）》之后，规范条码支付收单业务管理，二维码支付凭借便捷、快速的优势成为路人皆知、老少皆用的移动支付新风尚。

2.线下深耕，移动支付持续发力

从支付场景看，一方面，移动支付场景不断拓宽、边界逐渐模糊。随着科学技术的发展，二维码、电子券等支付方式的多样化，移动支付的场景逐渐拓宽，覆盖出行、餐饮、租房、医疗、零售等方方面面。人脸支付技术的开发和应用，将逐渐消除移动支付场景的边界。另一方面，移动支付充分发挥其“长尾效应”为普通百姓提供支付结算等金融附加服务，从线上转移至线下之后，未来将逐渐向三四线城市以及农村移动支付发展。移动支付在提升金融普惠度和金融扶贫攻坚进程中或被探索使用。同时，由于移动支付具有降低交易成本、提升交易效率的

优势,未来移动支付将会从商业领域拓展至政府公共设施等付费场景。

（二）C端寡头竞争格局将长期维持、B端支付潜力有待挖掘

从非银支付市场的竞争格局看,我国非银支付市场呈现出寡头垄断的市场结构。根据2018年第一季度统计数据,我国第三方移动支付市场达到40万亿元。其中,支付宝占据了53.76%的市场份额,包含微信支付的腾讯金融则是以38.95%的市场份额位列市场第二。位列市场第三的壹钱包则仅仅只获得了1.33%的市场份额。我国非银支付市场中,支付宝和腾讯金融二者的市场份额达到了92.71%,占据绝对主导的地位,呈现出寡头垄断的市场结构。

一方面,支付宝和微信直接服务终端消费者,集中在C端领域提升用户流量。但是,随着移动互联网的广泛应用,流量红利消弱。消费升级时代的到来,让C端用户的需求呈现个性化、多样化的趋势。未来,C端寡头企业的角逐重点或从“流量为王”转向提供个性化的产品,以满足用户多样化的需求。

另一方面,B端商户支付潜力有待于挖掘。虽然,当前C端支付占据了非银支付市场规模的绝大部分,但是B端支付伴随着“互联网+”赋能传统产业的改革,将有更大的发展空间。尤其是对于已经在行业沉浸多年的支付机构,开拓B端支付业务利于打破非银支付既有的寡头垄断格局,发挥自身优势构建起新的竞争壁垒。对于微信和支付宝等企业而言,未来或将充分利用C端支付积累的用户数据拓展至B端商家支付领域,纵向延伸支付产业链。

（三）非银支付行业监管持续升级

随着非银支付行业的迅速发展,非银支付产业已逐渐成为商业零售领域的金融基础设施,相关监管体系逐步建立和完善。尤其是在激烈的市场竞争中,非银支付投资并购行为增多,行业巨头保持领先地位且逐渐从支付业务向金融增值业务拓展,为有效防控金融风险,监管从牌照控制、行政处罚、“96费改”升级至备付金集中存管,防止支付机构挪用客户备付金。

2019年,央行关于非银支付撤销备付金账户和开展大额交易报告的两项通知将正式执行,这意味着非银支付结构将面临更加严格的监管环境。具体而言,按照央行此前发布的《关于非银行支付机构开展大额交易报告工作有关要求的通知》,非银行支付机构将于2019年1月1日起提交大额交易报告,包括:当日单笔或者累计交易额人民币5万元以上(含5万元)的现金收支;自然人客户支

付账户与其他银行账户发生当日单笔或累计交易额人民币20万元以上(含20万元)。此项监管措施,意在防止非银支付机构利用支付通道进行洗钱等违法行为。2018年12月,中国人民银行支付结算司下发《关于支付机构撤销人民币客户备付金账户有关工作的通知》特急文件,要求所有的第三方支付机构应于2019年1月14日前撤销人民币客户备付金账户,"备付金"将由央行来接管,规定可以保留的账户除外。上述迹象表明,未来,监管机构针对非银支付行业的监管将进一步升级,以规范支付行业的健康有序发展。

结　语

从非银支付行业的发展历程看,经历了早期爆发式无序增长阶段、理性回归探索创新寻找新契机阶段,目前处于良性规范发展阶段。未来,随着支付场景的进一步拓展,将会持续发力,成为商业零售领域的金融基础设施,助力实体经济发展。与此同时,针对非银支付行业的流动性风险、信用风险逐渐凸显问题,央行等监管机构已经建立起包含支付牌照、备付金管理、支付账户实名制、条码支付和反洗钱等一系列监管措施在内的监管体系。未来,随着非银支付行业的发展和监管需求,相关监管体系将会更加的完善,在引导非银支付行业健康有序发展方面发挥重要作用。

(学术编辑:沈朝晖)

征稿启事

金融市场是一个大舞台，千姿百态的角儿演绎出有趣的故事、棘手的问题与费解的现象，等待被发现、理解、批判与再建设。《清华金融法律评论》观察金融现象，专注于研究金融法律真实世界的问题，欢迎解决问题与解释现象的科研成果。编辑部秉承文质第一的宗旨，在此前提下尽量不拘一格收录稿件，包括不拘泥于理论流派、学科门类或方法，亦接受少量翻译作品。来稿的注释体例参见已出版文集。作者投稿后一个月未收到反馈的，可自行处理。编辑部不以任何形式向作者收取费用。

除每一辑的特色专题征稿之外，《清华金融法律评论》设有"公司治理""商事组织""并购重组""投资基金""金融商法""金融科技""金融监管""金融监管治理""证券市场与法律""公司财务与法律""政府债务融资与财政危机""金融法史""金融宪法""金融行政法""金融政治经济学""金融法经济学""金融法社会学""金融法调查""金融法实务"等栏目，这些栏目也是本出版物长期、持续关注的子领域。

联系方式：投稿：thufinlrev@126.com

地址：清华大学法律图书馆楼748

邮址：100084　清华大学法学院　沈朝晖(收)

电话：86-10-6277 3495

顺颂文祺！

主编　谨识

图书在版编目(CIP)数据

清华金融法律评论. 第2卷. 第2辑 / 朱慈蕴, 沈朝晖主编. -- 北京 : 法律出版社, 2019

ISBN 978-7-5197-3451-0

Ⅰ. ①清… Ⅱ. ①朱… ②沈… Ⅲ. ①金融法-中国-文集 Ⅳ. ①D922.280.4-53

中国版本图书馆CIP数据核字(2019)第083304号

清华金融法律评论·第2卷第2辑
QINGHUA JINRONG FALÜ PINGLUN · DI 2 JUAN DI 2 JI

朱慈蕴　沈朝晖 主编

策划编辑 似　玉
责任编辑 似　玉
装帧设计 李　瞻

出版 法律出版社
总发行 中国法律图书有限公司
经销 新华书店
印刷 北京虎彩文化传播有限公司
责任校对 马　丽
责任印制 张建伟

编辑统筹 法研工作室
开本 710毫米×1000毫米　1/16
印张 18.25
字数 263千
版本 2019年5月第1版
印次 2019年5月第1次印刷

法律出版社/北京市丰台区莲花池西里7号(100073)
网址/www.lawpress.com.cn
投稿邮箱/liuwenke0467@sina.com
举报维权邮箱/jbwq@lawpress.com.cn
销售热线/010-83938336
咨询电话/010-63939796

中国法律图书有限公司/北京市丰台区莲花池西里7号(100073)
全国各地中法图分、子公司销售电话:
统一销售客服/400-660-6393
第一法律书店/010-83938334/8335　西安分公司/029-85330678　重庆分公司/023-67453036
上海分公司/021-62071639/1636　深圳分公司/0755-83072995

书号:ISBN 978-7-5197-3451-0　**定价:**68.00元
(如有缺页或倒装,中国法律图书有限公司负责退换)